JN077756

基本がわかる／実践できる

Basic Textbook for Management

マネジメントの基本教科書

JMAMマネジメント教育研究会［編］

日本能率協会マネジメントセンター

はじめに

「マネジメント」を学ぶハードルを少しでも下げたい、そんな思いをもって執筆がはじまりました。「マネジメント」という言葉は幾分、高尚な雰囲気の漂う言葉で、自分にはできないのではないかと思ったり、専門家の「管理者こうあるべき」という１つの考え方に違和感を覚え、学ぶことをやめてしまう人は少なくありません。

本書は、住んでいる社会への価値を生みたい、仲間と仕事を通じて磨き合いたい、未来を継ぐ人たちに組織の知恵や想いを届けたい…と、ほんの少しでも願う人に読んでいただければと思います。日常、すぐにはじめられることや実践できることが宝箱のように詰まっています。何のためにマネジメントを学ぶのか、そこに「誰かを幸せにしたい」という志を抱く人に寄り添える内容であればと願っています。

本書の大前提は、マネジメントを担う立場の人が、自分らしいマネジメントをする人（管理者）に成長していく旅（P4「Journey Map」）を支援するというものです。「部長」「課長」「係長」という役職は得ていても、自分らしさを活かしたマネジメントができているわけではありません。

ゲームや物語で、村人たちの幸せな生活を守るために、少年が旅に出て敵を倒しながら成長していくのと同じです。１つひとつの行動を積み重ねて、上手くいったり、いかなかったり、何度も管理者としてのあり方や軸を見直したりという経験を通じて、「自分らしい管理者」になっていくものです。決して誰かから押し付けられた自分ではありません。完璧ではなくても、悩みながら１ミリでも前へ進む努力をする、自分にはない強みを持つ人を見つけ、素直に感謝の気持ちを伝えながらつながる…歩く中でヒントや力を得て、「自分らしい管理者」へと成長していくのではないでしょうか。旅の中で、マネジメントは何のためなのか、管理者は何のために存在するのか、このような根本的な問いとぜひ向き合ってほしいと思います。

マネジメントの担い手は、自らの意思で社会や組織、メンバーに大きな価値を生み出す存在です。未来へと進む支援ができるすばらしい役割です。これは、生きる上で大きな意味があることではないでしょうか。そして、管理者として働き、悩み、考える時間が、自分自身を高みへ引き上げると、私たちは信じています。この本を読んでいただいた方には、ご自身がまず一番に笑顔になり、管理者は「多くの人を笑顔にし、幸せを生み出せる幸せなポジション」であることを感じていただければと願っています。手にとっていただきありがとうございました。

中嶋 裕　渡辺京子

目次──マネジメントの基本教科書

Contents

はじめに……3
各章のポイント……10

第1章 マネジメントの基本知識

1-1» マネジメントの定義……18
1．マネジメントを考える視点 18
2．マネジメントは創造的な「やりくり」 19
3．常に欠かせない「ヒト」の視点 20

1-2» マネジメント・サイクル……21
1．PDCA の活用 21
2．PDCA 活用のために実践すべきこと 23
3．自分自身への応用 25

1-3» マネジメントの変遷……27
1．「業務」と「人」の観点 27
2．管理者の役割への関心 29

第2章 管理者の役割

2-1» 管理者の位置づけ……34
1．管理者の基本的な位置づけ 34
2．管理者の位置からのものの見方：視座、視野、視点 39

Column 1 「切磋琢磨の三原則」安岡正篤氏……43

2-2» 管理者の役割……44
1．責任と役割 44
2．「業務・人」「管理・改革」 45

2-3» 期待される役割の変化 52
1．管理から改革へのシフト 52
2．巻き込み範囲と質の変化 53

2-4» 管理者のつまずき 56
1．管理者を襲う罠 56
Column 2 CCL ディレイルメントリサーチ（脱線者の研究） 59
2．管理者になる旅 60

第3章 自分（＝管理者）を活かす：管理者としての成長

3-1» 管理者への移行、成長するプロセス 68
1．やらされる管理者から、自らなりたいと思う管理者へ 68
2．自分らしい管理者になるための旅 69

3-2» 自己理解：現在の自分の状態を把握する 70
1．自分の状態を把握する 70
Column 3 自分史をつくる 74
2．他者とともに自己理解を深める 75
Column 4 本音で伝えあう組織の醸成 81

3-3» 「管理者としての軸」の確立 81
1．管理者としての「軸」：自分を突き動かすもの 81
2．自分の軸を確立する 84

3-4» 自分らしい管理者像の明確化 86
1．自分らしい管理者としての「あり方」 86
2．自分らしい管理者としての「あり方」を描く 88

3-5» 自己成長を促進する経験学習と習慣化 90
1．管理者の成長 90
2．経験から学ぶ 93
Column 5 管理職の経験学習調査 102
3．行動変容・習慣化 105
4．多様性に富んだ社内外のネットワークづくり 110

第4章 組織を活かす：業務面の取り組み

4-1 » 理念の理解と実践 …… 116
1．理念の意義と重要性 116
4-2 » ビジョン策定と部門への展開 …… 119
1．上位方針としてのビジョンの成り立ち 119
2．部門におけるビジョンの展開 122
4-3 » 目標設定とその管理 …… 127
1．目標の意義 127
2．管理者の目標 127
3．目標の表現 127
4．目標設定の手順 130
Column 6 KPI …… 136
4-4 » 効果的な「方法」と「手順」を明示するための計画立案 …… 137
1．目標達成のための有効な「方法」の検討 137
2．目標達成の方法を確実に遂行するための「手順」 141
4-5 » 多様な人材を活かすための組織化 …… 145
1．組織の本質 145
2．成果につながる組織化の効用 147
Column 7 公式組織・非公式組織 …… 151
4-6 » 職場の問題の「発見」と「解決」 …… 152
1．問題の意味と捉え方 152
2．問題解決の進め方 155
Column 8 サイモンの問題解決の捉え方 …… 160

第5章 メンバー個々人の主体性を活かす：人の面の取り組み

5-1 » 心理的安全性の高い職場づくり …… 164
1．心理的安全性とは 164
2．心理的安全性を高めるために 166

5-2» 管理者としての日々の関わり行動(挨拶・傾聴・質問) … 169
1．率先して挨拶をする 169
2．積極的傾聴を心がける 171
Column 9 黙り込むメンバーの話を聴く …… 177
3．質問、問いかけ 178
Column 10 質問の場面と種類 …… 182
5-3» 1on 1 (ワンオンワン) による対話 …… 183
1．1 on 1とは 183
2．対話の本質 183
Column 11 ハイコンテクストとローコンテクスト文化 …… 185
3．管理者とメンバーの1 on 1のポイント 185
5-4» 動機付け・勇気付け …… 187
1．動機付け (モチベーション) とは 187
2．動機付けの種類 189
3．動機付け理論 190
Column 12 人の背中を押す「ナッジ理論」 …… 196
4．動機付けのポイント 197
Column 13 勇気づけ：アドラー心理学 …… 204
5-5» 育成と仕事の教え方 (ティーチング) …… 205
1．育成の意義 205
2．育成と指導 207
3．メンバー育成と OJT 208
4．育成のステップと目標設定 211
Column 14 権限委譲のできないQ店長 …… 217
5．育成と人事評価 218
6．仕事の教え方 (ティーチング) 220
Column 15 感謝の気持ちで見守る上司：山本五十六の名言 …… 227
5-6» 持ち味・主体性を引き出す育成 (コーチング) …… 228
1．コーチングとは 228
2．管理者によるコーチングのステップ 233
5-7» 中長期的なキャリア開発 …… 240
1．キャリア開発の必要性 240
2．管理者のキャリア開発支援 244
3．キャリア面談 245
Column 16 ポータブルスキル …… 248

5-8 » 個々の強みを活かしたチームワークと組織化 …… 249
1．個々の強みを活かすチームワークの重要性　249
2．管理者によるチームづくり、組織化活動－職場がチームになっている状態をつくる　251
Column 17 日常の行動と理念を紐付ける管理者に …… 254
3．強みを生かしてイノベーションを起こすチームへ　255
Column 18 タックマン・モデル …… 257
Column 19 集団天才を導く働きかけ：コレクティブインパクト・リーダーシップ© の要素 … 260

第 6 章　マネジメントの実践

6-1 » 「自分（＝管理者）を活かす」マネジメントの実践 …… 264
1．レジリエンス（逆境に順応する力）　264
2．エモーショナル・インテリジェンス（EI、EQ）　271
3．ボス・マネジメント　278
Column 20 上機嫌が上機嫌を生み出す …… 288
4．タイムマネジメント　290
6-2 » 「組織を活かす」マネジメントの実践 …… 296
1．ダイバーシティとマネジメント　296
Column 21 多様性とイノベーション …… 301
2．コンフリクト・マネジメント　302
3．健康経営とマネジメント　309
Column 22 ウェルビーイング＝幸せ …… 312
6-3 » 「メンバー個々人の主体性を活かす」マネジメントの実践 … 315
1．テレワーク・リモートワークでのマネジメント　315
2．社会に関わることへの後押し　321
Column 23 ツール、制度、そして風土 …… 323

おわりに …… 325

各章のポイント

第1章　マネジメントの基本知識

● マネジメントとは「やりくり」

ヒト・モノ・カネ・時間・情報など経営資源を「やりくり」して、目的・目標を必ず達成していくという覚悟や工夫が必要である。

●「ヒト」は最も大事な経営資源

ヒトは経営資源を活用する存在でもあり、ヒトをいかに育てていくか、また、ヒトどうしの関係性をいかに高めていくかが、マネジメントの成否につながる。

● PDCA は変化が激しい時代でも必須

PDCA のプロセスを繰り返し、次の計画を質的にレベルアップできるようにしていくことが、いつの時代にも求められる。

● 自己革新にも PDCA を適用

マネジメントに求められる姿勢やスキルが高度化する中、管理者の自己革新の成否が、組織や部下の成長に大きな影響を与えるので、PDCA で着実に成長する必要がある。

● マネジメントは「業務」と「人」の 2 軸が大事

この 2 軸を踏まえた理論と実践が、歴史的に試行錯誤しながら続いてきた。現代のマネジメントの現場でも常に問われることである。

第2章　管理者の役割

● 経営の一翼を担う存在

理念を礎に、組織の方向性を捉えて、具体的な自分の課題を形成し、自職場のビジョンを構築する。

● 組織の連結ピン

分業と協業の「連結ピン」として、組織内外の関係者と信頼関係を築き、働きかける。

● ものの見方（視座・視野・視点）

一段も二段も高い上位者の立場で意思決定をするために、ものの見方を高め広げる。

● 業務と人・管理と改革：4つの視点の役割を果たす

環境変化に対応し、創造力を発揮して、業務と人・管理と改革の役割を果たす。

● 価値創造

社会課題の解決と組織の利潤追求、メンバーの成長を生み出す働きかけを行う。

● プレイヤーから管理者へのシフト

自分の考えを持ち、他者の力を引き出し、共に成果をあげる。

● 学びと成長

自らのものの見方や考え方、行動を変え、成長し続ける管理者になるための一歩を踏み出す。

第3章　自分（＝管理者）を活かす：管理者としての成長

● 自分らしい管理者

自分らしい管理者になるため、そして人としてのレベルや格を高めるために、学び続ける旅に一歩踏み出す勇気を抱く。

● 自分と向き合い、成長させるプロセス

自分と向き合い成長させるプロセスを大事にし、繰り返し取り組む

①自己理解：現在の自分の状態を把握する。

②自分の「管理者としての軸」の確立：管理者として自分を律する指針や判断基準としての「軸」を確立する。

③自分らしい管理者像の明確化：社会・組織のニーズに応え、自分の持ち味や強み、可能性を活かした管理者のあり方を描く。

④経験学習と習慣化：経験を通じて、ネットワークを広げながら自分の課題に向き合い、自分らしい管理者としてのあり方や行動を習慣化する。

● 多様な人材とのネットワーク

社会や組織に価値を生み出すために、意図して、つながる人や組織（ネットワーク）を広げ、出会った全ての人から学ぶ姿勢を大事にする。

第４章　組織を活かす：業務面の取り組み

● 理念の重要度の高まり

近年、ますます自組織の理念を重要視する動きが見られる。その背景は以下のとおり。

- ・自組織の存在意義を再認識する必要性の高まり
- ・組織の社会性への強い期待への対応
- ・メンバーの多様性への対応

理念を「知っている」だけで終わらせることなく、管理者自らが日々の活動に反映し、体現できるようにすることが、ますます必要になっている。

●「翻訳」による上位方針の行動用語化

上位方針を「翻訳」によって自分の担当する組織における具体的な行動レベルの表現にする。多様な立場や価値観を有する人材が増える中、こうした言葉を大事にしたマネジメントが、管理者には強く求められる。

● 目標の３要素と連鎖の重要性

目標には、「何を（目標項目)、どれだけ (達成水準)、いつまでに（期限)」が欠かせない。「何を」は具体的に示し、「どれだけ」は期限が来た時点で客観評価できるようにする(数値化できない場合は定性表現で工夫する)。また、組織内で目標を連鎖させることが大事であり、そのポイントは以下のとおり。

- ・目標の背景や意図をわかりやすく説明することでメンバーが「やらされ感」を抱かないようにすること
- ・メンバーの特性や負荷を考慮すること
- ・関連部門との連動や相互の影響など「ヨコ」の連鎖も考慮すること

● 計画とは目標達成のための「方法」と「手順」

「方法」に関しては発想力が問われる。管理者は「発散と収束」のプロセスを使い分けながら、組織としての発想の後押しをするスキルが必要である。新たな「方法」が求められる中､「手順」に関しても創意工夫によって効果的･効率的な「手順」を創出する必要がある。

● 組織の意義と組織化の効用

組織とはメンバーが効果的に協働し、１人ひとりが能力を最大限に発揮できる仕組みであり、そうした仕組みをつくり上げることが組織化である。組織化のための着眼点は以下のとおり。

・目的（＝何のために）と目標（何を・いつまで・どれだけ）が共有されている
・全員の役割分担が明確であるとともに、相互に協力し合える関係や体制である
・率直な意見交換や相互の情報共有など、オープンなコミュニケーションがとれている
・全員合意の約束事・ルールがあり、それらが遵守されている
・目標推進上のフィードバック・チェック・評価が適切に行われている

組織化が上手くいけば、メンバーの力の総和以上の成果を創出することができ、メンバーどうし、お互いの特性を補完しあうこともできる。

●問題解決のプロセス

いわゆる発見型の問題は、あるべき姿と現状のギャップを具体的な表現で示し、その背後にある原因をWhy（なぜ）で深く掘下げる。その際に、1つの原因にとらわれずに、多面的に広く捉えるようにする。さらに原因分析の結果から解決の方向性を探り、行動レベルの対策を立案する。

第５章　メンバー個々人の主体性を活かす：人の面の取り組み

●環境変化への対応

変化が激しい時代は、過去に習得した知識、スキルなどが陳腐化しやすく、正解が1つではない。管理者個人の力量ではなく、全員の力で勝負する時代となり、現場のメンバー1人ひとりの判断や主体的な行動に委ねられることが増えている。

●メンバーの主体性を活かし、成長を促す働きかけのレベルアップ

メンバー1人ひとりの主体性を活かし、活躍してもらうために働きかけのレベルを高める。

①心理的安全性

メンバーが不安を抱かず、本音で話し合うために、心理的安全性を高める。

②日々の関わり行動

メンバーを承認する行動（挨拶・傾聴・質問）を実践し、信頼関係を築く。

③対話（1on 1）

メンバー1人ひとりの目的や夢、ニーズを理解し、対応するために、個々に対話する場（1on 1）を設ける。対話は討議やディベートとは異なり、共通の理解をし、1つになって全員の視点に立つために行う。

④動機付け

目標に向けてメンバー1人ひとりの行動を立ち上げ、方向づけ、支える。動機付け理論の理解を深め、活用する。相手の存在を認め尊重したり、相手の好ましい側面（行動、成果など）をポジティブ（肯定的）に捉えて伝える。

⑤ティーチング

メンバーの状態を把握し、期待される状態とのギャップから、育成することを決めて、計画的に指導する。教える際は最初に学ぶ目的やゴール、習得の意義を伝え、相手の学ぶ姿勢を整える。

⑥コーチング

メンバー自らの力で目的・目標を達成するために、メンバーの持ち味や可能性を引き出す支援をする。関係づくり→目標設定→自己決定のステップを確認しながら進める。

⑦キャリア開発

メンバーが仕事をとおして自分を成長させ、自身の夢や目的を達成するために、キャリア開発を理解し、支援をする。

⑧チームワーク

自職場が集合天才として真のチームになるために、メンバーが目的・理念・約束事を受け入れ、共鳴しあう必要がある。個々の強みや持ち味、専門性を活かし、チームに所属している気持ちや誇りを生み出す働きかけをする。

● メンバーとの役割分担

メンバーの主体性を活かす様々な働きかけがあるが、管理者は1人で背負いこまず、メンバーとも役割分担を行う。自職場に育成・成長支援の風土を醸成し、仕組みを整えることが重要である。

第6章　マネジメントの実践

●「自分（＝管理者）を活かす」マネジメントの実践

［レジリエンス］

逆境に直面したとき、立ち向かうよりも、しなやかに自分を立ち直らせられるような「折れない心」をつくることが大切である。過去の経験から立ち直る方法を見つけたり、考え方の癖から生じる思い込みを把握したりすることで、自分にあったレジリエンスの高め方を身につけることができる。

［エモーショナル・インテリジェンス（EI、EQ）］

感情知能と訳され、自己理解、他者理解、自他受容、主体的関与の4次元で捉えることができる。管理者はまずは自分のEQを高めるとともに、メンバーのEQを高めていくことも心がけていくことが大事である。上司が問いかけ、受容、共感することで、メンバーは自分の感情とも向き合うことになる。

[ボス・マネジメント]

自分が言いたいことを主張でき、上司の意向も受け入れる「協調」の関係を獲得し、価値を生み出せるようにする。そのためには上司との日常の信頼関係や、課題解決における協働の機会が重要となる。「今よりも必ずベターな関係がある」と信じる。

[タイムマネジメント]

有限の時間を創造的にやりくりし、成果を最大限にあげる。チームメンバーと自分の時間（人生の一部）を大切にし、管理者として「時間」というリソースを意味あるものにする工夫をすることが問われる。

●「組織を活かす」マネジメントの実践

[ダイバーシティ]

価値観やパーソナリティを対象とする「深層的ダイバーシティ」を活かすことで、様々な考え方や個々人の特性が融合し、新たな価値創出につながる。現場の管理者として成果創出に向けて、メンバー１人ひとりが個性や強みを最大限に発揮できるように（＝インクルージョン）、メンバーの「違い」を最大限に活かせるようにする必要がある。

[コンフリクト・マネジメント]

タスク・コンフリクトを解決できれば、組織に創造性の発揮などの効果をもたらす。「悪い対立」であるリレーションシップ・コンフリクトは、仕事へのやる気や熱意にマイナスに働く。心理的安全を高い水準で保つ職場は人間関係の対立をもたらす程度が緩和される。管理者の関わりで職場の風土として醸成できることも多い。

[健康経営]

健康管理は「コスト」ではなく、今後の企業成長に向けての「投資」である。管理者はその担い手であり、社員の心身の健康面への配慮もマネジメントの視点に欠かせない。これまでのように健康であることを前提において、生産性やモチベーションの向上を図るだけでなく、健康を維持してこそ効果的な活動ができるということを肝に銘じる必要がある。

●「メンバー個々人の主体性を活かす」マネジメントの実践

[テレワーク・リモートワーク]

マネジメントの対象である「ヒト・モノ・カネ・時間・情報」の中で、日常的に机を並べている「ヒト」という前提が崩れ、「時間」は自己管理の重要度が増し、「距離」の要素も大きく浮かび上がってきた。この転換期において、変化を乗り越え、業務と人の両面から、チャンスにしていく必要が生じている。

[社会への関わり]

時空を超えた協働がダイナミックにできつつある中、組織の枠にとらわれない「チーム」にどう関わり、どう動かしていくか、マネジメントに関わる管理者の力量が問われる。様々な社会課題が山積し、社会的価値と自組織の利益を同時に推進していくことが求められる現代において、従来以上に幅広く人や組織を巻き込むことが要請されている。社会課題の解決のために、メンバーの主体性を喚起し、チームとして未来に向けた継続的な活動ができるように後押ししていくことも、これからの管理者の役割として重要である。

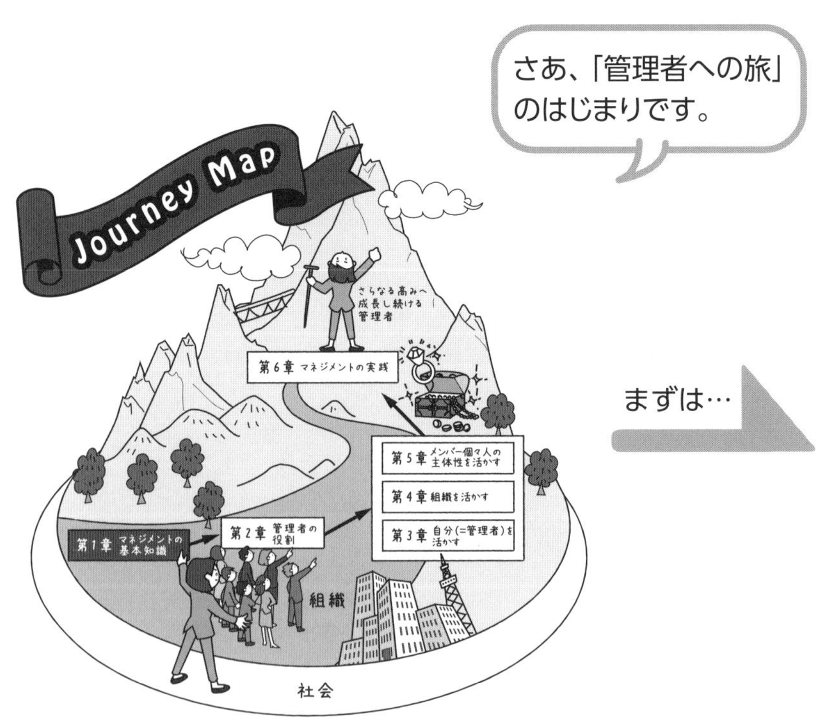

第 1 章

マネジメントの基本知識

この章では、マネジメントにおいて必要不可欠な基本知識を学びます。マネジメントの定義や考える際の視点、PDCAに代表されるマネジメントサイクル、管理者に求められる「業務」と「人」の考え方やマネジメントの変遷について理解を深めます。

1-1 »マネジメントの定義

1．マネジメントを考える視点

1）マネジメントと「管理」

はじめに、マネジメントという言葉の意味を考えてみましょう。一見、「管理」という日本語訳がそれに該当するように思われがちですが、実際に組織でマネジメントを担っている人からすれば、少々違和感があるのではないでしょうか。

『広辞苑』によれば、管理とは「管轄し処理すること。良い状態を保つように処置すること。とりしきること」とありますが、「管理」面だけが強調されると、メンバーを束縛するようなイメージが沸く人も多いことと思います。「管理」自体、決して悪いことではありませんが、様々な組織や職場で、望ましくない「管理」が時に行われてきたことから、そうした印象を植え付けているのかもしれません。

また、「管理」というと、何らかの基準が存在します。一般にそこから外れないように維持していくことが「管理」です。ただ、昨今のように「先が読めない」「何が正解かわからない」ことが多い不透明な時代には、基準を維持するという意味での「管理」の枠を超えた部分も、マネジメントの領域と捉える必要があります。

2）マネジメントは組織の存在意義を高める

本来であれば、マネジメントによって、組織運営が上手くいき、成果が創出され、組織に属する人たちにとって、よりよい環境が生まれるに越したことはありません。ただ、いつの世にも楽にそうした状況が得られるとは限らないでしょう。むしろ、常に問題やトラブルはつきまといます。それを乗り越えてこそ、組織は目的や目標を達成し、その存在意義を高めていくものと言えます。

こうしたことから、マネジメントとは、以下のように定義することができます。

「組織の目的・目標を達成するために、その組織が利用できるあらゆるヒト・モノ・カネ・時間・情報などを創造的に活用することによって、成果を最大限にあげること」

ここでいう組織とは、企業はもちろん、そこに属する部署、さらに公共団体等も含め、何らかの目的や目標を持った集団を指します。その目的や目標の達成のために、組織が持つ経営資源を、創造性を発揮して、もっとも効果的に上手く活用していこうという活動がマネジメントです。

管理者は組織の大小に関わらず、組織を経営する責任があり、組織に与えられた人材や設備、資金等をいかに上手く活用していくかが問われます。すなわち管理者は、組織のマネジメントの担い手であり、責任者であると言えます。

また、マネジメントは**「機会損失を最小限にする」ため**にも必要です。成果の最大化をめざす一方で、現実には目に見える機会損失のほか、気づかないうちに失っている機会も多々あるはずです。そうした機会を確実につかみとるためにマネジメントは必要とされているのです。

2. マネジメントは創造的な「やりくり」

1)「足りない」からこそ有効活用する

先述のマネジメントの定義からすれば、組織の大小を問わず、与えられた経営資源の有効活用が求められます。ただ、これらは「足りない」ことが一般に多いと言えます。多くの企業で、「人が足りない」「コストがかけられない」「時間がない」といった声が、よく聞かれます。昨今は特にそれが増してきているようにも感じます。

マネジメントという言葉を英語の辞書で調べてみると、**「やりくり」**と訳されていることがあります。これまでにも、この「やりくり」こそがマネジメントの要諦であるという指摘が、多くの専門家や実務家からありました。「足りない」ことが特に多い現代だからこそ、マネジメントの本質を示しているように思えます。「足りない」資源を何とか「やりくり」し、有効活用して、目的・目標を必ず達成していく。マネジメントを担うには、そのような覚悟も必要です。

2）ますます求められる創造性

先に掲げたマネジメントの定義の中に、「創造的に活用する」といった表現がありましたが、「足りない」ことを補って、もしくは「足りない」状況を受け止めて、組織運営をしていくには、やはり工夫がいります。

また、先述のように「管理＝基準の維持」という枠を超えるには、自ら新たな基準を設定したり、従来の基準に縛られないような取り組みをして、経営環境の変化に対応していく必要があります。こうしたことから、マネジメントの担い手には、創造性がより一層求められるようになってきていると言えます。イノベーションという言葉がすっかり浸透している現代ですが、時にゼロから１を生み出すような発想力が、日常のマネジメントの中でも求められているのです。

3．常に欠かせない「ヒト」の視点

1）経営資源を活用するのは「ヒト」

先ほどのマネジメントの定義の中の「ヒト・モノ・カネ・時間・情報など」は、組織を運営する上で、いずれも欠かせないものです。そして、マネジメントを有効なものにするには、この中でも、やはり「ヒト」をどう活かすかが大切です。「モノ」も「カネ」も「時間・情報」も、それらを使うのは「ヒト」です。すなわちマネジメント上、「ヒト」は大事な経営資源であるとともに、経営資源を活用する担い手とも言えます。その人材をいかに育てていくか、また、人材どうしの関係性をいかに高めていくかが、マネジメントの成否につながるといっても過言ではありません。こうしたことから、組織がめざすべき目的や目標は、業務上の成果だけでなく、人材をどのような方向へ成長させていくか、という視点も含めていく必要があります。

2）「ヒト」の集まりである社会にも目を向ける

さらに昨今は、営利を目的とした企業にも、社会的な視点が強く求められるようになってきました。人材の集まりである組織は、１つの「社会」とも言えます。そこで活動する人々にとって、その「社会」が正しく運営され、自分たちが活き活きと働けることが、まず大事です。

さらに外の世界に目を向けると、人口減少、少子高齢化、気候変動など、社会課題が山積する中で、「ヒト」の集まりである社会に、企業としていかに貢献していくかが、これまで以上に問われています。

このため、組織の目的や目標の中に、こうした社会的視点が当然のように含まれている必要があります。そう考えると、マネジメントのめざす範囲や領域は従来よりも広くなっており、それだけに、より一層、創造的であることが求められていると言えます。

問い

日頃、あなたがマネジメントを担う上で、大事していることは何ですか？
また、それをどの程度実践できていますか？

1-2 » マネジメント・サイクル

1．PDCAの活用

1）変化の時代にも欠かせないPDCA

マネジメントには大きく２つの考え方があります。１つは標準を定めてそのとおりに仕事が行われているかをチェックする**「標準による管理」**、２つめは**「計画による管理」**です。そして計画による管理を進める上で欠かせない考え方としてマネジメント・サイクルがあります。

具体的には**PLAN（計画）、DO（実行）、CHECK（確認）、ACTION（検討・処置）**の４つの要素からなるPDCAが、それに当たります。

マネジメント・サイクルは、この４つの要素を循環させることで、改善やレベルアップを図るというものです。この源流は品質管理分野にありますが、今ではビジネスの領域にも、すっかり浸透しました。変化が激しい時代を迎え、PDCA だけでは対応できないという見方もあり、新しい概念も生み出されていますが、マネジメントの水準を維持・発展させていくためには、やはり欠かすことのできない本質的な考え方と言えます。むしろ変化が激しいからこそ、その時点で最も適切と思われる計画を立て、確実な Check や Action を行うことで、柔軟な活動ができるはずです。

2）Plan の前提としての目標設定

経営環境の変化に対応するために、組織の管理者として PDCA を回

図表 1-1　PDCA の定義

PLAN	適切な目標を設定し、**計画**を策定する
DO	目標、計画を踏まえて、業務を**実行**する
CHECK	仕事の現状が、当初決めた目標・計画とずれていないかを**確認**する
ACTION	確認結果をもとに、次のPlanに活かせる行動を**検討**し、**処置**する

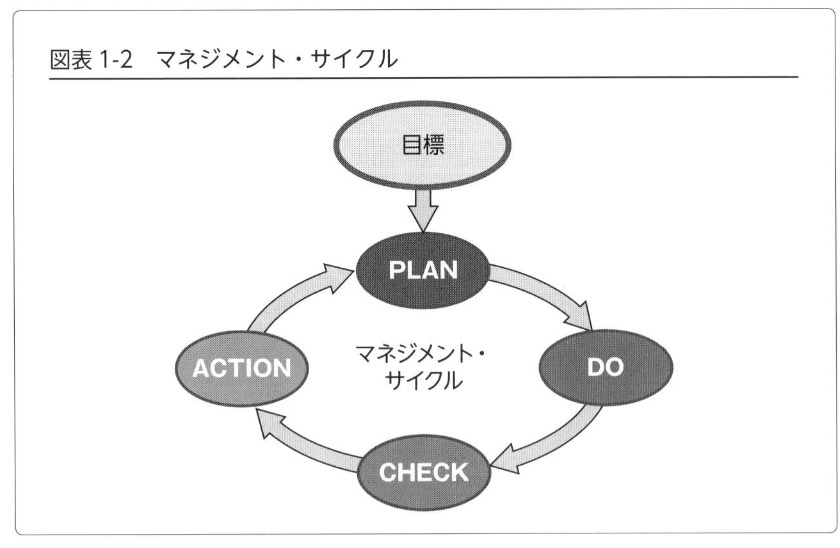

すにあたって、まずはPLANをどう設定するかが問われます。PLANの前提として達成すべき目標がありますが、この目標は、その設定の経緯を、以下のように大きく2つに分けることができます。

①上司が設定し部下に示す（トップダウン）
②部下の置かれた状況に応じて部下自らが設定する（ボトムアップ）

①に関しては、上司から目標そのものが示される場合です。一方②は、上司から上位方針として示された内容を部下がブレイクダウンし、具体的な目標にすることもあれば、部下自らの問題意識をもとに設定することもあります。②の場合でも、部下は自ら設定した目標について、上司に上申し、承認を得て運用していくことになります。その詳細は第4章で改めて確認します。

こうしたトップダウンとボトムアップによって目標を設定し、共有することが、適切なPlanを設定する第一歩となります。これは組織における活動を推進する上で必要な「当たり前のコミュニケーション」とも言えますが、それが実践できていない状況も、残念ながら実際には多々見られます。そうなるとPDCA自体も、前提が崩れ、上手く回らないことになってしまいます。

2．PDCA活用のために実践すべきこと

1）PDCAスパイラルを意識する

PDCAには、組織全体にわたる大きなPDCAから、個人の業務単位の小さなPDCAまで様々な規模があります。人は無意識のうちにこれらのサイクルを回しながら仕事をしていますが、確実に業務を遂行し、さらに業務品質を向上していくためには、PDCAのプロセスを繰り返すことが大切です。計画を立てて実行し、その結果を確認する。そして、そこで得た教訓や気づき、反省を次の計画に反映できるように行動する。そうすると、次の計画は質的にレベルアップしたものになります。

特に管理者は、こうしたPDCAのスパイラルが、組織内で、さらに

図表 1-3　PDCA スパイラル

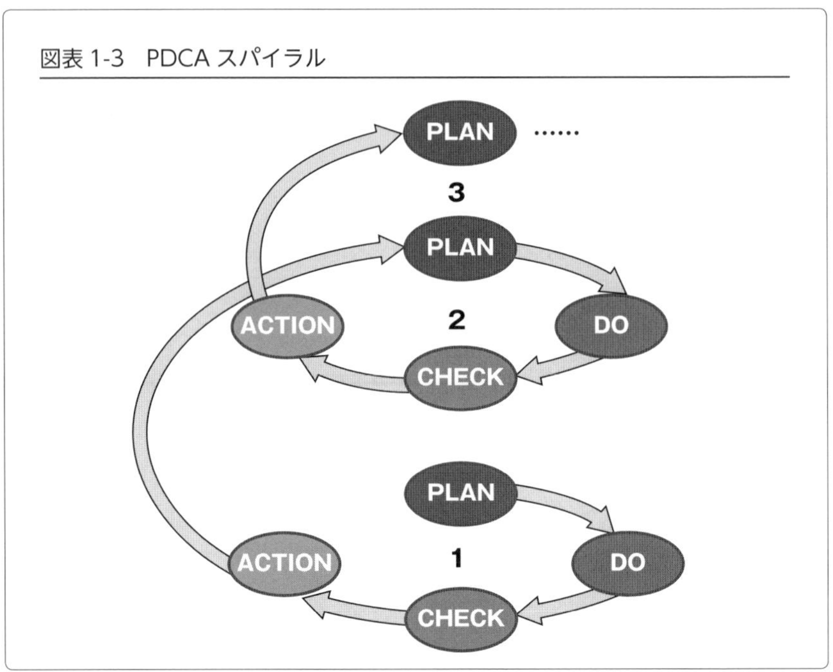

は各個人が継続的に実践できるように後押しをしていく必要があります。それが仕事の質を上げ、組織として、より高い成果や、絶えざる成長を追求する基本姿勢となります。

2）PDCA をスパンで捉える

PDCA は、大きなスパンでサイクルを回している途中に、小さなスパンでも、そのサイクルを回すことが大切です。たとえば、年間の目標を達成するには、年間の大きな PDCA サイクルを回すだけでは不十分です。目標が期末に完遂できるように、四半期や月単位に目標を分解していき、そこで四半期ごとや月ごと、または業務の区切りごとの PDCA（小さなサイクル）を回していかなければなりません。これは DO の段階で、小さな PDCA サイクルを回しているとも言えます。

現実のビジネスでは、さらにきめ細かな対応力やスピードが求められており、週単位、日単位での PDCA を回す必要もあります。これらの

図表 1-4　大きな PDCA・小さな PDCA

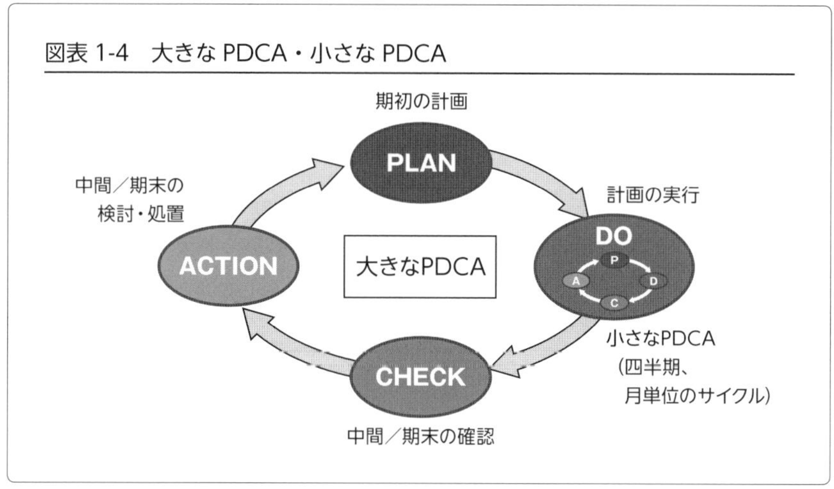

PDCA を確実に回せるかどうかで、ビジネスの成否が決まってきます。

3．自分自身への応用

1）自己革新が求められる管理者

組織を担う管理者として、自分自身をよりよい方向に変えていくことは、自分にとっても、組織にとっても大事なことです。特に環境変化が激しく、管理者に求められる姿勢やスキルが高度化する中、管理者の自己革新の成否が組織の成果に、そして部下の成長にも大きな影響を与えます。だからこそ、着実な自己革新のためにも、自分で変わりたい姿（目標）を設定し、その目標に向かって自分から挑戦・実践し、自分の成長の度合いを確認するという PDCA のサイクルを回していくとよいでしょう。

2）自分を深く知ることが第一歩

自己革新の第一歩は、まず自分自身を知るところからはじまります。自分を知るためには、自分の特徴を形成している要因をセルフチェックすることにより把握することが基本となります。しかし、人は自分ではなかなか気づかない部分をたくさんもっていることも事実です。

そのため、上司・部下・同僚など自分の周囲にいる人たちから率直な評価を受けることは、自分を知るために大きな効果があります。また、行動診断などのツールを使った客観的なデータによって、自分の特性を把握することも、自分を深く知るという観点から有効でしょう。

このように自分自身を知ることは、弱みの改善に役立てたり、逆に強みを伸ばしたりと、自らの持ち味を発揮するために大きな力となります。

3）自己革新のための PDCA

自分自身をよく知り、冷静に見つめた上で、自分の望ましい姿、将来こうなりたいという自分像を描きます。そして、その姿になるための具体的な目標を決めます。目標を決める手順は、まず所属する組織や、現在担当している業務などの今後の変化をできる範囲で予測してみます。

技術革新、競合状況、業界の動きなど、会社を取り巻く外部環境の変化を踏まえて進むべき道を決めていきます。最後に、より望ましい自分の姿を描くことで、目標を設定します。

目標が決まったら、あとは実践あるのみです。しかし、必ず途中で立ち止まり、自分がどう変わったのかについて自己評価を行います。ここ

図表 1-5　自己革新の PDCA

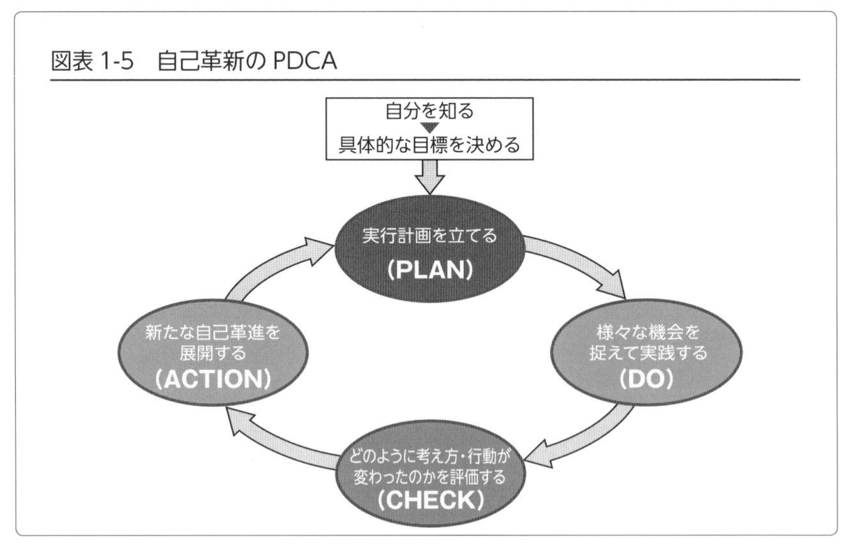

で大切なことがPDCAです。この自己革新のためのPDCAを回すことが習慣化できれば、管理者として組織のPDCAを回すことにも良い影響があるはずです（詳細は第3章で解説します）。

自己革新とは、**「環境変化や時代の要請に応じて、自らの意志で自分の考え方や行動を変えていくこと」**です。上司や周りの人たちが敷いてくれたレールの上を歩いていくのではありません。自己革新は、自分に対しての厳しい姿勢なくしては達成できないということです。

しかし、最初から何でも自分1人でできる人は多くありません。自分なりに取り組みながら、時に周囲の人の助けを借りて、試行錯誤を重ねて、自分にとってベストと思えるやり方を会得していけばよいのです。そのためにもPDCAを有効活用することが肝要です。

問い

普段、PDCAを意識し、実践できていますか？　組織のPDCA、自分自身のPDCA、両面から考えてみましょう。

1-3 » マネジメントの変遷

1．「業務」と「人」の観点

1）「業務」の側面からの生産性向上

ここまで見てきたように、マネジメントでは、業績や仕事の質を高めるといった「業務」の側面とともに、経営資源で最も重要とも言える「人」の側面も欠かせない要素です。歴史的に見ても、この「業務」と「人」の観点から、専門家の間で議論が展開されてきました。

マネジメント理論を実践した古典的な例として、20世紀初頭にフレデリック・テイラーが提唱した**「科学的管理法」**が、よく引き合いに出されます。この科学的管理法は仕事の動作を要素分けし、ムダを排除した上で、標準作業や標準時間を確立し、その「標準」によって管理・統制を図るものです。「業務」の側面から生産性の向上に着目し、企業の業績向上につなげたものと言えます。一方で、合理性を追求するあまり、人間性が軽視されているという批判も受けました。

なお、このテイラーの科学的管理法を土台にして、大量生産の仕組みを発展させた人物として、**ヘンリー・フォード**が挙げられます。彼は言わずとしれた自動車会社の経営者ですが、20世紀に入って間もない時期に、独自の生産システムによって世界初とも言える大衆車を世に送り出しました。これは大きな成功を収めましたが、その後の競合の台頭や市場環境の変化によって、1920年代に入ると、その輝きも失せていきました。

2）「人」側面への関心

こうした中、「人」の側面へ関心を高めたのが、1924年に行われたウェスタン・エレクトリック社の**ホーソン工場での実験**です。この工場では、給料も高く、福利厚生も充実しており、労働条件は良好でした。しかし、工場の中には理由のわからない不満がくすぶっていたので、外部のコンサルタントに依頼し、作業能率を向上させるための実験に着手しました。

最初に行われたのは、照明実験と呼ばれ、電灯の明るさと作業能率との関係を調べたものでした。2つの部屋を用意して、1つの部屋では電灯の明るさを一定にしておき、もう1つの部屋では明るさをだんだん増していきました。その結果、明るくしていった部屋の作業能率は予想どおりあがっていきましたが、明るさを変えなかった部屋でも能率があがっていきました。続いて、一方のグループの照明を減らして暗くしていったところ、それでも能率はあがり続けました。

このような予想外の結果から、ハーバード大学のメイヨーらに依頼して、別の角度からの実験を続けました。その結果、数多くの実験や面接などから得た結論は、人間とは感情の動物であり、照明などの外的な条件よりも、人間の感情や態度、職場内のインフォーマル（非公式）な人間関係などの方が作業能率に大きく影響する、ということでした。これを機に、「人」側面への関心が高まり、**人間関係論（ヒューマン・リレー**

ションズ) と呼ばれる理論や実践上の提案が相次いで生まれたと言えます。

さらに第二次世界大戦後、産業界の大量生産構造がますます進展する中で、マズローの**「欲求５段階説」**やハーズバーグの**「衛生要因－動機付け要因」**、さらにマグレガーの**「Ｘ理論、Ｙ理論」**といった「人」側面を重視した行動科学分野の主要理論が注目されるようになりました(詳細は５－４で解説します)。これらと併行して、経営資源の中で最も重要と言える「人」の動機付けへの関心が、学問分野だけでなく産業界にも広がっていきます。

もちろん、だからといって、マネジメント上、「人」の側面だけを捉えるものではなく、その後も、「業務」と「人」の２軸を踏まえた理論と実践が、試行錯誤しながら続いています。これは実際のマネジメントの現場でも言えることで、業績向上をめざしつつ、いかにメンバーの動機を高めたり、能力向上の後押しをしていくかが、常に問われるところです。

２．管理者の役割への関心

１）管理過程論からの示唆

前節で見てきたように、マネジメントの理論的な源泉からたどると、「業務」と「人」の両面から議論がなされてきました。ただ、前節で紹介した理論は、組織として未発達な段階であったこともあり、経営者のマネジメントを対象とした内容が多く含まれます。

一方、１－２で示したマネジメント・サイクル（PDCA）は、その源流となる考え方をたどると、**「管理過程論」**という分野につながってきます。この管理過程論は、20世紀初頭にフランスの企業家ファヨールが著書『産業ならびに一般の管理』で提唱したことから広まりました。管理活動には､「予測－組織－命令－調整－統制」というプロセス（過程）があるという捉え方です。そして、その担い手としては、経営者だけでなく、個々の組織の管理者も含めて捉えることができます。

ファヨールは、この管理過程を、他の生産や販売、会計といった職能と同様に、管理を担う者の専門的な職能として身につけるべきであるとしています。著書の発行以来、すでに100年以上経過していますが、現代の管理者も、研究開発、財務、営業といった各職種の専門家であると同時に、管理の「専門家」でもあるという自覚と気概を喚起させる内容になっています。

さらにファヨールの論をもとに、1930年代には、ギューリックが「計画化－組織化－人員配置－指揮－調整－報告－予算化」を管理過程とし、その頭文字をとって **POSDCORB（ポスドコルブ）** として広めました。

〈ギューリックの管理過程〉

計画化（PLANNING）－組織化（ORGANIZING）－人員配置（STAFFING）－指揮（DIRECTING）－調整（COORDINATING）－報告（REPORTING）－予算化（BUDGETING）

2）ミンツバーグの「マネジャーの10の役割」

このPOSDCORB（ポスドコルブ）やファヨールの「予測－組織－命令－調整－統制」は、他のマネジメントの専門家の著書などでもしばしば紹介されます。その中でマギル大学のヘンリー・ミンツバーグは、1973年、著書『The Nature of Managerial Work（邦題：マネジャーの仕事）』において、これらは「マネジャーが現実に行っている仕事を何もあらわしていない」としています。その是非はいろいろな見方がありますが、70年代に入ると、組織がさらに巨大化し、市場環境の変化のスピードも高まる中、より一層高度な管理が求められるようになり、個々の組織の管理者の業務にも目が向く時代になったとも言えます。

ミンツバーグは、その著書の中で、マネジャーの10の役割を示しています。これは5人の経営者の仕事を観察してまとめた内容ではあるものの、ミンツバーグは「あらゆるマネジャーの仕事に共通する」と述べています。

すでに40年を経た内容ですが、今でも引き合いに出されることが多くあります。現場の管理者としても、自分の普段の行動と、ここで挙げられている役割を比較することで、自分がマネジメントに関して、できていること、できていないことを確認できるかもしれません。

◆マネジャーの10の役割

①対人

フィギュアヘッド　象徴的な長：法的、社会的性質をもった多数のルーチン責務を遂行する責任がある

リーダー　部下の動機付けと活性化に責任がある：人員配置、訓練および関連責務への責任

リエゾン　好意的支援や情報を提供してくれる外部の接触や情報通からなる自分で開拓したネットワークを維持する

②情報

モニター　組織と環境を徹底的に理解するため広範な専門情報（ほとんどが最新のもの）を探索受信：組織内外の情報の神経中枢になる

周知伝達役　外部や部下から受信した情報を自分の組織のメンバーに伝える：事実情報もあり、解釈が入り組織の有力者がもつ多様な価値づけを統合した情報もある

スポークスマン　組織の計画、方針、措置、結果などについて情報を外部の人に伝える：組織の属する業種に関して専門家の働きをする

③意思決定

企業家　組織と環境に機会を求め変革をもたらす「改善計画」を始動させる：特定プロジェクトのデザインも監督する

障害処理者　組織が重要で予期せざる困難にぶつかったとき是正措置をとる責任

資源配分者　実質的に、組織の全ての重要な決定を下したり、承認したりすることによる、あらゆる種類の組織資源の配分に責任がある

交渉者　主要な交渉にあたって組織を代表する責任

出典：『マネジャーの仕事』ヘンリー・ミンツバーグ著、奥村哲史／須貝栄 訳（白桃書房）を参考に作成

なお、第２章では、このマネジャー＝管理者の役割について、さらに考察を深めていきます。

問い

現代のマネジメントにおいて、特に大事なことは何でしょうか？　マネジメントの変遷の中で確認できたことや、現在の自分の立場を踏まえて考えてください。

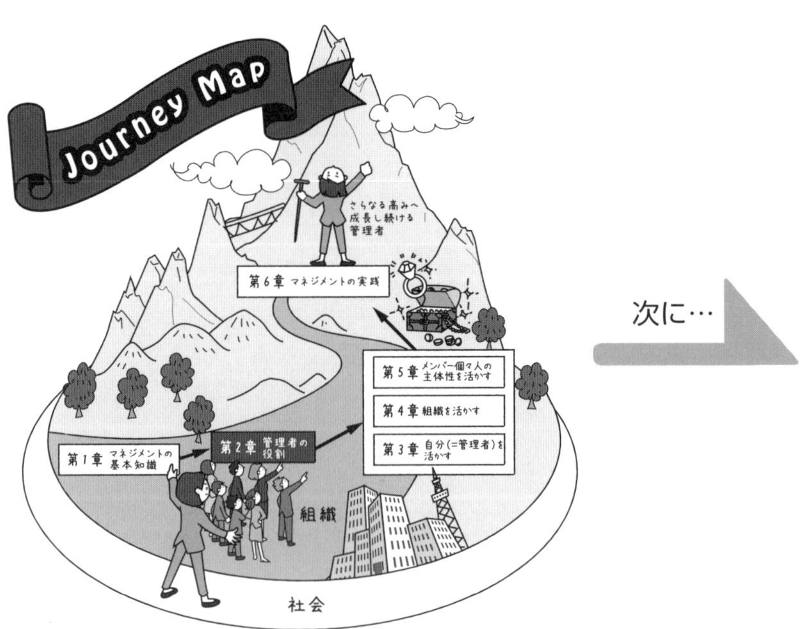

第2章

管理者の役割

この章では、管理者の役割と基本的な位置づけを中心に学びます。管理者のものの見方に必要な「視座」「視野」「視点」や、「業務」と「人」×「管理」と「改革」について理解を深めます。また管理者がつまずきやすいポイントや留意点なども学び、いよいよ「自分らしい管理者になる旅」に出発します。

2-1 »管理者の位置づけ

1．管理者の基本的な位置づけ

1）縦の階層と横の部門

組織は、世の中に存在意義を示す理念や創業時の思いに共鳴した複数のメンバーが集まり、目的を達成するために一緒に協業して働く仕組みと言えます。

例えば、「地域や社会への貢献」「お客様のために誠実に行動」「絶えざる革新」などは多くの組織の理念に含まれている言葉ですが、このような理念を前提に、協働をして、成果をあげていくことが１人ひとりに期待されています。その協働を効果的に進めるために、縦の階層と横の部門（職能）に分かれてメンバーが配置され、分業と協業が行われます。

〈1〉階層上の管理者の立場

組織においては階層構造があり、それに対応し立場があります。組織

図表 2-1　組織における階層構造

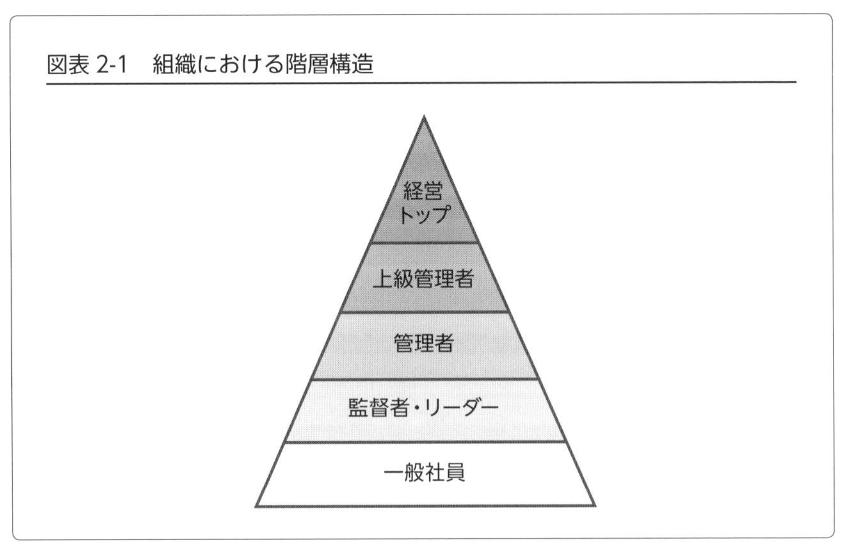

全体の責任を持つ経営トップ、事業活動の責任を担う上級管理者、部署責任を担う管理者、職場で部下の責任を担う監督者・リーダー、そして一般社員が階層をつくり、それぞれの役割・責任を果たすことが求められます。

その中で管理者は大きく２つの立場があり、一般社員より縦、横へと責任範囲を拡大させることになります。

〔縦方向へと責任範囲の拡大〕

①経営の一翼を担い、経営トップの意思を実現させる代理人として動く

②自部署の目標を達成し、部下・メンバーの成果や成長への責任を持つ

１つめは、**経営の一翼を担い、経営トップの意思を実現させる代理人として動く立場**です。

自部署やチームの成果をあげることだけが仕事ではありません。管理者は経営サイドに立ち位置が変わり、経営者が何を思い、動こうとしているのかを理解し、他部門の業績や問題・課題にも意識を向けて、全体最適な視点で方向性を考えることが重要となります。

よく管理者から、「役員がこんなことを言ってくる」「急に仕事を下に投げてきて、こっちは給料のわりには忙しくなってかなわない」といった不満の言葉を聞くことがあります。こういう考え方では、求められる期待レベルに沿わない成果になるものです。経営層は自分よりも多くの社内外の情報を持ち、常に危機意識を抱いています。同じ立場で考えることを習慣化し、経営トップから突然の指示が来た時に「やっぱり。外部環境を考えると、そろそろこういう動きが起きると思っていた」と言えるくらい、日々新聞、雑誌、ネットから情報収集を行い、自組織への影響を考えておくことが重要です。

そして、２つめの立場は、**自部署の目標達成を果たし、部下・メンバーの成果や成長への責任を持つ立場**です。

これまではプレイヤーとして、指示されたことを行い、自分の目標達成に集中していたかもしれません。自分のことだけ考え、上司が気に入らなければ、不満を言っていればよかったわけです。しかし、管理者になると、職場の人たちを成功・成長させて、組織全体の成果をあげるといったように、責任範囲が拡大していくことになります。仕事のことや人間関係に悩みを感じる部下と対話し、１人ひとりが可能性を引き出せるような協働を実現するためには、自分の時間の使い方も大きく変化していきます。

最近は管理者のプレイング・マネジャー化が進み、プレイヤーとしての時間配分が増え、部下やメンバーへの支援がおろそかになりがちです。しかし、忘れてはいけないのが、自己を起点とした短期的業績に気を取られるのではなく、他者を起点にし、部下・メンバーを育成し、支援をすることで短期・長期の組織の成長を促す立場だということです。

ここが、管理者になって成果をあげる人とあげられない人の大きな分かれ道になるのかもしれません。

〈2〉部門（専門性に対応した部門）での管理者の立場

組織には横の位置関係も存在し、大きくは、ラインとスタッフという分け方がされます。

〔横方向へと責任範囲の拡大〕

①ライン：サービスや商品を提供することに直結し、実際に利益を生み出す仕事を担当する

②スタッフ：組織の運営面を主体に、ライン部門が活動しやすいような支援をする仕事を担当する

管理者は全体としての品質を高めるためにも、仕事の全体像やプロセス、その中での自部署の位置づけや前後の行程を改めて把握する必要があります。

例えば、自部署で改善活動を行い、業務プロセスを変更したとします。

ところが、そのプロセスの変更を自部署の前後の工程を担当している部署に伝えていないとします。これにより、改善後に自部署は効率が高まるかもしれません。しかし、その改善を知らない前後の工程を担う部署は、煩雑な仕事が増えて、全体としての生産性は変わらなかったり、逆に生産性を低下させてしまうということもありえます。

特にラインとスタッフ間では対立が起こりがちです。実際に多くのライン部門では、「経営企画がまた変なこと言ってきた」「コスト削減と言われて忙しいのに、資料を出したら、これではダメと上から言われ、明日までに別の資料を出してほしいと言ってきた」「月末の忙しい時期に研修で呼び出さないでほしい」といった声があり、一方の経営企画や人事・教育といったスタッフ部門からは、「営業は今の会社の事態をわかっているのか、何を考えているんだ？」「長期的に考えられないんだよな」「資料提出に協力してくれない」といった声が出てくるものです。

ありがちな話として、営業部門はお客様意識が高く、情熱をもって仕事をしていることから、「スタッフ部門は現場を理解していない」と、相手の仕事に価値をおかないことも多々あります。そのような状態で、自分の部下を対象とする研修の案内が届くと、「この忙しい時期に研修をするなんて」「研修ばかりでお客様対応ができない。本業を疎かにして、本末転倒」と、教育部門に対して文句を言うことも少なくありません。

そして、こうした管理者は、部下に研修目的や期待を伝えず、動機付けしないまま研修へ送り出したり、挙句の果ては研修中に電話で部下を呼び出してしまいます。その結果、呼び出された部下が教室を出入りすることから、他の参加者全員の集中力にも悪影響を与えるといったことが起きるのです。こうしたライン部門の管理者は残念ながら立場を考えているとは言えません。

一方スタッフ部門でも現場の状況を知らないまま、ライン部門へ依頼することがあり、安全や安定した業務活動に大きな影響を無意識に与えてしまうことがあります。役員との打ち合わせの目的を考えると、詳細データは必要ないのにも関わらず、書類のフォーマットを緻密にして営業に記入を依頼したとします。それに対して現場では正確に資料を作成しようとして、管理者やリーダーが会議ばかりしていることで、新入社員が不注意で事故を起こしたり、残業時間が大幅に増えてしまうといったこともあります。こうした現場の実情の理解や配慮に欠けるスタッフ部門の管理者も立場を考えているとは言えないでしょう。

組織は大きくなればなるほど意思疎通が複雑となり、個々の前提が変わることから､思いや言葉が伝わりにくくなるものです｡抜け漏れがあったり、板ばさみが当たり前の中、目的を見失い、目の前のことにとらわれてしまうと、対立は深まるばかりです。改めてなぜこの仕事をするのかを一緒に確認しあったり、お互いの立場を尊重し、悪い情報ほど早く相手に伝え、語り合ったりといった行動が必要になってきます。

管理者は、スタッフ部門とライン部門の関係者とともに、横の関係性を築き、調整する立場であることを改めて認識することが重要です。

2）分業と協業の「連結ピン」

分業は、階層や部門の専門性に応じて仕事を行い、効率を高めることであり、協業は組織全体として一緒に働くことで相乗効果を高めていくこととも言えます。**管理者はこの縦と横を結ぶ連結ピンとして分業と協業を支え、成果をあげる存在**です。

最近は分業化、個別化が進み、自部署の業績をあげるだけでも精一杯になっていたり、連携不足や対立も増えました。また、自部門の問題解決を自部門だけで解決しようとする傾向も見られます。例えば、営業部門で発注ミスが起きてしまい、その原因が営業の入力忘れにあったとします。しかし、よくよく問題の原因を追求すると、受発注システムが古くなっており、一緒にシステムを改善していれば、防げるミスだったという場合です。

問題の本質は組織全体､社会全体に関係することがあり､解決にあたっては、問題の本質を広げて考え、部門外、外の関係者と信頼関係を築き、協業を工夫する必要があります。

管理者は単に上下左右をつなぐパイプ役ではなく、組織全体の連結ピンとして、各所が分業や協業をより効果的に行い、スムーズに動けるよ

図表 2-2　管理者＝連結ピン

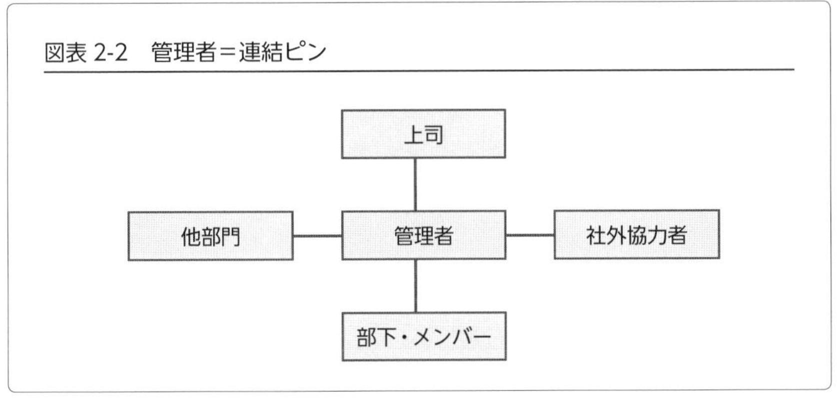

う目配り、気配り、心配りをし、働きかけるという意識を抱く必要があります。そして、連結ピンが動けば、他が動くように、組織の壁を乗り越えていくのは、まずは「自分」であると自覚し、動きだしましょう。

2．管理者の位置からのものの見方：視座、視野、視点

管理者の立場を考えた時に、改めて意識しなければならないことが「視座、視野、視点」の変化です。多様な人材をたばねて、1人ひとりが活躍できるよう支援するにしても、そのためには格段に自分の関心や物の見方を大きくシフトさせることが重要です。

1）視座

管理者には、一段も二段も高い上位者や経営者の立場での意思決定が求められます。そのためには、ものの見方を意識して高めていく必要があります。影響範囲が広がるため、自分の意思決定により、一部の人たちにとってメリットであっても、異なる人たちにとってはデメリットとなり、全体で見るとマイナスの成果や効果になるということが起きるからです。

例えば、A部門が社内のB部門に対して原材料を加工し提供する社内調達・取引をしていたとします。A部門は赤字にならずにギリギリで利益が出る金額でB部門に提供していたために、B部門も社外の会社

から原材料を購入するよりも原価が抑えられ、利益率が高くなっていました。一方で、A 部門は B 部門に提供する原材料を生産することで、売上は伸びてはいるものの、利益率が高い他社向けの生産が増やせなくなっています。このような場合、あなたが A 部門の管理者だとしたらどのように対応をするのでしょうか。

A 部門も B 部門もお互いに一定の売上、利益を確保してはいますが、あくまでも同じ会社内の社内調達・内部取引ということで、会社全体で見れば、さらに大きく売上や利益を伸ばすという状況には至っていないと言えます。お互いの利害も絡み、自部門のメリット・デメリットが頭に浮かぶのかもしれませんが、管理者としては、全社視点を持って、上位者や経営者の立場で意思決定することが必要です。

このように、視座を高くし、全社的にものごとを見ると、視座が低いままの時と比べ、180 度異なる判断になるかもしれません。広く影響範囲を見ていく姿勢が望まれます。

2）視野

管理者には視野を広げ、自部署・チームのみならず、他部署・競合他社、業界など社外の動きに関心を抱き、意思決定することが求められます。

組織は社会や顧客に価値を生み出すことで存続するものです。最近では自前主義の終焉やオープンイノベーションが声高に叫ばれ、異業種や競合会社同士の連携やM＆Aが起きたり、名前の知らなかった海外企業の参入などで影響を受けたりすることが多々起こっています。社内外で何が起きているのかを知った上で仕事をするのと、知らないで仕事をするのとでは大きく意思決定の質やメンバーの納得度が変わるものです。

しかし、管理者は様々な業務に忙殺され、新しい情報の収集を後回しにしたり、井の中の蛙になっていたりすることもあります。他を知らなければ、自分たちがどのような存在価値があり、どのような強みがあるのか、そして、弱みを補ってくれる組織や人はどこにいるのかがわからなくなります。これまで以上に外の世界に視野を広げていくことを意識したいものです。

特にこれからの時代は、一見すると現在の業務には関係ない情報や知識も意外なところで活用できることがあります。また、ニュースや情報収集だけにとどまらず、人脈づくりも有効な視野の拡大と言えます。この人脈づくりについては第3章で詳しく解説します。

3）視点

自職場の目標に対する責任を負うようになると、日々の数字に気をとられ、1年の短期でものごとを考えがちです。しかし、経営の代理人という立場を考えると、10年、20年と組織を存続させることも考えなければなりません。**管理者は将来の環境変化を見据えて、中長期的な時間軸で考え、意思決定することも求められています。**近視眼的な短期での打ち手と、長期的な打ち手は異なるものになるケースも多々あります。

例えば、短期的に考えると、利益をあげるために人を育成する費用を凍結することもあるかもしれません。しかし、長期的に考えると品質の低下につながったり、人を大事にしていないと若手社員の不満が高まり、離職を招き、後継者不足に陥ったりするかもしれません。

あるメーカーは半世紀以上前に工場から有害廃棄物を排出し、地域住民の健康被害を引き起こして、訴訟の和解までに半世紀かかりました。その間に入社した社員は問題の当事者ではなくても、地域住民からは「社員全員が会社の代表」と見られ、現地を訪れると「おれの父親の命をどう思っているんだ」と責任を追及されてきたそうです。組織の意思決定は後輩や後継者に大きな影響を与えるということを実感する中で、この会社では「意思決定する時は、50年後の社会、部下・メンバーたちが幸せになることを選べ」という考え方が定着していきました。時間軸を変えた視点を忘れてはいけないことを感じさせます。

時間軸の視点とともに、多様な価値観の視点で思考することも求められるようになりました。価値観が異なると前提条件が変わり、「正解が1つではない世界」に入ることになります。短絡的に良い意見と悪い意見に分けることはできません。様々な視点からの意見を受け入れて、それぞれの意見のメリット・デメリットを明確にし、比べていく中で、多くの人が納得していく最適解を見つけていくことが求められます。

このように視点の置き所を生き物で表現し、鳥の目（空から鳥のように俯瞰して**「全体」**を見る）、虫の目（地上で虫のように詳細に**「事実」**を見る）、魚の目（魚のように潮の流れを見るように、過去から未来へと**「時間の流れや市場の流れ、人の変化」**を見る）という言い方もあります。

自分の視座、視野、視点を謙虚にふりかえり、高めたり、広げていくためにも、多様な人と話をしたり、様々な場所へ出かけてネットワークを広げたり、多様な情報を収集するなど、目的をもち、感度を高める努力を続けることが重要です。最初は大変と思うかもしれませんが、慣れてくると要領もつかめ、意思決定の際に自分の中に多様な選択肢が瞬時に挙げられるようになります。

プレイヤーから管理者に立場が変わる際に覚えておきたいことです。

図表 2-3　管理者に求められる鳥の目、虫の目、魚の目

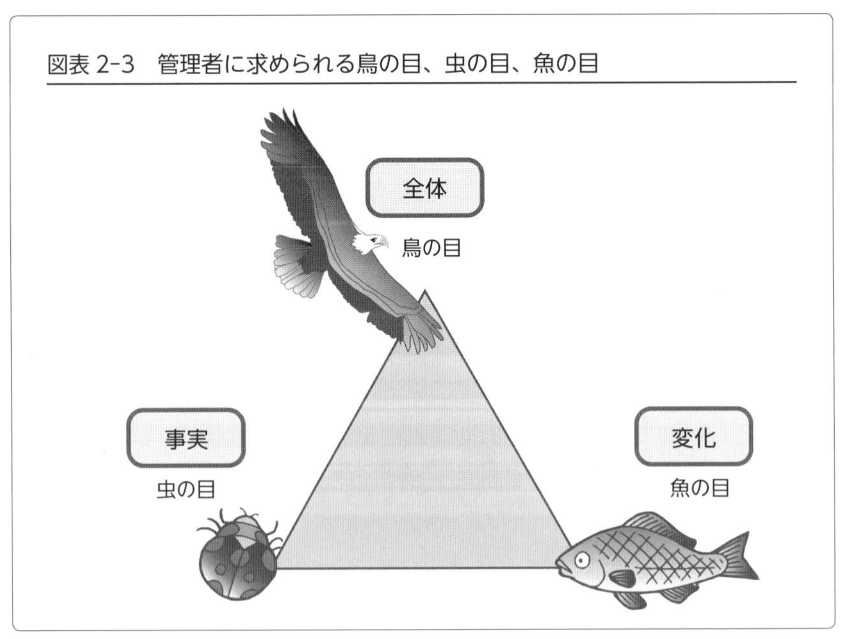

Column 1

「切磋琢磨の三原則」安岡正篤氏

昭和の政財界の師として仰がれた哲学者、思想家の安岡正篤氏は物の見方として次の三つの原則を伝えています。見方によっては結論・結果が逆になることを説き、短絡的ではなく、この三原則を心得として判断をすることを説いています。

「第一に物を目先で見るのと、長い目で見るのと両方ある。できるだけ長い目で物を見るということを尊重しなければならない。

第二に物を一面的に見るのと多面的あるいは全面的に見るのとがある。できるだけ我々は多面的に、できるならば全面的に見ることを心がけなければならない。

第三に物を枝葉末節で見るのと、根本的に見るのとの違い。できるだけ根本に帰って見れば見るほど、物の真を把握することができる。難しければ難しいほど、根本的に掘り下げて考えるということを心掛けなければならない。」

管理者として判断に迷うことは多々あるものですが、一度は自分が今何を見て判断しようとしているのかをふりかえり、判断の軸を決めて、意思決定をしていきましょう。

出典：『【新装版】活眼活学』安岡正篤著（PHP研究所）を参考に要約

問い

今の自分はどのような視座、視野、視点でものごとを考えていますか？
どのような立場で考えることを習慣化していますか？

■視座　自分――――自部署―――組織全体――社会全体
■視野　自部署―――他部署―――他組織―――他産業―――他国・地域
■視点　鳥の目（全体）――――――虫の目（事実）―――――魚の目（変化）
　　　　1年後―――5年後―――10年後―――30年後

2-2 ›› 管理者の役割

1．責任と役割

1）管理者の責任と醍醐味

管理者の仕事はプレイヤーの時の仕事と比べてはるかに大きな価値を生み出し、多くの人の成長に携わり、やりがいのあるものです。

まず管理者は**担当する組織の責任者であり、自立した人であること**が求められています。**自分の考えを持ち（何をなすべきかの明確な意思）、人を動かし、人を巻き込んで実現すること**が求められます。**管理者の「責任」の範囲は、自分だけではなく、担当する部署全体へと広がります。**大きな仕事が任され、チャレンジする機会も格段に増えていきます。部署全体の成果が求められ、部署の目標達成が評価されることになります。これまでは、「残業して頑張る」ことも評価されていたかもしれませんが、管理者としては与えられたリソース（ヒト・モノ・カネ・時間・情報）をやりくりしながら「目標を達成する」ことが求められるのです。

また、管理者は**業績のみならず、部署であずかる部下・メンバーの育成・成長にも責任を持つ**ことになります。仕事をすることは、その人の人生の時間を仕事に配分してもらうことでもあります。つまり、自分の働きかけは部下の人生に影響を与え、成長の度合いも大きく変えてしまうことになります。親が子供の成長を見てうれしくなるように、管理者も部下・メンバーが生きがいややりがいを抱き、夢を達成したり、また、人として成長していく姿を見ることはうれしいものです。

最近の若手や中堅社員は管理者を上下左右から責められる存在と捉え、管理者になりたがらない人も多くなりました。しかし、管理者になってみると視野は広がり、自分でも気づかなかった可能性が引き出され、自分が人として成長していることに気づくものです。管理者は重責であることは間違いありませんが、**「社会や組織・ヒトを幸せにできる『幸せなポジション』」であり、醍醐味があり、かけがえのないもの**であることも忘れないでほしいと思います。

2）管理者の役割

組織階層の中にいる人が、それぞれの立場に応じた責任と役割を果たすことで、組織は円滑に経営されていきます。管理者も期待を受けとめ、責任を果たすためには、遂行すべき役割があります。職場では様々なことが起きており、解決するためには、多様な役割が期待されますが、まずは２つの軸で考えると明確になります。１つが１－３でも確認した「業務」と「人」の側面、もう１つが「管理」と「改革」の側面です。

2.「業務・人」「管理・改革」

1）業務と人

管理者は日々、業務の側面と人の側面の両方の役割を同時に果たすことが重要です。

図表 2-4　管理者の役割２つの軸

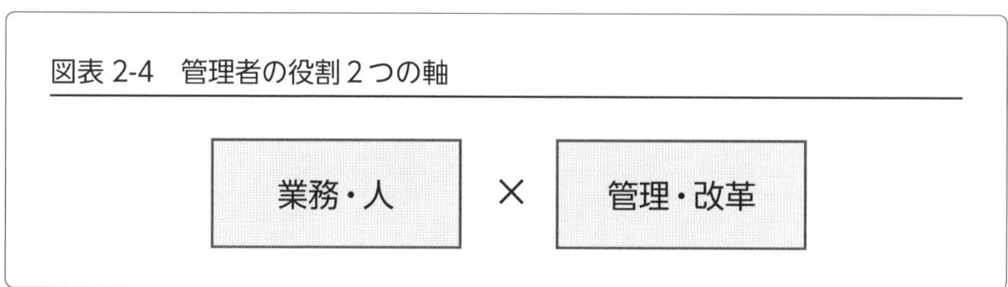

◆**業務：世の中（社会）、お客様への価値を生み出し、企業価値を高める役割**

サービスや製品、商品を期待に沿ったものにして提供することで、世の中を良くし、お客様に満足していただき、組織目標を達成する。

◆ **人：一緒に働く人の成長を支援し、生きがいや働きがいを感じる職場にする役割**

働く人が仕事を通じて成長し、人生の夢や目的を達成する支援をする。働きがいがあり、活力ある職場をつくり、守る。

図表 2-5　業務と人のバランス

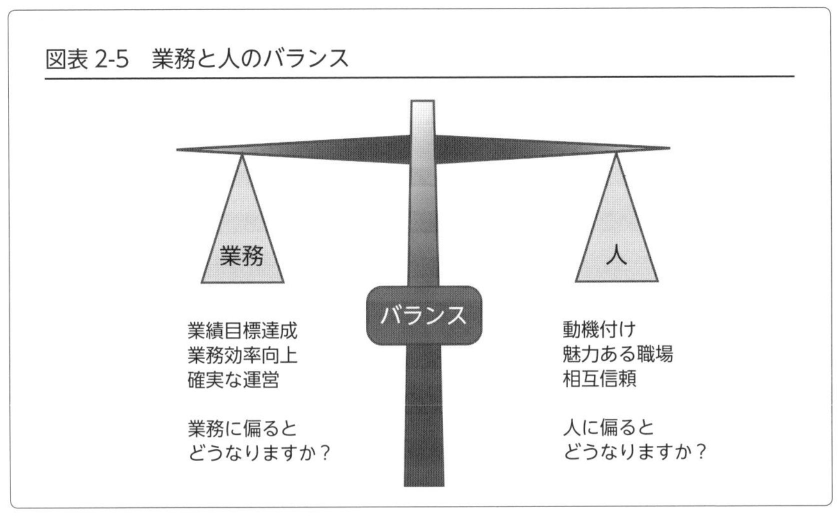

職場には問題が山積しており、それぞれが複合しています。管理者はプレイヤー時代とは格段に仕事の質が変わるものの、ついプレイヤー目線で気づいたことから手をつけたくなります。また、人は経験や自分の価値観に基づいて判断することも多く、役割として取り組むことを決める際も、日常の習慣や考え方のクセから、偏った視点で意思決定をすることもあります。

しかし、管理者に与えられた時間や人材は有限であり、やりたいことが全部できるわけではありません。社内外の環境変化や全社の状況を考えた場合、どこにエネルギーや時間を費やすか、まずは全体像を捉えてから、自分や自職場が取り組むこと・役割を決める必要があります。

例えば、多くの場合、「人」の側面は成果が出るまでに時間がかかることもあり、後回しになりがちです。そのため、部下を研修に派遣し、育成するよりも、部下には営業で顧客訪問の件数を増やしてほしいという判断になることもあるかもしれません。しかし、「業務」に偏り、業績・売上向上や効率化を優先し、部下との対話や成長の施策が滞れば、職場では何が起きるのでしょうか。部下はモチベーションが下がり、職場の雰囲気が悪くなり、仕事の効率が下がるかもしれません。また、短期的な業績面に注力し過ぎると、コンプライアンス違反など社会的に大きな代償を払うことになりかねません。

一方で、「人」の側面に偏り、意識を向けがちだと何が起きるのでしょうか。商品へのクレームやリコールが起きているさなかに、組織の風土や育成を考える時間をとれば、対応への遅れとなり、売上に大打撃を与え、逆に組織の存続に影響を及ぼすかもしれません。

このように、**業務と人、どちらかが正解で、どちらかを重視すれば良いということではありません。**まずは自分がどちらに偏りがちなのか、自分のクセを認識しておくことが重要です。業務面の役割に偏りすぎると認識できれば、それによるリスクへの対応策が考えられるからです。今はクレームが起きており、短期的には人の側面の役割は果たせないとしても、クレームが落ち着いた後のことを考えてみたり、部下に対しても「クレーム対応が落ち着いたら研修を実施する、風土を変える努力をする」と説明をすることで、部下は納得してくれるかもしれません。もし自分のクセがわからなければ、無意識のうちに業務にのめりこんでしまい、部下たちへのケアの言葉が出てこなくなり、関係性にダメージを与えてしまいます。

また、**多くの管理者は業績をあげる責任を感じ、「業務」の役割を優先しようとしますので、意識して「人」の側面の役割を見出し、バランスを考える必要があります。**組織のリソースの中でも人はモノ、カネ、時間、情報を活用し、増やしていく重要な存在です。少子高齢化や「働く」概念の多様化など、最近の環境変化を考えてみると、「人」の側面をないがしろにしてしまえば、結果として人は去り、業務が滞るかもしれません。

管理者としてよく知っておいてほしいこととして、部下の育成は業績向上につながると言うことです。第１章で示したように、管理者は１人ではそれほど多くのことができません。多くの人を巻き込むことが求められますが、いつも「よくできる人」ばかりが集まっているわけではありません。部下を活かすためには育てることが大切であり、部下を育てることが業績向上につながることを理解しておきましょう。そして、管理者は部下の人生に大きな影響を与えている存在であることも忘れてはいけないことです。これからの時代においては、人の成長を支援し、生きがいや働きがいを感じる職場にする役割は、最も重要であることを心にとめて、意識して時間やエネルギーをかけていきましょう。

２）管理と改革

管理者の役割を考えた時のもう１つの軸が管理（短期）・改革（長期）の側面です。

◆管理：部門の役割としてあらかじめ決められたことを確実に処理する役割

標準に基づき、ミス、トラブル、取りこぼしなく任された組織を運営し、短期の目標を達成すること。また、部下や後輩が安心して仕事に専念できる環境と人間関係を維持すること。

◆改革：変化をキャッチし、従来と異なる考え方と方法で変化に対応する役割

担当業務を新しい考え方と方法によって、新しい利益を自部署から生み出すこと。また、ものの考え方や行動の仕方、風土を大幅に変えたり、有用な中核メンバーの育成などにより人材構成を変えたりすること。

管理者は中長期的視野を持って、管理と改革の目標を決めて遂行することが求められます。

管理者になると、まずは決められたことや標準どおりに、仕事をこなす「管理」に注力していくことは大事です。例えば、注文が入り、4日で納品を約束していたのにもかかわらず、原材料が入荷されず、現状では納品まで5日かかるとします。これを原材料の供給会社を変えたり、業務分担などをすることで、必ず4日で届ける仕組みを守り、顧客や後工程の方たちへの信頼を獲得することは大事な「管理」の取り組みです。

一方で、**環境が大きく変化していること、長期的に起きる変化の兆しに気づき、改革していく役割も管理者には求められています。**

図表 2-6　管理者の「管理」の役割

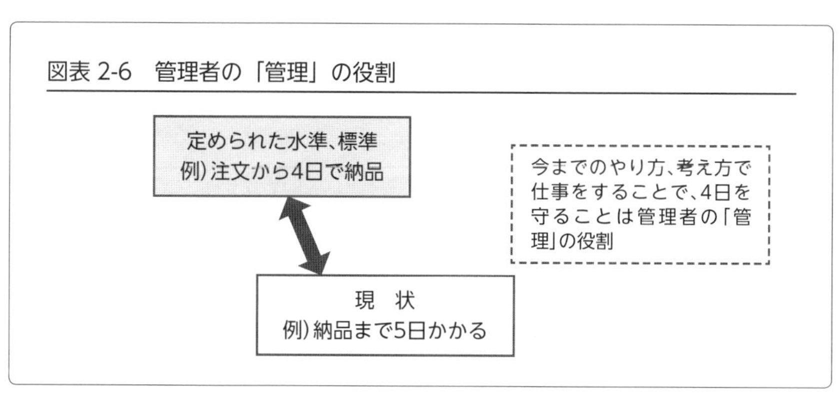

競合会社C社では生産、物流の工夫により、注文をもらってから2日で納品する体制を整えたとします。金額は同じだとしても、手軽さや急な生産変更にも対応しやすいということで、自社への注文からC社へと切り替えられる案件は増えてきます。現状、注文後4日で納品する体制

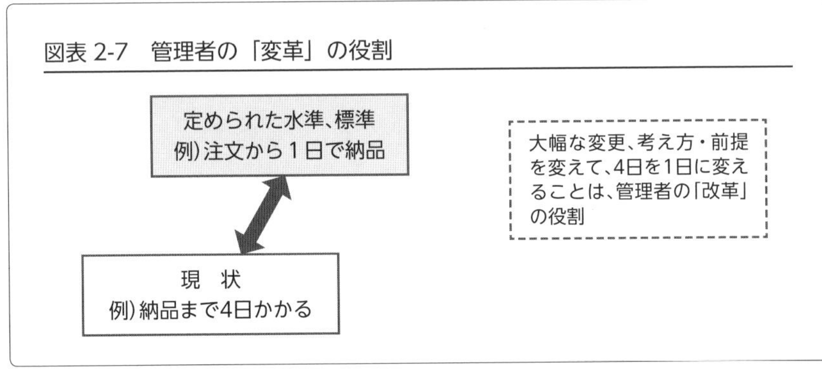

図表 2-7　管理者の「変革」の役割

が守られていたとしても、次第に注文が減り、窮地に追い込まれるかもしれません。その場合、C社よりスピードを速め、１日で納品することも考える必要が生じてきます。これまで行ってきている生産や物流方法や手順を変えることによって少しの改善は見込めますが、不安定さが懸念されます。しかし、競合C社に勝てる体制を実現するためには、単に原材料の供給会社を変えるだけではなく、全社の業務プロセスについて、これまでとは全く異なる考え方で受注から納品までの生産、物流の仕組みをつくらなければなりません。これが管理者の「改革」の取り組みになります。

3）４つの視点

業務と人、管理と改革の２軸で分けると、管理者が果たすべき役割は４つの視点で捉えなおすことができます。

自分の職場で自分が果たすべき役割を考えた時、どのようなことが挙げられるでしょうか。まずは、自分の職場で起きていることを思い浮かべ、４つの視点から具体的に記載してみましょう。思いついたことからでもかまいません。

管理者はまずは職場の状況の全体を捉え、自分が普段、意識を向けていないところにも成し遂げなければならないことがあることを忘れないようにする必要があります。

図表 2-8　管理者が果たすべき役割マトリクス

	管理	改革
業務	至急対応を要する日常的業務に関する事柄 ・標準化、ミスゼロ、計画達成 ・改善（方法や手順を変える）	仕事の考え方・方法を変える必要がある事柄 ・新しい考え、新しい発想、成果は劇的
人	至急対応を要する人に関する事柄 ・信頼関係、動機付け、部下育成	自分やメンバーの考え方・行動を変える必要がある事柄 ・職場風土改革、魅力的ビジョン、行動変容

管理者の時間は有限であることを考えると、全部の役割は果たせないかもしれません。しかし、図表 2-8 のように 4 つを一覧にすると、一番重要なことや複合した問題のボトルネックになっていること、問題の本質が見えてくるものです。そこから、何をめざしていくのかやその達成に向けて、自分が優先して果たすべきことを決めて取り組むことが重要です。

問い

自分が果たすべき役割を 4 つの視点で確認すると、どのような特徴が見られるでしょうか？　偏っているところはどこか、また、それはなぜなのかについて図表 2-9 を用いて考えてみましょう。

図表 2-9　管理者が果たすべき役割マトリクス（ワークシート）

	管理	改革
業務		
人		

2-3 »期待される役割の変化

1．管理から改革へのシフト

1）激変する環境変化

管理者は連結ピンとして、「業務」「人」「管理」「改革」の４つの視点で役割を考えることはこれからの時代も同じですが、マネジメントをする環境が大きく変わる中、働きかける範囲やその優先順位も変わっていくことが想定されます。

少子高齢化や環境問題など、様々な社会の課題が押し寄せており、人材不足も一気に加速しました。働き方改革やAI・IoT・ロボットなど技術革新、多様な雇用形態・勤務形態、国内外のグローバル化といった言葉を聞かない日はなくなり、持続可能な社会と組織を生み出すためには、仕事の進め方を大きく変えていく必要がでてきました。

「社会」「世の中」を意識してきた日本企業ですが、さらにESG〔環境（Environment)、社会（Social)、ガバナンス（Governance)〕という３つの視点への要望は高まり、関連する取り組みをする企業に投資するというESG投資への関心は急速に高まりました。またSDGs(国連サミットで採択された「持続可能な開発のための2030アジェンダ」にて記載された2030年までに持続可能でよりよい世界をめざす国際目標。17の課題)は経営の一翼を担う管理者は当然知っておくべき言葉となりました。

「働く」という概念も多様になってきています。最近では学校教育でキャリア教育や社会課題に関する取り組み、あるいは、SDGsについても扱われていることから、組織の目的のためというよりも、自分の成長や夢のため、さらには社会の発展のために働くという考え方も若手を中心に急速に広がりました。

図表 2-10　SDGs 17 の国際目標

SUSTAINABLE DEVELOPMENT GOALS

出典：外務省「JAPAN SDGs Action Platform」2020

2）管理者の位置づけ　～管理から改革への重点シフト～

管理者はまずは正常な「管理」をめざし、ミスやトラブルを起こさず、日々の仕事を問題なくこなすことが重要です。特に最近は、日々の業務量が拡大し、「管理」の役割が増えている人は少なくありません。しかし、変化が早く、複雑で曖昧な環境下においては、前提条件は変わりはじめており、今までの仕事を続けているだけでは、長期的な組織の存続は期待できません。

これからの管理者の役割は「管理」から「改革」へと比重や優先順位を大きく変化させていく必要が生じています。環境変化に対応し、主体的に解決すべきことに気づき、「改革」の方向性を示して構想を描く役割に周囲からの期待が高まっているのです。

2．巻き込み範囲と質の変化

複雑な状況が絡み合う中、１人のカリスマリーダーだけでは対応は不可能です。１人で、または自分の組織だけで取り組もうとしても改革は

図表 2-11　職種別管理と改革の事例

	管理	改革
生産	機械が故障し、ラインが止まるといったトラブルに対応する。	生産体制や従業員の働き方について、考え方から大きく変える。新たな生産方式や設備、作業環境を取り入れることで、従来の故障・トラブルを撲滅するとともに、工場の生産性を飛躍させる。
開発	お客様が望む、あるいは望むであろう製品・サービスを開発する。	誰も思いつかなかった製品・サービスを開発し、自社の利益だけでなく、社会課題の解決にもつながる取り組みを行う。
営業	従来からの市場、顧客へ商品を販売する。同業の競合と競争する。	異なる業界、異なる市場（海外）へ商品を販売する。異業種・競合と協業しながら市場そのものを拡大する。

難しいでしょう。「自前主義からの脱皮」や「オープン・イノベーション」を踏まえて、自組織にない強みは外で見つけて、つながるという考え方になってきています。社内はもちろん、異業種の企業や競合他社、さらには地域の自治体やNPO法人など、多様な強みを持つ組織や人と結びつき、対話し、共に利害関係を乗り越えて商品やサービスをつくりだすという大きなチームとしての力の発揮が期待されるようになっています。

管理者は自分が行動すると共に、関係者を巻き込み、周囲への働きかけを行って総力を結集し、目標を達成する取り組みが求められます。

ある機械メーカーでは、他社の生産を支援するロボットの開発をしており、長年業界では売上を伸ばしてきました。しかし、ロボット事業には多くの企業が参入してきており、売上が低迷していました。一方で海上では多くのマイクロプラスチックゴミの問題が大きくなり、亀や魚にストローが刺さるといった状況もテレビで報道されています。

このような中、自分がこの会社の開発部門の管理者だとしたらどのように動くのでしょうか。これまでどおりの市場でロボットを開発していくことも必要かもしれません。一方で、新たに海の環境を守るためのロ

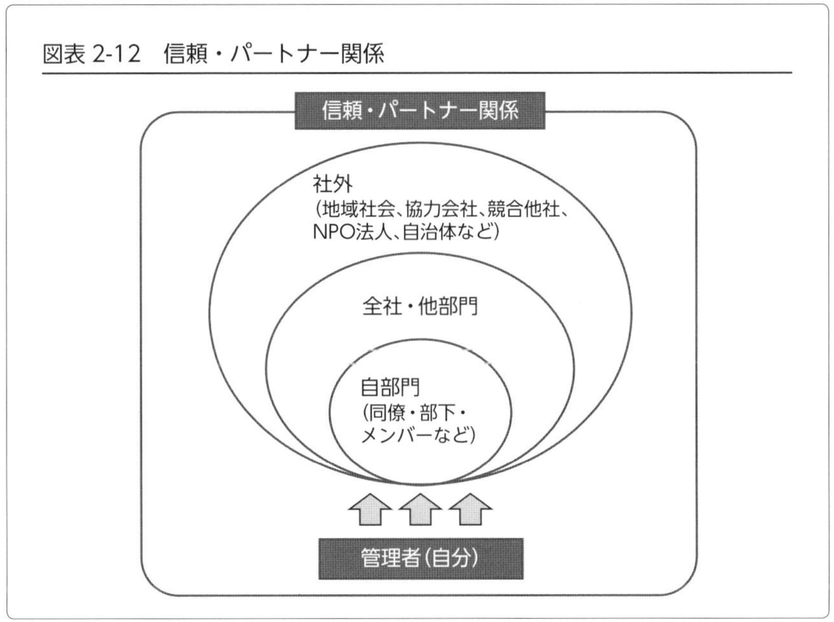

ボットを開発し、新市場に踏み込むという可能性を模索できるかもしれません。しかし、海に関する知識も情報も組織にはないとしたら、新たに社外の方たちに支援を求めることも必要です。海に関連した業界、漁師の方たち、海の情報を持つ NPO 法人、そもそも海を管轄する国や地域自治体、海近くの住民など、広く利害関係者とつながらなければ、解決には至りません。

これまでの管理者は、社内でお互いをよく知り合った関係性や、「階層」というポジションパワーを持って組織のマネジメントをすれば済んだのかもしれません。しかし、地域住民たちに「私は課長です」と言っても、「それで？」と一蹴されてしまいます。巻き込み範囲が拡大する中、ポジションパワーが有効に働く機会は少なくなりました。これからは**人としての魅力を持ち、信頼できるパートナーになるために何をしなければならないかを真剣に考えることが求められています。**

また、組織の中における管理者の位置づけも考え直す時がきました。これまでは上位者が正解をもち、決めて、部下に指示を出すという動き方ができましたが、正解が1つではない時代においては、多くの人の力に頼らざるを得ない状況です。そうなると、今までとは異なる新たな部下の力を引き出す働きかけが求められます。昇進や昇格をめざして働く人が多い時代であれば、管理者のポジションパワーは大きな力を持ち、働きかけることができました。しかし昨今では、多様な価値観を持つ部下・メンバーが増えています。昇給や昇格以上に育児や介護へ軸足を移さざるをえない人も増加しています。また昇給や昇格よりもプライベートの充実を優先する人も多くいます。こうした時代には、これまでのように強権発動ではなく、**管理者と部下は上下というポジションの考え方から、パートナーという対等な関係性にシフトすることが大切です。**そしてお互いが影響し合える関係を創り続けて主体性と協調性を育んでいくことが求められるのです。

管理者が連結ピンであるという本質的な位置づけは変わらないものの、今まで以上に多様な価値観をもった人材との結びつきを意識した、自分の立ち位置を受けとめなければなりません。数年前の管理者とは、マネジメントをする範囲は格段に拡大し、難易度も高まっていることを理解し、役割や行動を考えていきましょう。

問い

環境が激変する中、自分はどのくらい改革の役割を果たしていますか？
また、働きかける範囲は社内のみならず、社外へと広げていますか？

2-4 ›› 管理者のつまずき

1. 管理者を襲う罠

管理者になるということは、優秀な実務家であったという証明でもあり、うれしいものです。しかし、管理者になった後は大きな変化に戸惑い、罠にかかり、つまずいてしまう人もいます。昔は係長や補佐といった役割で、見習いや弟子のように、先輩の仕事のやり方を近くで見ながら、具体的な行動を見聞きし、代行しながら、将来管理者になった時の準備をしてきました。しかし、組織のフラット化、あるいは在宅や異なる場所で働いていたりすることで、管理者の仕事が見えにくくなり、雑談や飲み会で経験談を聞くことも減りました。管理者として指名されても、「何をしたらいいんだろう」と悩み、知らない間に管理者を襲う罠にかかることもあります。

管理者まで上ってきた人は知識やスキル、能力もあり、経験豊富で、「この人にはリーダーとなってほしい」という期待を受けている人です。その人たちが管理者になって突如として､つまずいてしまうというのは、どのような罠なのでしょうか。

1）プレイヤーと管理者、２つの顔

管理者になったとしても、すぐに今日から管理者に変身し、中味が変わるわけではありません。これまでのプレイヤーとは異なる、経験したことのない役割を果たすわけですから、**姿勢や考え方を大きくシフトする必要**があります。ところが、管理者になってもプレイヤーの立場で考えてしまうことが多々あるかもしれません。今、自分はどのような立場で仕事をしているか、自問自答してみてください。

大きな違いは、**「他者起点」を覚悟して受け止める**ということです。仕事の仕方の前提が自分起点から他者起点になるというのはわかっていても、納得してそのように仕事ができるというのは別の話です。ところ

図表 2-13　プレイヤーと管理者の違い

プレイヤー	管理者
・上位者からの指示を受ける ・自分の力で仕事をする ・自分のアウトプットで成果をあげる	・自分が考え、指示を出す ・他者の力を引き出し、一緒に仕事をする ・他者とのアウトプットで成果をあげる

が、プレイング・マネジャーとしてプレイヤーとマネジャーの2つの顔を持ち、行ったりきたりしている中、プレイヤーとして自分で仕事をする方が楽で、権限委譲には我慢もいることから仕事を抱え込みがちになります。1日でできることは限られています。1人で10人分、100人分の業績をあげられる人はいません。中長期的に考えると、「誰かとともに」仕事をし、互いに成長しあう方が確実に部門の業績は大きく、価値あるものになります。しかし、現状はプレイヤーとしての時間を優先してしまい、それがさらに管理者へのシフトを難しくしているようです。

2）成功体験からの過信

米国の調査・教育機関 Center for Creative Leadership（CCL）では、長年、プレイヤー時代から成功を続けてきた管理者が突如として失敗する理由を調査してきました。その結果、一番大きな理由は、業績目標の未達成ではなく、環境変化に適応できなかったことを挙げています。そして上司や組織の期待が変わった時に、管理者の弱みは露呈しやすく、業績があげにくくなると警告しています。

これは、管理者に上がる人は、他の人よりも成功体験が多く、それが「過信」につながり、「自分のやり方は間違っていない」と、これまでのやり方に固執しがちになることからも起きるようです。役割が変わったということは、仕事の質とレベルが変わり、これまでのプレイヤー目線のやり方では成功できない可能性が高いことを真摯に受け止める必要があります。

また、CCL は「強みが弱みに転じる可能性」も指摘しています。例えば、これまで誰よりもスピード感をもち熱意や主体性をもって発言するという強みは、プレイヤーであれば評価が高かったかもしれません。しかし、それを続け、強みをさらに酷使するとどのようなことが起きるのでしょうか。期待は「他者の力を引き出すこと」と考えると、自分が前に出続ければ、他の人たちの可能性を引き出せないかもしれません。強みの使い方、使うポイントを大きく変えなければならないという環境変化に気づかなかったり、気づかないふりをしたり、自分で勝手に期待に対応できていると思い込んでしまい、変えようとしない態度が、管理者を失敗へと導いてしまうのです。

Column 2

CCLディレイルメントリサーチ（脱線者の研究）

失敗した管理者と成功した管理者の違いは何なのでしょうか？　米国の調査・教育機関 Center for Creative Leadership（CCL）では、入社後、順調に業績をあげ、部長・事業部長クラスまで昇進しながらも、更なる業績をあげられず降格、あるいは転職してしまった人たち（線路を順調に走ってきたのに途中で脱線した人たち）と、その後も昇進を続けた人たちとの違いに着目し、インタビューを実施したところ、以下のような結果となりました。

失敗した理由

第１位　変化が起きている時に変えられず、適応できなかった
　－新しい上司への適応ができない
　－市場の変化、新しい文化の要求に適応できない
　－１つのスキルに頼りすぎ、新スキルの習得ができない
第２位　人間関係における問題を抱えていた
第３位　チームづくりとチームを率いることができなかった
第４位　業績目標を達成できなかった

出典：モーガン・マコール（現、南カリフォルニア大学BS教授）、ロンバルド 他による研究より要約

3）周囲からの注目・観察

管理者を襲う罠の３つめが、自分が周囲から注目を受けている存在になっていることに気づかないというものです。自分の言葉や行動（表情、しぐさ、クセ、意思決定した上での管理者行動など）を360度見られていること、そして周囲はそこから多くのことを観察し、刺激を受けて意思決定をしていること、時には誤解をしていることも知っておく必要があります。

最近の管理者が大きく時間とエネルギーを費やしているのが労務管理やコンプライアンスへの対応、さらには管理資料の作成です。大量のメールが押し寄せており、スマホやPCから離れられず、管理者は「誰も話しかけるなオーラ」を出しているかもしれません。そうなると、部下はトラブルが起きても相談しにくくなり、「頼れない上司」とレッテルを貼るかもしれません。あるいは、部下には相談ごとが３つあったとしても、上司が部下に体を向けずに、スマホやPCから手を離さずに聞けば、部下はどう判断するでしょうか。しっかり３つとも相談する人もいますが、中には上司を慮り、優先順位が低い相談を止めてしまい、あとあとクレームの火が拡大してしまうかもしれません。よく「部下が相談にこない。報連相ができない」という人がいますが、改めて自分の行動をふりかえると「部下は話しかけられず、相談しにくい」状態になっていないでしょうか。

管理者は１人でやる役割ではありません。他者とともに成果をあげるのが役割です。特に管理者になったばかりの人は慣れない帳票や新しい経験も多く、知らないうちに、仕事に没頭しがちです。しかし、ここに罠があるのです。

2．管理者になる旅

1）管理者としての悩み

様々な罠もある中、管理者はどのように対応していけばよいのでしょうか。さあやるぞという気持ちの方もいれば、不安を抱えて昇進した人もいるかもしれません。

「何をしたらいいんだろう」
「自信がない。だめな管理者と思われるのが怖い」
「人の目が気になる」
「誰かにやることを決めてもらいたい」
「誰か助けてほしい」
「席が1人離れてしまい、孤独な気持ちが高まっている」
「上司からは『変化の時代』『正解がない』『期待している』と言われて、任され、重圧を感じる」

といった悩む声もよく聞く言葉です。また、仕事では以下のような質問をよく聞きます。

◆目標に関するもの
「上位方針をどう落とし込むのか」
「どの程度のチャレンジレベルにすればよいのか」
「バランスをどうとればよいのか」
「時間がいくらあっても足りない。目標が大きすぎるのをどうすればよいのか」
◆役割分担、権限委譲に関するもの
「未熟な部下に仕事を任せてもよいのか」
「多様なメンバーの状況に応じてどのように業務分担をするのか」
「どこまでが課長の仕事なのか」
◆メンバーに関するもの
「年上の部下、元上司だった部下への対応のコツは」
「若手との世代間ギャップをどうするのか」
「ハラスメントって言われても、どこまでがハラスメントなのかグレーゾーンがわからない」
「メンバー同士の対立があり、板ばさみにどう対応するのか」
「メンバーへの愚痴は誰に聞いてもらうのか」

◆他部門に関するもの

「他部門の仕事までカバーしないといけないのか」

「根回しの仕方は」

「全体最適と部分最適のバランスのとり方は」

要は失敗しないように、成功するために何をするのか、やり方（How to）を教えてほしいというものです。自分で答えが出せず、踏み出せず、さらにつまずきを生じてしまうようです。気持ちはよくわかりますが、考えてみてください。「朝からおなかがいたい」と言っている人に、即座に「この薬を飲めば治る」という人は信じない方がよいかもしれません。おなかの痛い理由はいろいろ考えられるからです。

上手くいっていないのは、様々な原因や状況が関連しています。また、どのようなレベルまでを目標としているかによって、何をどこまで対応するかも変わります。

ところが、人は誰かに指示を受けた方が考えなくて済んだり、責任を他の人に押し付けることができます。そして、「バランスをとるのが難しい」「時間がない」「人が足りない」「大変だ」という言葉が口癖になり、誰も答えをもらえない中で、孤独感が増していきます。

管理者として悩むことは、とても健全です。期待に応えようという気持ちの表れで、責任感を感じます。上記のような質問をしたくなることもわかります。しかし、この質問に答えてくれる人はいません。あるいは、100 人の管理者経験者に尋ねれば、100 種類の異なる回答や、方向性を示すはずです。個々に異なる判断の軸があり、異なる解を示すでしょう。つまり、「こうすれば、たちどころにあなたは管理者として成功します」というような解ではありません。

2）自分の道は自分しか決められない

成功の解がないということを正確に言うと、管理者は**「他の誰かにや**

ることを決めてもらえない」ポジションだということです。そして、決めてもらえない、自分が決めることが怖いというイライラ感に堪えられることも重要です。

管理者の仕事はサイエンス（科学、論理的）な部分はもちろんありますが､これとこれを足すと必ずみな同じ結果がでるわけではありません。環境変化や他者と自分との関係、対立・混沌の中で、自分のキャンバスに自分で描きたいものを描き、世の中に問いかけるというアートの部分も求められるのです。そこには、自らの意思が必要です。様々な切れ端や断片をつかみ、創造し、統合させて、自分のアートに仕上げていくことが期待されています。

そして、実際に行動するのは管理者である自分たちです。自分が決めた道だからこそ、勇気を抱いて、自分で自分の背中を押すことになるのです。

3）管理者になる旅へ

不安もあるかもしれませんが、自分の上司だった方たちのことを思い出してください。全ての役割を完璧にこなせる管理者だったでしょうか？　完璧な管理者は存在しません。実際は、転んだり、失敗したり、不安を抱きながら、多くの人の助けを得て仕事をしていたのではないでしょうか。突破口は経験を積み重ねてきたことだと思います。

例えば､「バランスをどうとるか」ということは、単に何もせず「どうしよう」では、いつまでたってもバランスがとれるようにはなりません。バランスをとる行動を試みて、バランスがとれなかったら、それをふりかえり、今度は重心を変えていこうというように気づいたことを活かすからこそ、バランスのコツがつかめるようになるものです。

管理者は管理者になったその日から管理者になれるわけではありません。弱虫で力のない主人公が荒波を乗り越える中でヒーローへと成長していく映画やゲームはたくさんあります。管理者も同じです。**最初はわ**

けもわからず、心地よい故郷を無我夢中で旅立ち、一歩踏み出し、悩んだり、転んだり、自分の力で立ち上がったり、1人になったり、仲間が集まってきたりという旅を最後まで歩み続け、価値を生み出す中で、管理者へと成長し、生まれ変わっていくものです。

能楽の世界を切り拓いた世阿弥の言葉に「初心忘るべからず」という言葉があります。修行をはじめた頃の謙虚さや素直な心を持ち続けることという意味で使う人も多いのではないでしょうか。諸説ありますが、実は世阿弥は３つの初心「是非初心不可忘　時々初心不可忘　老後初心不可忘」があると伝えています。これは、長い人生において、人の状態は日々変わり、節目ごとに初心者として謙虚に自分の状況をふりかえり、素直に取り組むことを説いています。年代や状況の節目が変わる時、所詮自分は初心者にすぎないことを忘れてはならないという戒めの言葉とも言われています。

管理者になることは１つの節目です。プレイヤーとして熟練し、優秀だったからこそ管理者になれたかもしれませんが、所詮、管理者としては初心者です。また、管理者になって何年経ったとしても、環境や状況が変わる中、気持ちを切り替え、未熟な自分を受け入れていくことが重要です。管理者として自分を成長させていくことを考えていきましょう。

図表2-14は、管理者の役割を確認するチェックリストです。自分自身について、下記で示される内容にどの程度当てはまるかを判断し、○印をつけてください。

図表 2-14　管理者役割チェック

評価点：１当てはまらない－どちらともいえない－５当てはまる

	項目	チェック
1	創業時の思いや理念に共鳴しながら目的を達成しようとしている	1　2　3　4　5
2	経営の一翼を担い、経営者（役員）の意思を実現させる代理人として、全体最適の視点で考えるようにしている	1　2　3　4　5
3	自部署の目標を達成し、部下・メンバーの成果や成長への責任を持っていることを認識している	1　2　3　4　5
4	組織の縦と横の関係を結ぶ連結ピンとしての役割を果たしている	1　2　3　4　5
5	競合他社、業界、社会課題など社外の動きに関心を抱き、新聞購読・情報収集をしたり、社内外のネットワークを広げて仕事に活かしている	1　2　3　4　5
6	長期・短期、一面・多面、枝葉末節・根本的といったように、両面からものを見て、意思決定をしている	1　2　3　4　5
7	業務の側面と人の側面の両方の役割を果たそうと取り組んでいる	1　2　3　4　5
8	管理の側面と改革の側面の両方の役割を果たそうと取り組んでいる	1　2　3　4　5
9	管理者の仕事は「社会や組織・ヒトを幸せにできる幸せなポジション」であり、やりがいのあるものだと感じている	1　2　3　4　5
10	プレイヤーから脱して、管理者（自分の考えを持ち、他者の力を引き出し、成果をあげる役割）として考え、アクションを起こしている	1　2　3　4　5

問い

自分はプレイヤーの仕事よりも管理者としての仕事を意識して取り組んでいますか？　また、管理者としてどのように成長していこうと思いますか？

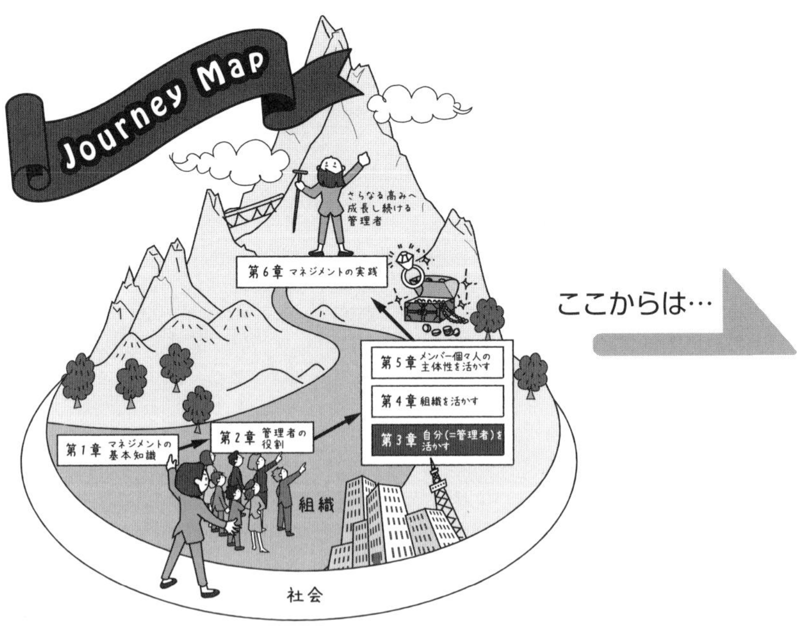
Journey Map
さらなる高みへ
成長し続ける
管理者
第6章 マネジメントの実践
第5章 メンバー個々人の主体性を活かす
第4章 組織を活かす
第3章 自分(=管理者)を活かす
第1章 マネジメントの基本知識
第2章 管理者の役割
組織
社会
ここからは…

第 3 章

自分（＝管理者）を活かす：管理者としての成長

この章では、「管理者への旅」のはじまりとして、まずは自分自身＝管理者自身に焦点を当てて、管理者としての成長に必要なことやそのプロセスを学びます。自分らしい管理者へと移行するために、「軸」の確立、自分らしい管理者像の明確化と成長のプロセスを理解し、経験学習や習慣化といった管理者としての自己成長について考えます。

3-1 »管理者への移行、成長するプロセス

1．やらされる管理者から、自らなりたいと思う管理者へ

管理者へと移行するプロセスは「旅」と捉えるとわかりやすいかもしれません。「管理者になるための旅」は日々、目の前の仕事をこなすというものではありません。頭ではわかっていても体が動かない、できないことは山のように出てきます。特に先行きが見えない不安定な時代では、管理者の仕事が変わることを想定しながら自分を磨く必要もあります。自分を成長させることを甘く見ていると痛い思いをします。

当然、みな同じ管理者になるわけではありません。隣の人を真似ることはできず、やることを教えてくれる人もいません。急激な孤独感に襲われることもあります。自分が意思決定するためには、自分の判断軸を持ち、自分が何のために働き、何のために管理者になるのかという根本的な問いにも向き合うことになります。

多くの人の人生に影響を与える存在であることを考えると、管理者は**「幸せにする人が増える『幸せな仕事』」**です。管理者になることは間違いなく、人としてのレベルや格を高めます。旅のプロセスそのものが自分を磨き、楽しい経験や苦しい経験の中で一生懸命、素直な気持ちで取

図表 3-1　自らなりたいと思う管理者に

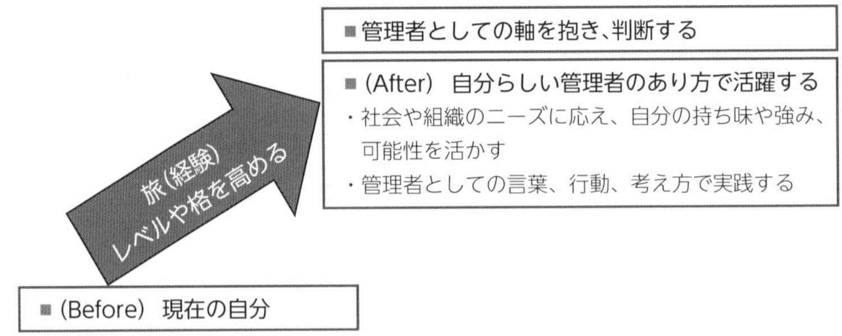

■管理者としての軸を抱き、判断する

■ (After)　自分らしい管理者のあり方で活躍する
・社会や組織のニーズに応え、自分の持ち味や強み、可能性を活かす
・管理者としての言葉、行動、考え方で実践する

旅(経験)
レベルや格を高める

■ (Before)　現在の自分

り組むことが、プレイヤー時代とは比べ物にならないほど高みへと導いてくれるのです。そして、仲間とともに、今日を自分らしく大事に生きようという気持ちを生み出します。このやりがいのある仕事をする意義と面白さを感じながら、自分を成長させていきましょう。

2．自分らしい管理者になるための旅

自分を成長させるためには、まずは自分の状態を知り、自分の持ち味や強みを活かした管理者のあり方を決め、変えるところを明確にし、日々取り組むことになります。

①**自己理解**：現在の自分の状態を把握する
②**自分の「管理者としての軸」の確立**：管理者として自分を律する指針や判断基準としての「軸」を確立する
③**自分らしい管理者像の明確化**：社会・組織のニーズに応え、自分の持ち味や強み、可能性を活かした管理者のあり方を描く
④**経験学習と習慣化**：経験を通じて、ネットワークを広げながら自分の課題に向き合い、自分らしい管理者としてのあり方や行動を習慣化する

図表 3-2　管理者になるための旅：全体像

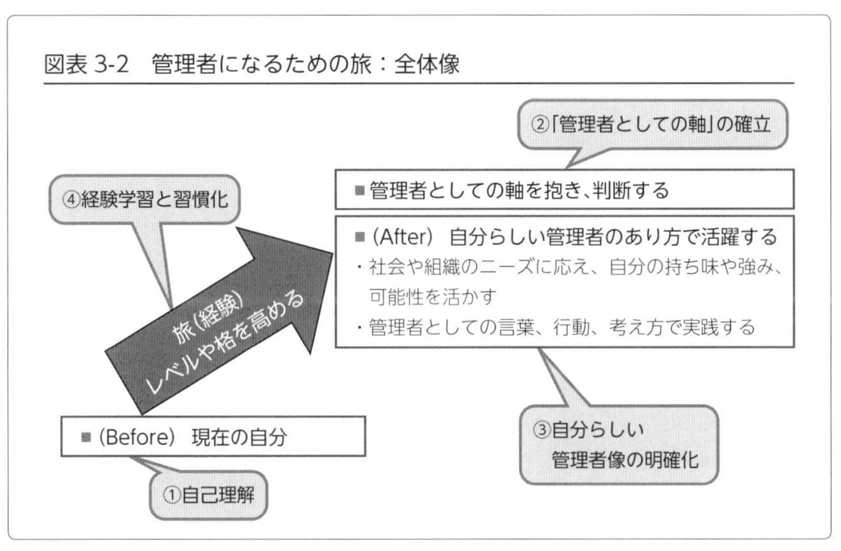

これをやれば正解というものはありません。真似をしても、楽しさや充実感は得られません。自分らしい管理者像が経験の中で変わることもあります。全ては仮設定でかまいません。**行きつ戻りつしながらも、踏み出すからこそ目的に到達できる**のです。

以下、自己理解（3－2）、管理者としての軸の確立（3－3）、自分らしい管理者像の明確化（3 － 4）、自己成長を促進するための経験学習と習慣（3－5）について、考え方・取り組み方を説明していきます。

問い

今の自分は管理者をやらされていると思っていますか？　それとも、幸せな仕事にたずさわるという気持ちで管理者の仕事をしていますか？

3－2 自己理解：現在の自分の状態を把握する

1．自分の状態を把握する

1）管理者の自己理解とは

自己理解とは、「自分が他者にとってどういう存在で、どのような状態なのかを自分の言葉で具体的に表現できること」と言えます。社会や組織の中で、管理者として自分を活かすためには、自分を知る必要があります。「自分のことはわかっている」という人もいますが、自分の後ろ姿が直接見られないように、わかっていないことは多々あります。

管理者は自分が無意識に行っていることで、他の人のモチベーションを高めたり、下げたりすることもあります。ある朝、寝不足で体がだるく、ため息をついている様子をメンバーが見ると、「何か会社に問題が起きたのでは？」「機嫌が悪そう。そばに寄らないようにしよう。報告は明日にしよう」と行動を変えるかもしれません。自分は「そんなつもりではない」「ため息に意図はない」と言っても、メンバーにはそうは見えないのです。一部の人には普通だったり、好ましいものでも、他の

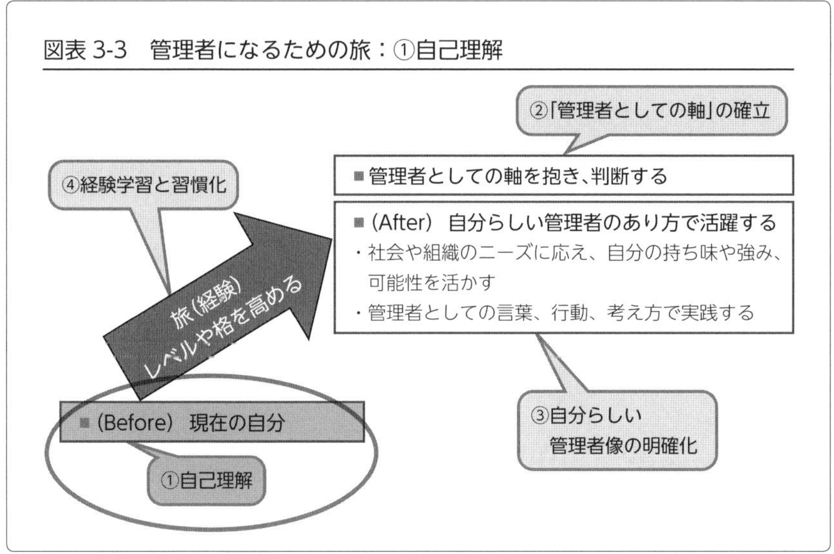

人には止めてほしいと思うこともあります。

管理者は周囲に大きな影響を与える存在であることを自覚し、自分を観察する必要があります。自分の行動をふりかえるだけではなく、何が自分をこうさせるのか、背景にある感情（悲しい、うれしい、やりたい、やりたくない）を含めて、自分と深く対話をすることが重要です。時に自分の奥底にあるものと向き合うのは痛みも伴いますが、一方で弱みだと思っていたことが強みであることに気づいたり、新たな可能性が目覚めたりすることになります。自己理解に終わりはなく、**変わりゆく社会や組織、周囲との関係において自分がどういう存在かを考え続けることが自己理解**と言えます。

2）自分を見つめる視点

自己理解は様々な切り口があります。図表 3-4 は氷山モデルと言われ、全体を「人」に見立てています。人には､見えている部分（業績や行動）と、水面下に沈み、普段は見えにくい部分（価値観、意欲、スキル、知識、特性、基礎能力）の両方があります。

図表 3-4　氷山モデル（JMAM の考える能力構造図）

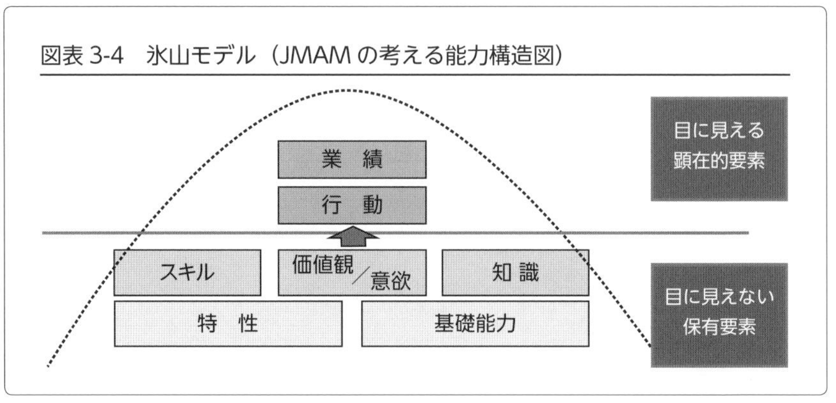

保有要素の中でも、特性（気質）や基礎能力（生まれ持った知的能力）は本人が生まれ持ったもので、比較的変わりにくいものです。これらの上にあるスキル、知識、価値観、意欲は変わったり、成長していく可能性が高いものです。

普段は業績や行動に注目しがちですが、水面下の部分には自分の行動を生み出す人の本質があります。例えば、管理者の中には「権限委譲ができない」と悩む方が少なくありません。これを具体的な顕在的要素である「行動」で表現すると、「自分の仕事を１人で行い、他の人に役割分担をしていない」と言うことができます。それでは、この「行動」を生み出す理由は何でしょうか。そもそも権限委譲の「知識」がないのか、それとも「知識」はあるものの、実践するコツがつかめず、上手くできないのでしょうか。あるいは、自分が「この仕事はやりやすい、自分がやりたい」「部下やメンバーには自分のようにできない」という意欲や価値観が影響しているのでしょうか。このように**１つの行動をとっても、行動を引き起こす理由は、水面下に多々あるものです。従って、上（＝顕在的要素）と下（＝保有要素、潜在的要素）の両方を掘り下げ、理解しておく必要があります。**

短絡的に「スキル・知識がある」というだけではなく、できる限り事実をもとに挙げることも重要です。誰と比べてどの程度あるのか、資格取得の状況、レベル、客観的な指標もはっきりさせると自己理解は深まります。

氷山モデルは1つの切り口です。どのような切り口で自己理解を深めてもかまいませんが、図表3-5のように自分に問いかけ、丁寧にふりかえることが重要です。自分の言葉で、自分の書きやすいフォーマットに変更するなどをしながら記録に残しておきましょう。

最初は思い出せず、面倒くさいと思うかもしれませんが、思いついたことから書き留めると、その言葉がきっかけになり、他のことを思い出すものです。まずは自分のための時間をとり、書きはじめてみましょう。

図表3-5　能力たな卸しワークシート

	記入日：　　年　月　日
業績	・この数年間、自分はどのような業績を残してきましたか ※短期・長期の業績を挙げる ・組織や「誰」に対してどのような影響や価値を与えましたか、貢献しましたか
行動	・管理者としていつも行っていること（普段使っている言葉や、取りがちな行動、仕事の仕方など）は何ですか ※周囲に対して行っていることで、自分を特徴づけていることを挙げる。どのような考え方でその行動をしているのかも記載する ・自分の言動は、組織やメンバーにどのような影響を与えていますか
スキル	・管理者としてどのようなスキル（コツ）をどの程度、定着させていますか
知識	・管理者としてどのような知識を理解していますか （資格、認定なども含める）
意欲・価値観	・やる気が高まること、やりがいを感じることは何ですか ・どのようなことを成し遂げたいですか ・大事にしていて、ゆずれないものは何ですか
特性	・自分のパーソナリティ、タイプ、性格で特徴的なことは何ですか

Column 3

自分史をつくる

子供のころ、年表を見て歴史を学んでいたことを覚えていますか。いつごろ何が起きて、それが短期、長期にどのような影響を与え、今の日本がどのような背景で存在しているのかが理解できたのではないでしょうか。

これと同様に、自分の年表（自分史）を作成することで自己理解を深めることができます。過去にどのような経験をして、それがどのように自分を育て、自分は何者で、どのような価値観をもつように到ったのかが見えてくるものです。また、定期的に作成した自分史を見直してみると、辛かったことが楽しい思い出になっていたり、当時はわからなかった周囲の人たちの思いが、時間を経るとわかることもあります。自分が管理者の立場になると、昔の上司への不満も感謝の気持ちに変わるかもしれません。

あるメーカーの役員Dさんは新入社員の時に、上司から「自分の歴史をまとめることで、自分の人生を考えたり、自己の客観視ができ、冷静に対処できるようになる」というアドバイスを受けて、自分の年表を毎年まとめるようになりました。

自分と家族の年齢、所属部門、役職、資格、勤務地、職歴、部下の人数、提案したこと、成し遂げたこと、その時の自分の気持ち、プライベートの出来事（冠婚葬祭)、その時期の自分のキャッチフレーズなど、年に1回、数行書き留め、一覧にしてみると、転換期がわかり、今後のことを考える際に役立つそうです。Dさんは自分史作成によって、頑張ってきたことを素直に認められ、自然に癒されることも実感し、不安なことがあると一覧表を取り出して原点に戻るようにしているそうです。

虹が近くでは見えなくても、遠くからは見えるのと同様に、歴史を一覧にするとわかることはたくさんあるのかもしれません。

2．他者とともに自己理解を深める

1）異なるモノサシ（価値基準）で自己理解を深める

自己理解で重要なことは、短絡的に自分の強み、弱みを考えないということです。自分は「先頭に立って人を引っ張ることは苦手」「押しが弱い」と思っていても、メンバーからは「後ろから見守ってくれる」「温かく、協力的な関係づくりに長けている」と見えるかもしれません。**強い、弱いというのはあるモノサシ（価値基準）から判断された表現**です。

自分が相手にとってどういう存在かを理解するためには、社会や組織のニーズや環境変化というモノサシを考えることも重要です。管理者に期待することやレベルは時間とともに変わります。例えば、かつての管理者の多くは、手続きどおりに行うことを主な目的に目標管理のための面談をしていました。しかし最近は、若手社員のキャリアを一緒に考え、育てる姿勢を管理者が見せなければ転職してしまうといったケースが見られます。手続きどおりだけではなく、面接内容への管理者に対する期待が高まっています。また面談スキルも、以前であれば、仕事に関する内容に集中して発揮することが求められていましたが、最近は、メンバーの本音をより引き出し、キャリアを一緒に考えるというレベルまで求められるようになっています。このように、これまでできていると思っていたことが、いつの間にか期待レベルに達していない、あるいは期待が変わるということもありえます。

周囲の期待がはっきりしないのであれば、自分から尋ねてください。社会と組織の中には、自分を磨き、自分の可能性を引き出せば解決できることはたくさんあります。多様なモノサシをあてて、自分を発見しましょう。

2）フィードバックを活用する

〈1〉フィードバックとは

異なるモノサシで自分を見るためには「フィードバックを受ける」ことも効果的です。**フィードバックとは、「見たまま感じたままの『客観**

的事実（状況・言動）』を自分の主観に基づいて相手に伝えること」です。自分の行動や印象、強みや持ち味などを、自分とは異なる視点で伝えてもらえると、立体的に自分が見えてきます。

上司や同僚、部下・メンバー、関係者から自分の強みや改善点、感じていることを率直に言ってもらうことは、職場全体の学びあう風土づくりにも欠かせません。

〈2〉自分から見た強み・改善点と他者から見た強み・改善点

周囲の人からフィードバックしてもらった後は、図表3-6のようにモノサシの違いを活かし、2軸で分類すると、自分の強みと改善点を多面的に発見できます。

図表3-6　強み・改善点マトリクス

他人から見た自分 ＼ 自分から見た自分	相手（　　さん）から自分（管理者）へのフィードバック 自分に対して強みだと認識していること	相手（　　さん）から自分（管理者）へのフィードバック 自分に対して改善の余地があると認識していること
自分が強みだと認識していること	①強み 例）誰に対しても誠実に対応する	③意外な弱み
自分が改善の余地があると認識していること	②意外な強み	④改善点

分類して、4つの象限を以下のような視点でふりかえってみてください。

①**強み**：自分も相手も強みと思うことなのでうれしいものの、今日の強みは明日の弱みになったり、プレイヤー時代は強みだったことも、管理者では通用しないこともあります。どういう状況で強みなのか詳細を把握しておきましょう。

②**意外な強み**：隠れた強みで周囲からみると満足するレベルかもしれません。周囲の期待に自分が応えていると考えられます。レベルを把握し納得したら、自分を褒めてあげることも重要です。

③**意外な弱み**：自分と相手の認識が異なる点です。自分はこのくらいで十分と思っていても、相手はさらに高みをめざしてほしいと思っていることです。好みや価値観の違いが引き起こしている可能性もあるため、互いの期待や仕事の進め方の好みを確認する必要があります。

④**改善点**：相手も自分も認めている弱みであり改善点です。長年自覚しており、あきらめているかもしれませんが、管理者として活躍するためには改めて向き合う必要があります。自分が変えられないのであれば、これを強みにする誰かとつながって仕事をすることも考えてみましょう。

出典：「SkillScopeフィードバック」Center for Creative Leadershipを参考に要約

〈3〉フィードバックから自分の行動の影響を知る

管理者は**関係者と共に、組織の成果をあげる役割**です。その目的達成のためには、自分の行動がメンバーをどういう気持ちにさせているのか、また、組織に与える影響（職場の状況や雰囲気、成果、メンバーの行動）についても理解する必要があります。管理者は一挙手一投足見られている存在です。メンバーは仕事をしていても、五感で上司の行動を捉えています。上司の表情を見たり、声の大きさや振動を感じたり、足音の変化に気づいたり、食べたものの匂いをかぎながら、心の中も想像して行動を変えます。例えば、会議で管理者が最初に強い口調で主張すると、メンバーは反対意見を言うのをためらうかもしれません。結果、会議では多様な意見が出ないまま、上司の意見を中心に決まる可能性が生じます。

フィードバックを受ける時は、自分のどのような場面・行動から、相手が何を感じているかを確認してください。自分の「誰に対して」の「行動」を相手はどう感じているのか、自分の「行動」によって組織全体には何が起きているのかなど（「影響」）を知ることで、管理者としてどのような行動が効果的なのかがわかりやすくなります。

フィードバックをしてくれる人の中には、自分が感じていることを率直に伝えることに躊躇する人もいます。その場合は、直截的なことでは

図表 3-7　管理者の影響

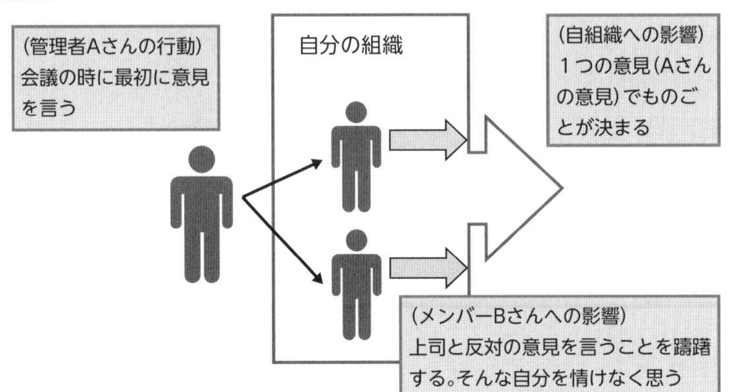

相手（　　　さん）から自分（管理者）へのフィードバック				
相手への影響（自分の行動をどう感じているのか）	組織や職場、他のメンバーへの影響		誰に対して	どのような言動が影響を与えたのか
上司より良い意見が言えないので、発言をためらう。そんな自分を情けなく感じる。	1つの意見でものごとが決まる。意見を言わない人がいる。	⇒ 想起する	メンバーに対して	会議で最初に強い口調で意見を言う。

なく、職場の様子や風土、仕事について気になっていること、感じていることを尋ねてみてください。そういったものは管理者がつくり出したものです。職場や仕事（影響）から想起して、その状態をつくり出した自分の行動などを考え、なぜそのような行動をとるのかというように遡って考えていくことも必要です。

〈4〉フィードバックの受け方

実際、役職が上になるほど他者からのフィードバック、特にネガティブな内容は減っていきがちです。メンバーにしてみると上司の強みは言えても、苦言を呈するのは勇気がいります。中には、関係性が崩れる、評価に影響を及ぼすのではないかと不安を抱く人もいます。自分にしても耳の痛い話は聴きたくないものですが、知らないままでいる方がよっぽど悲劇です。従って、弱みを言われず、「改善点がなくて良かった」と思うのではなく、**何でも言い合える風土づくりや、フィードバックしあう重要性の共有を考える方が健全**です。

相手の本音を引き出すために、「自分にしてほしいことはある？」「仕事を進めやすくしたいけど、どのようなサポートをしたらいい？」「どのようなことを増やすといい？」「私がどういう状況のときならば報告しやすい？」など、相手が話しやすい問いかけも工夫していきましょう。

また、フィードバックを受けている時に「理由があってそうせざるをえなかった」「彼女にも問題があるんだ」と言い訳をしたくなりますが、それを伝えてしまえば相手は２度とフィードバックをしてくれません。そこで、以下を意識してフィードバックを受けてください。

①同意せずとも理解する

相手からのフィードバックは間違っていると感じることもありますが、その人にはそう見えて、そう感じたということは事実です。まずは、相手がなぜそのように感じたのかについては理解をする姿勢を見せることが重要です。おだやかな表情でうなずきながら受け止める姿勢を示しましょう。

②自分の特徴、その影響について多面的に理解する

自分はなぜその行動を続けているのか、やめられないのか、特徴的なことや、周囲やメンバーへの影響の大きさについて、思いをめぐらせながら聴きます。最後は真摯に自分と向き合い、自分の本質を納得できるまで考えてください。

③フィードバックを贈り物として受け取り、感謝する

フィードバックは時間もエネルギーもかかります。自分への贈り物という意識を持ち、感謝の言葉を伝えてください。後日、フィードバックをどのように活かしたのかも伝えることで、相手もやったかいがあったと思います。これにより、職場にフィードバックを前向きに捉える風土も生まれます。

問い

短くても定期的に自分の現状をふりかえる時間をとるようにしていますか？　また、誰かにフィードバックをもらうようにしていますか？

Column 4

本音で伝えあう組織の醸成

ある機械メーカー役員のEさんは、20年以上前、はじめて管理者として部下をもった時、自己理解をするために部下の声を参考にしたいと思いました。しかし、良い点は言ってくれるものの、改善点は言ってもらえません。自分が意識していなくても、ポジションパワーが部下に言いたいことを言わせないのです。

そこで、チームメンバー内で、自分についての強みや弱み、持ち味について無記名で記入するように頼みました。気の進まない部下には、組織やメンバーのために変わりたいという気持ちも正直に伝えたそうです。すると、部下にも本気で変わりたいと思っていることが伝わり、誠実に感じていることを書き込んでくれたのです。

「どうせメンバーは言ってくれない」と何もしなければ、期待はつかめません。本気で変わりたいと思うのであれば、部下の声を引き出すための工夫はいろいろあります。その後、Eさんが周囲の信頼を得て、成果も生み出したことは言うまでもありません。そして、本音で伝えることの重要性を全員が実感し、伝えあう風土も醸成されたそうです。

3-3 »「管理者としての軸」の確立

1. 管理者としての「軸」：自分を突き動かすもの

管理者として仕事をするということは、日々、様々な判断が求められます。情報は増え、多様な価値観にさらされ、誰かが利益を得れば、誰かにしわ寄せがいくかもしれません。利害関係者が増え、管理者は判断に悩むものです。そこで必要となるのが、判断基準となる「管理者としての軸」です。

管理者の「軸」とは、「自分の信念に根ざした管理者としての原理原則や道しるべ」です。なぜそのような意思決定をするのかや、なぜ自分はそれをやるのか、なぜ自分は突き動かされるのかの判断基準となる哲学とも言えます。哲学というと小難しく感じたり、机上の理論のように聞こえますがそうではありません。「自分の信念に根ざした」とあるように、これまでの生き方や経験から生み出された自分独自の価値観であり、管理者としての考え方（管理者観）です。管理者観は、自分の人生観や仕事観、人に対する考え方、大事にしている言葉や座右の銘ともつながっています。

「軸」はみな一律ではありません。もし一律であれば、世の中で正解は1つとなってしまい、前例や誰かのやり方で全てが決まってしまいます。否定する人にとっては押し付けになったり、納得しないまま進むことになり、自分が管理者になる意味や価値を見出せなくなります。冷静になれず、衝動的に望まない判断をしてしまうかもしれません。1人ひとり異なる軸でかまいませんが、大事なことは共有・理解しあうことです。互いの状況と軸を照らし合わせ、ゆずれないものを理解し合えれば、

図表 3-8　管理者になるための旅：②「管理者としての軸」の確立

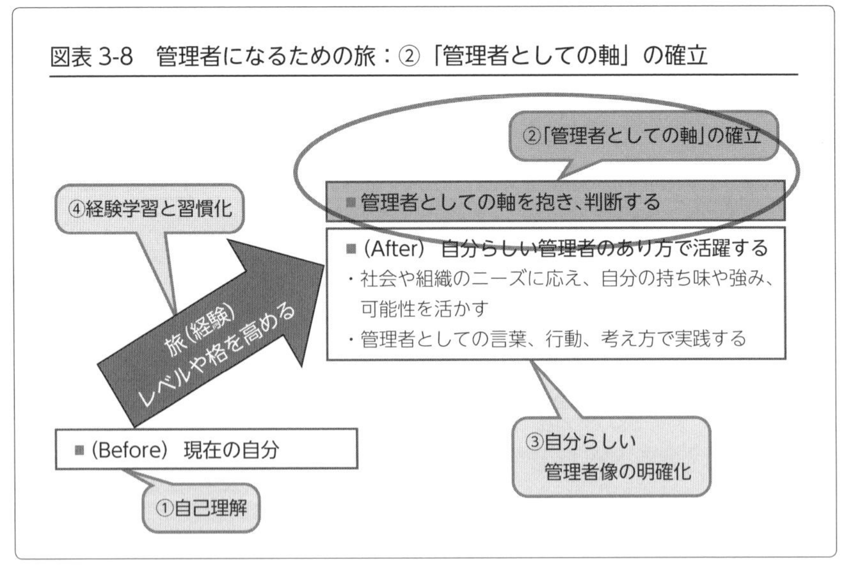

180度異なる意見のメリットにも気づき、可能な限りお互いの主張を包括するような打ち手が見えたり、前例にとらわれない新たな選択肢が生まれる可能性が高まります。

プレイヤー時代は、この軸が確立していない人も少なくありません。言われたことを実行するのは、誰かの軸をもとに動くということです。また軸をもっている人であっても、それはプレイヤーとしてであり、管理者としてはやや不十分かもしれません。管理者として自分の軸によって意思決定の経験を重ね、次第に軸に基づいた判断理由を説明できるようになり、管理者として責任をとる覚悟が出来上がっていきます。そしてその覚悟が目的へと自分を突き動かしてくれるのです。また、メンバーにも軸を示すことで何をめざし、大事にする職場なのかがはっきりわかり、連携が生まれやすくなります。従って、**管理者になった時には、どのような軸をもって生きるのか、仕事をするのかを考える必要があります。**

あるメーカーの管理者で「徹底的にほめる」という自分の軸をメンバーに伝えていた人がいました。自分の仕事は、「職場の人間関係を機械的なものにせず、互いに存在意義を認めながら仕事をする環境をつくること」と意味づけていたからです。そこで、メンバーに働きかける時でも、メンバー同士がやり取りする時も「徹底的にお互いのことを承認し、褒めあう」ことを重視したのです。例えば、トラブルをおこしたメンバーが報告をしてきた時も、「早めに報告をしてくれたことで対策がとりやすく助かる。ありがとう」と伝えているそうです。結果、メンバーは受け止めてもらえたことを感じ、主体的な動きが高まり、仲間と働きたいと思うようになったということです。

「軸」は言葉にするとシンプルで、昔から言われてきたことであったり、当たり前と思われていることかもしれません。しかし**当たり前を軽視する管理者と、当たり前の行動を継続する管理者は雲泥の違いです。自分の意思決定を導く道しるべとして、自分を律する「軸」を持つことが、ありたい管理者へと導いてくれる**のではないでしょうか。

江戸時代後期の儒学者、佐藤一斉という人の言葉に「一燈を提げて暗夜を行く。暗夜を憂うること勿れ、只一燈を頼め」というものがあります。これは、暗夜に悩むと一歩も進めなくなるが、一燈（１つの明かり）があれば次の一歩までは見え、そして一歩踏み出すと、次の二歩目も見えてくるというものです。管理者となり、上下左右からいろいろなことを言われます。正解もわからず、責任を問われ、心が乱れます。上司からは「メンバーたちにしっかり説明して、納得してもらえ」、メンバーからは「現場がわかっていない」と言われ、迷いが深まるものです。修羅場という暗夜に踏み出す自分を誰も助けてはくれません。自分の軸を光にして一歩でも進むことが重要だということです。

軸を持つことで窮屈に感じるかもしれませんが、それは短期的なものの見方です。確立した軸を持つことで管理者としての自信が生まれ、誇りを抱き、長期的に見ると軸ブレのない生き方ができるのではないでしょうか。時に自分の都合のよいように判断したり、自分を甘やかそうとしても、軸をもとに行動を貫くことで、人としての格も高められていくのです。

2．自分の軸を確立する

軸を持つ大切さがわかったところで、次に「自分の軸は何か？」を決める必要があります。しかし思い悩む人がたくさんいらっしゃるでしょう。でも心配することはありません。まずは考えはじめてみましょう。根本的なことに立ち戻り、「何のために管理者になるのか」と自分に問いかけていくことが重要です。管理者として、メンバーに毎日繰り返し同じことを伝えたり、行動してみましょう。時には上手くいかないこともあるでしょう。また上手くいかずに、虚しい気持ちにもなるでしょう。迷路に迷いこみ、何度も同じ道をとおり、試練にぶちあたることでしょう。最近は努力や一生懸命という言葉をどことなくばかにするような時代ですが、こういう時に素直に自分の軸を繰り返し語り、地道に行動していくことで「何のために管理者になったのか」、管理者としての働き方、生き方、信念となる「軸」がどんどん明確になっていくはずです。

特に先行きが不透明な時代は、どこか悲観的な気持ちが生まれ、生きる意味や人生の軸を見失いがちです。以下のような根本的な問いに真正面から向き合い、軸を確立していきましょう。

1）人生の目的・管理者になる目的

何のために管理者になるのでしょうか。自分は管理者として何を生み出しますか。どのような管理者になることで、どのような人生を歩んでいきますか。

辞令が出たから管理者になるのではなく、管理者になることが自分の人生にとってどのような意味をもたらすのかを考え、受け止める必要があります。

2）価値観

過去の経験で多くのことを成し遂げたと思いますが、一番の修羅場体験は何ですか。その時になぜ、乗り越えられたのですか？　何を支えにがんばれたのですか？　メンバーにも大事にしてもらいたいと思うこと、託したいことなどは何ですか？　座右の銘や思いついた大切な言葉・キーワードも大事な自分の軸です。

3）組織の理念

所属する組織の理念（組織の価値観、大事にしていること）の言葉は自分にとってどのような意味があるのでしょうか？　同じ業界でも会社が違えば組織の理念は異なります。他の会社にはない、自分の組織独自の価値観は何なのか、どのような価値観に共鳴しているのか、自分の行動で理念に基づいたものは…などをふりかえることを通じて、心地よく感じている理念の言葉は自分の軸になっているのかもしれません。

4）多様な判断基準

世の中や組織、他の人たちが大事にしている判断基準は何でしょうか。例えば誠実さや思いやりといったことと、自分の軸と照らし合わせるとどう感じますか。多様な判断基準を知った後に、改めて自分の一番大事にするものは何かを考えてみてください。

元ヤマト運輸の社長、小倉昌男氏の著書『経営学』(日経BP)に、「どんな工場にいっても『安全第一』の標語が掲げられていないところはない。しかし安全第一の言葉はマンネリの代名詞のようなもので、どれだけ実効を上げているか疑問である。というのも、第二がないからである」「だが、"第二"がなく、"第一"ばかりあるということは、本当の第一がない、ということを表してはいないだろうか」いうくだりがあります。これも大事、あれも大事と一番ばかりがたくさんあっても、人は判断できないものです。本当に自分が大事にすることは何か、それ以外は二番と言い切ることも重要です。

管理者の軸は経験を通じて変わるかもしれません。ある人の話が自分の頭をガーンとたたき、自分の軸を否定することになるかもしれません。また、貫きたくても、忘れがちになることもあります。繰り返し、何度も何度も自分の軸が何かを言葉に出し、意識して軸に基づく行動をしてみたり、行動の意義について自問自答することが重要です。そうすることによって、自分の軸に納得したり、自分が守りたいと思えるものであることを実感したり、軸を基準にした考えや行動が自然と行われるようになるのです。

問い

自分の管理者の軸について、考えたり、ふりかえる時間をとるようにしていますか？　また、誰かに語り、理解してもらう努力をしていますか？

3-4 ›› 自分らしい管理者像の明確化

1．自分らしい管理者としての「あり方」

今はまだ旅に出る前で、管理者としての価値を生み出していないかもしれません。それでは、どのような管理者をめざすのでしょうか。管理者としてのあり方とは、**「社会や組織のニーズに応え、自分の持ち味や強み、可能性を活かし、管理者としての言葉、行動、考え方で実践している状態」**と言えます。「こうあるべき」といった一般論や抽象的なものではやらされ感が高まり、自分の存在意義が見出せなくなります。自分の隣りの管理者と同じ「あり方」で生きがいや働きがいは生まれません。最初は自分の「あり方」と言われても漠然としていているかもしれませんが、まずは「こうありたい」と心から思うことが重要です。

マザー・テレサの名言に次のような言葉があります。

> 思考に気をつけなさい。それはいつか言葉になるから。
> 言葉に気をつけなさい。それはいつか行動になるから。
> 行動に気をつけなさい。それはいつか習慣になるから。
> 習慣に気をつけなさい。それはいつか性格になるから。
> 性格に気をつけなさい。それはいつか運命になるから。

今の自分にできる、できないではありません。できるかできないかは誰にもわからないことです。まずは自分がこうありたいと思わなければ、努力したいとも思いません。全てのはじまりは、こうありたいという強

図表 3-9　管理者になるための旅：③自分らしい管理者像の明確化

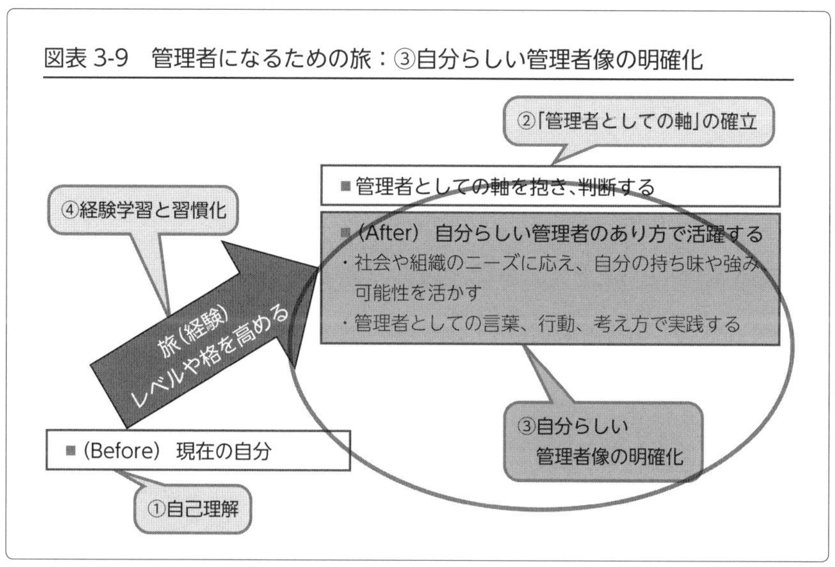

い気持ちを持つことです。思いが強ければ強いほどイメージがはっきりし、言葉や行動も明確になります。自分が満足する状態が描ければ、必ず実現させる力や可能性が自分の中にはあります。徹底的にこの機会に考えると、そこに生きがい・やりがいが生まれ、一歩を踏み出す勇気が生まれます。

2．自分らしい管理者としての「あり方」を描く

1）社会や組織のニーズに応え、自分の持ち味や強み、可能性を活かす

「あり方」を描く上で大事なことは、何のために、誰のために働き、何を成し遂げたいのか、マネジメントでどう貢献したいのかに真剣に向き合うことです。これからの環境変化や社会・組織、関係者の期待やニーズに自分はどう貢献するのか、誰かを幸せにするために自分の強みや持ち味、可能性をどう活かすのかを考えるからこそ、自分らしさが浮かびあがり、「なりたい」思いが強くなります。自分勝手にこうなりたいという独りよがりなものでは、最終的に残せる価値や自分の成長は限定的になってしまいます。

そして、自分がその状態になると、メンバーの表情はどうで、職場はどのような対話が生まれ、どのような仕事の仕方をするのでしょうか。組織の売上や風土、環境はどう変化しますか。お客様や地域社会の方たちは自分の仕事によって何が得られ、どのような気持ちになりますか。社会や組織、メンバーとの関係性において、あり方を捉えることが重要です。

2）管理者としての言葉、行動、考え方で実践する

「あり方」をさらに具体的にするために、管理者として日々どのようなマネジメントを行うのか、言葉や行動、考え方を明確にしてください。自分にとって管理者、マネジメントとは何かを考え抜く必要があります。自己理解で挙げた強みや持ち味の一覧も、もう一度見直してみましょう。

管理者としての軸に基づき、表情やしぐさ、使う言葉もどうあるのでしょうか。どのような考え方をするのでしょうか。例えば管理者の軸が

図表 3-10　管理者としての実践

自分はどのような管理者としてどのような言葉を発し、どのような行動、考え方をしていますか？
誰に対して、どのような行動をとるようにしますか？
※いつこのような状態になっていたいのか、実現している日付も入れる

「１人ひとりの存在を認める」で、「対立は悪いこと」という考え方をしていたら整合性はとれません。日々のあり方を見直すと、「健全な対立意見は組織にとって必要なこと」という考え方になるかもしれません。今の自分ではできないこともありますが、経験を通じて人は成長し、求める自分に変わります。

言葉で表現することも重要ですが、絵を描くことで文字では表現しきれない多くの情報が含められます。絵は強烈な印象を残し、思い出しやすくしますので、一緒に絵を描くことも心がけてみてください。

管理者は多くの人に働きかける存在なので、図表 3-11 のように誰に対してどう「ある」のかを区別して考えるとより明確になります。

図表 3-11　管理者の実践：対象別

誰に対して	どのような言葉を発し、どのような行動、考え方をするのか
例） 上司に対して	例） 上司の目的や関心事を把握し、成功させる支援をする……
メンバーに対して	日々の変化を観察し、成長の支援をする……

「あり方」も「管理者の軸」と同様、仮設定でかまいません。経験を積む中で何度も考えてみてください。描いては消し、描いてはまた消しと、真剣な気持ちで繰り返す中で明確になるものです。**マネジメントする環境は変化しており、現状維持はありえません。仮設定でも決めるからこそ、自分の行動の何を変えるのかがわかります。**管理者へと自分を移行させるためには、成長する方向性ともいえる「あり方」を常にもっておくことが重要です。

問い

自分が管理者としてどうあるかについて、同僚の管理者と語り合うことはありますか？　また、他の管理者のあり方を知る努力はしていますか？

3-5 » 自己成長を促進する経験学習と習慣化

1．管理者の成長

自分らしい管理者のあり方で活躍するためには、自分の成長に責任を持ち、どのようなことを成長させるか、学びの手段・方法を真剣に考える必要があります。

成長には大きく「能力的な成長」と「精神的な成長」の２つがあります。

図表 3-12　管理者の２つの成長

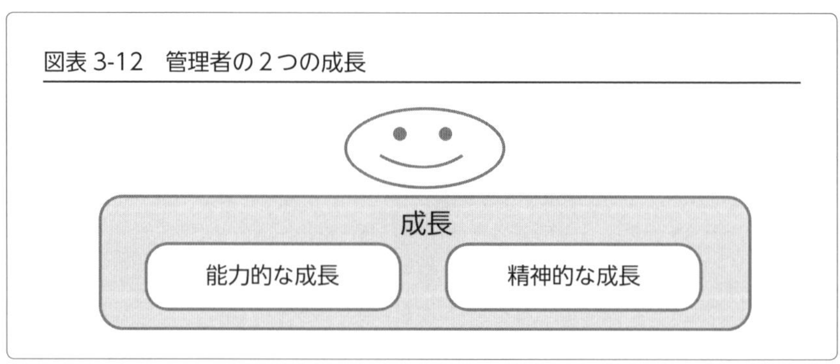

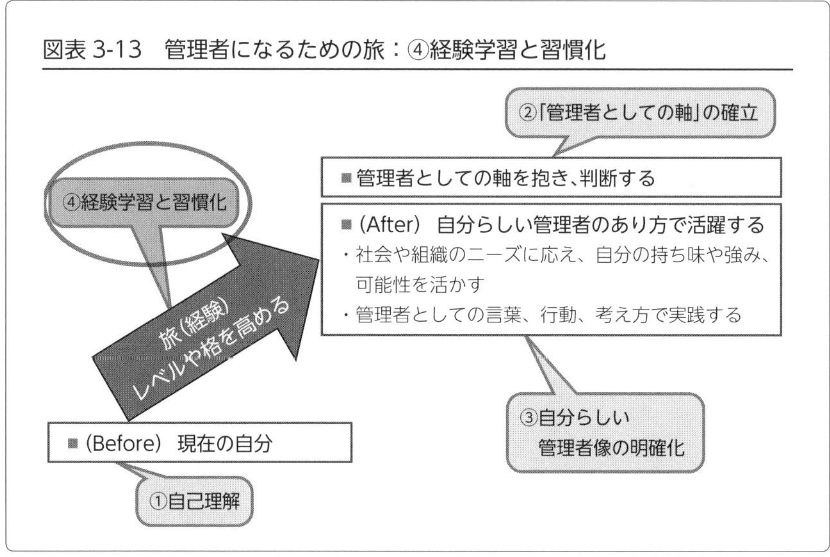

1）能力的な成長

能力的な成長は業務を進めていく能力が高まることです。ハーバード大学の経営学者ロバート・カッツはある特定の職務を遂行するときに必要な能力として、ビジネススキルの３要素を提唱しました。

①テクニカルスキル：専門的な能力

　ある分野の仕事を遂行する時に必要な能力

②ヒューマンスキル：対人関係能力

　他者との良好な関係を築き、協働していく時に必要な能力

③コンセプチュアルスキル：総合判断的能力

　ものごとの本質を把握し、自分の考えを明確にし、対処する能力

職位が上がるにつれ、業務を遂行するためのテクニカルスキルよりも、人へ働きかけるヒューマンスキルや、進むべき道を考えるコンセプチュアルスキルを高めることが求められていきます。視座を高めるために、学ぶものも変化させる必要があります。

図表 3-14　ロバート・カッツのスキルモデル

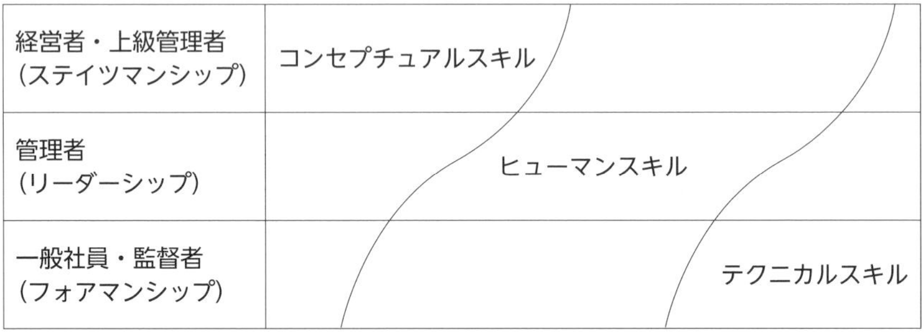

経営者・上級管理者 (ステイツマンシップ)	コンセプチュアルスキル
管理者 (リーダーシップ)	ヒューマンスキル
一般社員・監督者 (フォアマンシップ)	テクニカルスキル

2）精神的な成長

精神的な成長は、自分とともに、他者が大切にしている考え方や価値観に共感し、他者を起点に行動が取れるということです。自分のことを大事にし、成長や成果を求めることは大切ですが、それだけでは精神的な成長とは言えません。誰かを喜ばせたい、幸せにしてあげたい、世の中を良くしたいといった自分以外の人や社会を思いながらものごとを捉え、そのための行動が起こせた時、精神的な成長を遂げたと言えるのです。

例えば、Fスーパーの店長はアルバイト時代から優秀で、数々の売上貢献をしてきました。POPや商品の積み方を工夫したり、最近ではセルフレジへと切り替えるなど改善を通じて売上増に注力し、自分に自信を抱き、能力の高さを誇ってきました。

ある日、神社の前を通りかかると、宮司が節分の看板をかけながらため息をついていました。理由を聞くと、子供が最近少なくなり、お参りや豆まき行事に人が集まらず、神社の存続を悩んでいるということでした。そこで店長は宮司に対して、節分の豆を無料で提供することを申し出るとともに、恵方巻きを神社で売るなど、行事を盛り上げる提案を考え出したそうです。長年続く節分という文化を守り、神社を支援することで町おこしに貢献する一歩となりました。結果として、恵方巻きの販売でスーパーの売上にも寄与したそうです。

自分が成長し、認められるというのも大事ですが、地域社会への貢献や誰かの幸せを願うなど、利他の精神で仕事をするようになった時、視野が広がり、精神的成長を遂げたことになります。**管理者は10年、20年と組織の長期的な価値、引いては社会とつながりながら価値を生み出すことが期待される存在**です。意図して、多様な人や組織、社会を考えられるような精神的な成長を遂げることは必須と言えます。

2．経験から学ぶ

1）経験から学ぶサイクル

管理者へと成長する旅においては様々な学びの機会があります。CCLの調査によると、社会人の学びの70％は自分の経験から、20％は他者との関わりから、残り10％は集合研修やeラーニングなど研修プログラムからと結論づけています。つまり、**日々の経験を通じて人は多くのことを学ぶ**ということです。しかし、経験すれば誰もが同じように成長できるわけではありません。1人ひとりの特徴が、経験から得られる学びの量やスピードを決めてしまいます。特に日本の管理者は経験から学ぶこと（経験学習）の意義を理解していない人も多く、管理者になってから大きな差が生まれがちです。

経験学習とは「自分における日常の経験をふりかえり、その意味を考え、自分の生き方や仕事の仕方に役立つ何かを学ぶこと」です。教えてもらうというスタンスではなく、自らが行動を起こすからこそ成長が促されます。成功体験のみならず、失敗体験やつまらないと思うこと、不慣れな仕事にもたくさんの宝物が詰まっています。経験も与えられるのを待つという姿勢ではなく、自分で必要な経験をつくり、学ぶという主体的な動きが重要で、大事な経験として、意味づけられるかどうかも自分次第です。

この経験学習のステップをまとめたものが、組織行動学者のデービッド・コルブが提唱した「経験学習サイクル」（4段階）です。経験したら、ふりかえり、そこから学んだことを次の状況に活かし、またその活かした経験をふりかえるというように、サイクルを回し続けるプロセスを示しています。

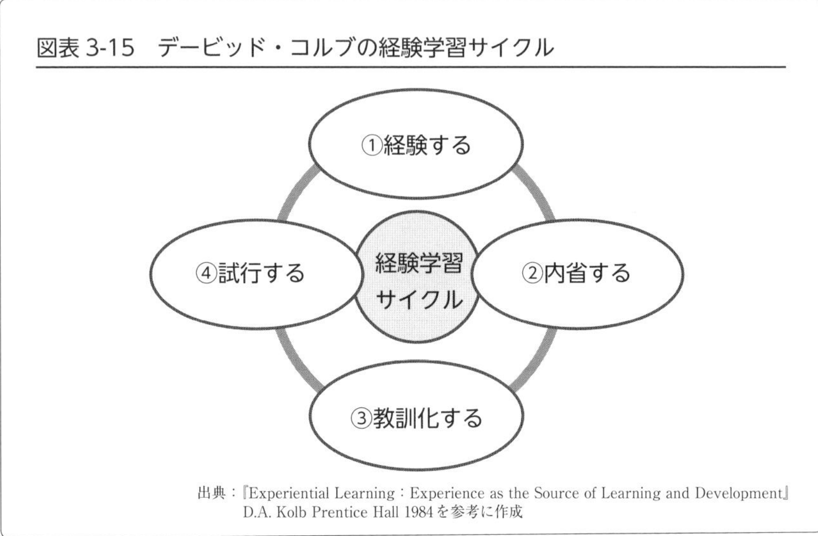

図表 3-15　デービッド・コルブの経験学習サイクル

出典：『Experiential Learning：Experience as the Source of Learning and Development』D.A. Kolb Prentice Hall 1984を参考に作成

第１章では、PDCA を自らの自己革新にも活かすといったことを紹介しましたが、この経験学習サイクルは、それを経験の視点で応用したものと捉えることもできます。

①**【経験する】** 経験をし、感じるというステップです。日々のメンバーとの対話や顧客のクレーム対応を乗りきったことなど、全てが学びを得られる経験となります。
②**【内省する】** 経験したことで終わりにせず、経験したことを多面的にふりかえり、具体的な状況や行動を思い出し、その事実・場面を観察します。
③**【教訓化する】** 観察したことから教訓を導いたり、自分にとってどのような意味があるのかを結論付けます（意味づけ）。
④**【試行する】** 教訓・意味づけたことを新しい状況に適用、実践します。

そして、実践した経験は次の①につながるというサイクルを回すことで、成長を遂げるという考え方です。

このサイクルを自分の仕事に適用するとどのようになるのでしょう

か。例えば、「メンバーと接する場面（経験）」を挙げてみます。

- 昨日のメンバーからの報告時の場面ではどのように自分は接していましたか？
- メンバーが話しやすいように、体を向けて聴いていましたか？
- 表情はおだやかでしたか？　あるいは、アイコンタクトはしていましたか？
- メンバーが悩んでいることを6W2Hで明確にするような問いかけをしましたか？
- ねぎらいの言葉をかけたり、報告自体に感謝の言葉を投げかけていましたか？
- メンバーの様子はどうでしたか？　報告が終わり、席に戻る際は前向きな笑顔でしたか？
- メンバーとの対話を聞いている人は他にもいましたか？　その場面にいた全ての人たちの言葉や表情、しぐさはどうでしたか？

過去の事実を改めて観察するように、具体的に思い出すことが重要です。そして、これを意味づけていくために、以下のように自分に問いかけます。

- 管理者としての言葉や行動の中でどれが有効で、メンバーを動機付けできた行動はどのようなものでしたか？
- この経験からの学びを生かすとしたら、次にメンバーの報告を聴く時はどのようにしますか？　言い方や体の動かし方など、良い効果をもたらすものは何ですか？

この自問自答がサイクルを回すということです。経験の大きさや長さは様々で、報告のように数分の出来事や場面もあれば、何ヶ月もかかる大きなプロジェクト単位もあります。全ての経験には意味があり、定期的に自ら立ち止まり、自問自答、あるいは、他者と問いかけ合うからこそ、管理者として成長できるのです。

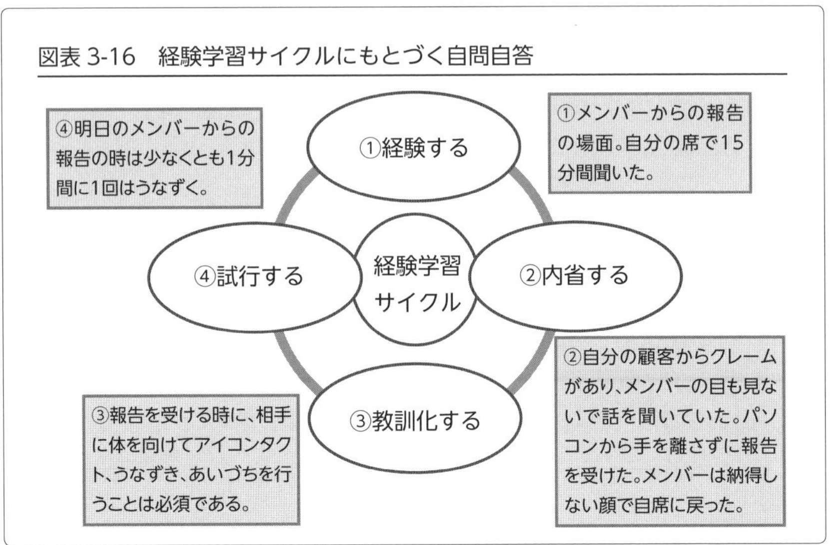

まずは、経験を１つ取り上げ、自問自答しながら図表 3-17 に記入してみましょう。この経験学習プロセスのフレームで整理すると、日々の職場や家庭の中で、自ら経験学習プロセスを回し、成長できるチャンスは山のようにあることに気づけます。

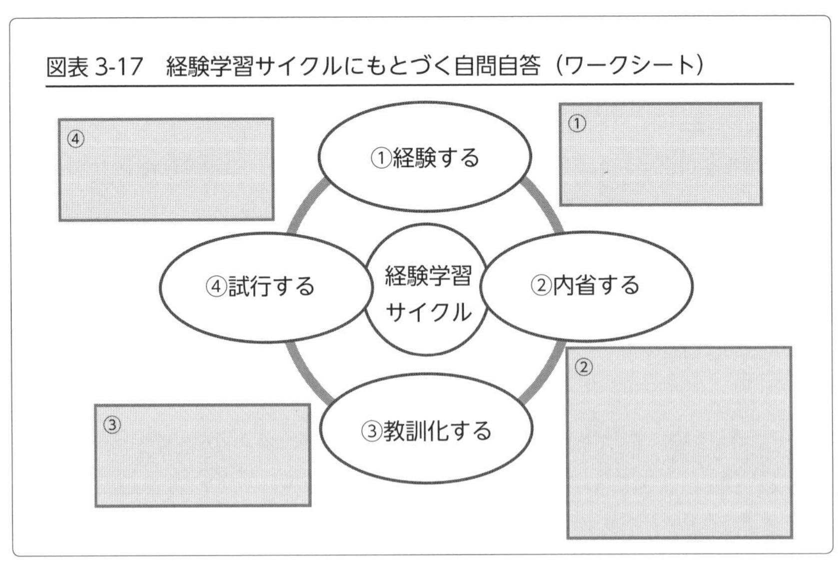

2）経験から学ぶために

経験学習サイクルはとてもシンプルなものなので、これくらいなら自分も日頃やっていると思う人もいるかもしれません。しかし、実はとても奥が深いものです。経験もどのような経験でも良いというわけではありません。また、失敗経験も「また面倒なことが起きた」という姿勢と、「この経験から何を読み取り、意味づけるのか」という姿勢では、学べる量も質も異なります。早く、そして質の高い学びを得るためには、サイクルを回す本人自身が、経験のつくり方や学びの姿勢、サイクルの回し方を丁寧に理解しておく必要があります。

〈1〉質の高い経験を自らつくる

経験学習に詳しいCCLでは、図表3-18に示す「ACS」という3つの要素を検討することで、成長を促す、質の高い経験がつくり出せるとしています。

図表3-18　CCLのACSモデル

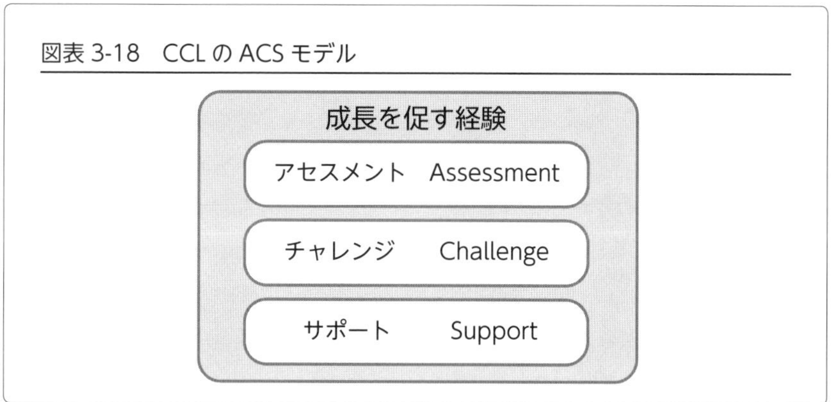

①A（Assessment アセスメント）：自分の強み、改善点、持ち味や現状レベルを具体的に理解し、これから習得すべきことを明確にすること

アセスメントはセルフチェックやフィードバック、教育団体の提供する診断などによる自己理解を示しています。自分の現在地がわかると、ありたい管理者に到達するために学ぶことが明確になります。そして、

その学びを得るための経験も考えやすくなります。

②C（Challenge チャレンジ）：新たな経験や背伸びをし、新しいスキルを習得したり、自分の既成概念に疑問を持ったり、「当たり前」をあえて乱すような挑戦的な機会

繰り返しの経験や同じ仕事では、自分を成長させる余地はありません。チャレンジが少ない環境自体も問題です。しかし、自分の現状からあまりにもかけ離れ難易度が高いと、大きなストレスを抱え、成長ではなく停滞を引き起こします。成長を生み出すためには、自分で適切な経験をつくり、能力を引き伸ばす（ストレッチする）機会にすることが重要です。

経験をつくるというのも特別なことではありません。例えば、メンバーが２～３名の時は良い関係性が築け、巻き込みも上手くいっていたものの、部門が変わり、メンバーが15名になってからは、上手くいかないケースも増えたとします。この場合、これまでよりも多くの関係者に働きかける仕事の経験を積み、巻き込む練習をする必要があるのかもしれません。

上司の仕事を担当させてもらうよう働きかけたり、権限委譲をしてもらったり、他部門と新規プロジェクトを組むなど、新たな責任を引き受けることも有効です。また、メンバーと上手くいかない状況も自分にとって意味あることと受け止められれば、対立（コンフリクト・マネジメント）のスキルを現場で練習・実践する機会をつくることもできます。

またプライベートであっても学べる経験は生み出せます。マンション管理組合の責任者やPTA役員を引き受けたり、外国人学生のホームステイを引き受けるなどの経験を通じて、多様な価値観を持つ人への働きかけ方や、既成概念をはずすようなものの見方を学ぶこともできます。

はじめて行う仕事や新しい目標、慣れていないこと、異なる文化に触れること、修羅場体験、働きかける範囲を広げることなど、身近で経験できることはたくさんあります。

③S（Support サポート）：自信を高め、自分の強みやスキル、考え方や行動について納得できるようになるためのサポート

新しい挑戦的な経験は、心が押しつぶされそうになり、慣れた方法や同じやり方で対応しがちです。そのような経験において、周囲のサポートはとても貴重です。上司や先輩、管理者経験者のみならず、メンバーや社外の方たち、家族や友人など幅広く、自分が働きかければサポートはもらえます。

- 話を聴いてもらう
- 意味づけてもらう
- 共感してもらう
- 励まし、褒めてもらう
- アドバイスやフィードバック（異なる視点）をもらう

身近な例で考えてみると、健康管理のために通いはじめたジムで知り合った人に、毎月１回、自分の食生活や体重変化についての話を聴いて

図表 3-19　計画的に経験をつくる：どんな経験をつくりますか？

学ぶこと、成長するための課題	自分の今の職場、部門でできる経験	プライベートでできる経験
例）メンバー15名との信頼関係を築き、たばねる	・上司が行っているプロジェクトの権限を委譲してもらい、リーダーとして他部門と一緒に成功させる	・PTAの役員となる ・サッカーチームのコーチを引き受ける
例）異文化を理解する	・自職場の外国籍のメンバーとの異文化研究会を行う	・海外からの留学生のホームステイをボランティアで引き受ける
1.		
2.		

もらう、というのもサポートです。ここで重要なのが、サポートはヘルプ（助けて！）ではないということです。助けてもらえるのを待つという受動的ものではなく、自分が働きかけて引き出すという主体的なものです。○○の経験の××の時点では、△△が想定されるので、□□のようなサポートをこのような人にお願いする、といったように考えます。そして、サポート関係を築く人が「助けてあげたい」という気持ちになってもらうためにも、日々信頼関係を育んでいきましょう。

〈2〉経験から学ぶ「姿勢」を心がける

質の高い経験からの学びの吸収を高めるためには、経験から学ぶ姿勢を実践することが重要です。成長する管理者と成長できない管理者はここが分かれ目です。

例えば、G社のH課長はタイに転勤となり、経験したことがない仕事を任されました。海外赴任がはじめてで、文化も異なり、日本では当た

図表 3-20　経験から学ぶ姿勢

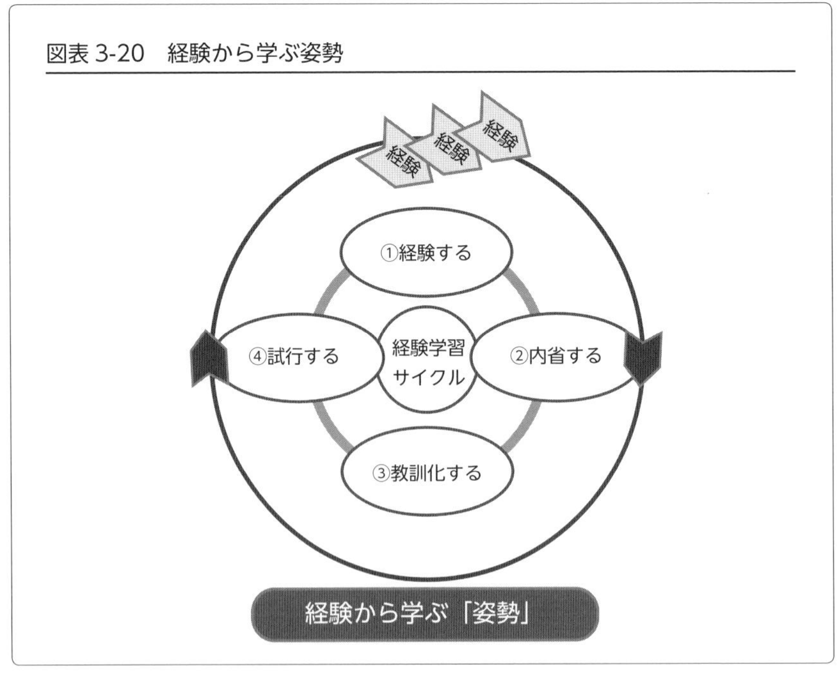

り前のことが当たり前のように進みません。しかし、H課長は「タイのメンバーは全員家族」という気持ちを抱き、メンバーからも学ぼうとする姿勢で日々接していました。タイ語はもちろん、文化や商習慣、タイ人メンバーの育成やキャリアを支援するための知識やスキルも新たに学ぶため、セミナーに参加しました。メンバーともランチを一緒に食べ、雑談したり、業務面の問題を相談したりするようになり、毎日新しい発見に楽しさを感じています。タイでの経験を通じて、グローバルに活躍する管理者としての土台ができているという実感を得て、仕事のやりがいや意義が見出せました。

一方で同じG社のI課長は、同じ時期にマレーシアに転勤となりました。言葉もわからず、また、メンバーは雑談が多く、話しはじめると仕事の手を止めるので、注意する毎日です。毎日、東京本社から注文や指示を受けるものの、言葉が通用せず、思うような生産量がこなせません。日々、トラブルが続出しており、日本でのやり方が通用しない中、なんとかその場しのぎで問題を解決しています。メンバーが失敗し、仕事が中断しても、「自分のやり方は間違っていない」と日本で上手くいっていた生産方法を変えようとしません。最近は日本人駐在員とだけで食事をするようになり、メンバーともぎくしゃくしています。早く帰国したいと思うばかりで、仕事に面白さを感じられずにいます。

成長が早い管理者はどちらでしょうか。当然かもしれませんがHさんです。２人の違いは「経験から学ぼうとする姿勢」の違いです。経験学習サイクルを回すためには、単に起きた経験を受け止めるだけではなく、次のような４つの姿勢が求められます。

①成長機会の探求度

自分にもたらされた経験を良い学習の機会と捉え、前向きにのぞむ姿勢と必要な経験は自ら開拓しようとする姿勢

②フィードバックの活用度

他者にフィードバックを求め、内容を吟味して有効に活用する姿勢

③気持ちの切り替え度

ストレスがかかる場面で、マイナスの感情や考えをプラスの方向に切り替える姿勢

④やり抜き度

失敗を恐れず、難局に直面しても最後までやり抜く姿勢

出典：「管理職の経験学習調査」日本能率協会マネジメントセンター2016を参考に作成

これら４点がどのような状態なのか、自分でも考えてみましょう。成長のスピードを高めるためにも、自分の姿勢を整えて、経験に向き合ってほしいと思います。

Column 5

管理職の経験学習調査

日本能率協会マネジメントセンターが実施した調査では、以下５つの経験がリーダーの成長を促進させることが明らかになりました。特に、管理職に登用された人は早い時期から、「変革経験」を積む必要性が明確になりました。維持管理的な業務に従事している期間が長くなるほど、変革することへの抵抗感が高まりやすくなるからです。また、「重大な意思決定経験」は管理者の成長（能力的成長・精神的成長）の全てにおいてプラスに影響することが明らかになっています。一方で「業績責任経験」は能力に与える影響はあまり見られず、単に管理者として業績責任を負うだけでは能力は伸びず、自分が意思決定の最後の砦となることで、ものごとへの向き合い方が変わり、成長につながるようです。

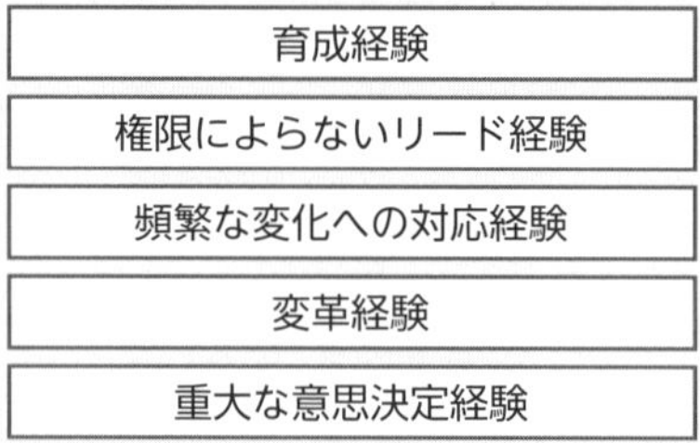

出典：「管理職の経験学習調査」日本能率協会マネジメントセンター2016を参考に作成

図表 3-21　経験から学ぶ姿勢チェックリスト

○当てはまるものにチェック「レ」をつけて、自分の学ぶ姿勢の状態を確認してください

	チェック項目	チェック
成長機会の探求度	好奇心を持ち、新たな分野や世界に踏み込むような経験を自ら求めるようにしている	
	様々な状況や経験を成長の機会として意味づける時間を定期的にとっている	
	人との出会いを求めて動き、出会った人の行動から学ぼうとしている	
フィードバックの活用度	職場の人、関係者、家族など、周囲の人に自分へのフィードバックを定期的にお願いしている	
	フィードバックはポジティブ、ネガティブどちらであっても素直に、感謝の気持ちで受け止めている	
	自分に何が期待されているのか、相手のフィードバックの本質は何かを考えるようにしている	
気持ちの切り替え度	修羅場のような体験や危機的状況が起きても、自分が学ぶ機会と信じて、前向きに取り組んでいる	
	短期的に成功、失敗を考え一喜一憂するのではなく、長期的にまた冷静に自分の経験を意味づけるようにしている	
	しても仕方のない心配にとらわれず、くよくよせず、陽気にふる舞い気分転換をはかるようにしている	
やり抜き度	失敗を恐れず、最後までやり遂げようとする	
	困難なことが起きても、目的達成のために乗り越える努力を続ける	
	「できない」「難しい」「大変」と不平不満を言わず、一歩でも前進、向上に努める	
気づいたこと、今後取り組むことを列挙してみましょう		

3）アンラーニング

経験学習のサイクルは何度も繰り返し回すことになりますが、新しいことを学ぶだけではありません。変化が激しく、従来どおりのやり方では通用しないことも多々出てきます。その際、役立たないやり方を手放し、新たに必要なことを学びなおす必要も生じます。これをアンラーニング（Learn「学ぶ」の反意語）と言います。過去に学んだことは現時点で活用できるかはわかりません。維持管理をしていくのみならず、改革をするためには、当たり前だと思っていたことや成功の秘訣、教訓さえも疑い、捨てなければ、未来への一歩が踏み出せないかもしれません。

日本能率協会マネジメントセンターの管理職を対象にした調査では、図表3-22のような３つのアンラーニングの必要性を挙げています。

過信の罠にはまりやすい管理者は自分の強みや成功体験にしがみつきやすいものです。まだまだ通用する、今さら変えたくないという気持ちが起こり、変えることを戸惑います。しかし、**成長する管理者は、常に環境変化や周囲の期待の変化に気づき、アンラーニングができる人**です。サイクルを回す中で、謙虚にふりかえり、アンラーニングすることも決めてください。

図表3-22　アンラーニングの必要性

部分最適からの脱却	効率的に局所最適な成果をあげようという考え方から、組織全体にとって意味ある成果をあげようとする考え方への転換
不確実性回避からの脱却	従来の延長線上の業務でやり過ごそうという考え方から、未知のやり方の開拓により、さらなる発展をもたらそうとする考え方への転換
慢心からの脱却	自分の判断ややり方がもっとも有効であるという考え方から、異なる視点を取り入れ、より有効な進め方を模索しようとする考え方への転換

出典：「管理職の経験学習調査」日本能率協会マネジメントセンター 2016 を参考に作成

図表 3-23　アンラーニングすること（ワークシート）

	新たに学ぶこと、レベルアップすること、その理由	アンラーニングすること、その理由
現在の強み		
現在の弱み		

3．行動変容・習慣化

1）行動変容

ありたい管理者になるためには、これまでの行動を変え、新しい行動をはじめる必要があります。これを「行動変容」と言います。管理者は職場の中心人物であり、管理者が行動を変えれば、部下・メンバー、そして組織全体が大きく変わる可能性を秘めています。

〈1〉目的・目標の確認

新しい行動をはじめるためには、改めて、何のために（目的)、「いつまでに、何を、どの程度できる状態」（目標）をめざして、どういう行動を新たにはじめるのかを考える必要があります。健康診断で「生活習慣をいつまでにどう変えたいと思うか」といった質問をされることがあります。これは本人の意志の段階でアプローチが変わるからです。また、目的・目標が明確になると、新しい行動をはじめたり、定着しようという意欲が格段に上がります。

例えば、「管理者としてメンバーに共感し傾聴する」という行動を実践するとしたらそれは何のためでしょうか。語り尽くす職場風土をつくるためなのか、若手社員の信頼感を高め離職を防止するためなのか。また、どういう目標を達成したいのでしょうか。「3ヶ月後に、部門会議で全員が必ず発言する状態になっている」のか、「面談を定期的に実施し、メンバー全員のキャリアを明確にし、育成計画が立てられている」のかによって、「共感・傾聴」の内容やレベルが変わります。

また、目的や目標を考える際に、自分の「管理者としての軸」も思い出してください。目標の高さを決める判断軸となります。そして、目標達成への強い意志が生まれ、自分の態度や姿勢が前向きになり、行動を変えようとする粘り強さが生まれます。

〈2〉具体的な行動

身につけたい行動に関しては、具体的な表現を心がけると取り組みやすくなります。フランスの哲学者ルネ・デカルトの言葉に Divide each difficulty into as many parts as is feasible and necessary to resolve it.（**難問を解くには適切かつ必要なところまで分割せよ**）というものがあります。はじめて行うことは全てハードルが高いもので、最初はやる気があっても、時間とともにあきらめの気持ちが生まれます。

例えば「コミュニケーションをよくする」では報告なのか、相談なのか、挨拶なのか、コミュニケーションの意味の範囲が広すぎて、何から取り組めばよいかがわかりません。分割し、どういう場面でどういう行動をとると、めざす管理者のコミュニケーションになるのかを考えることが達成の秘訣です。

大きな石垣をつくっているのは、1つひとつの小石です。自分でも扱えるレベルにまで分割できれば、必ず新しい行動を実践することができます。もし自分では分割が難しいというのであれば、サポートしてもらう人から案をもらったり、問いかけてもらって分割を一緒にしてみてください。細かく分割できれば、難易度の高さで優先順位付けができ、簡単なものから手をつけられ、1つの実践が簡単になって、手ごたえや成長実感を味わいながら進めます。小さな一歩を進むうちに自信も生まれてきます。また、現在のレベルが10段階のうち4段階目なのか、5段階目なのかと段階もわかり、今後の課題がつかめます。

2）日々の習慣化

〈1〉習慣化

行動レベルまで分解し、一度はその行動をしたのにもかかわらず、三日坊主で終わってしまう人も少なくありません。「変わるって難しい」と思い込んでいる人も多いと思いますが、「毎朝、理念に基づく行動のエピソードを伝える」「笑顔で名前を呼びながら挨拶をする」「朝はマネジメントの本を30分読む」など、1つひとつの行動は簡単にできるものです。ところが、1回でもやってみる、あるいは繰り返し、無意識に実施することができないのはなぜでしょうか。行動を変え、定着させるためには、習慣化について考える必要があります。

習慣化とは、「新しい行動を自ら意識せずに、自然に継続できる状態に導くこと」と言えます。行動を促す時の個々の心理状態や環境は様々です。意識している行動もあれば、無意識に行っている行動もあります。様々な心理面のことが潜んでおり、自分でもよくわからないうちに、プレイヤー時代の行動をとっているものです。

習慣化にはプライベートや職場、住んでいる町、家庭など、個々を取り巻く環境も影響を及ぼします。喫煙室の減少により、勤務時間中のタバコの頻度が減りました、自宅への帰り道に新たな図書館や本屋を見つけたので、立ち寄ることが増えて本に触れることが多くなりました、などというように、様々な環境の変化が行動の変容を促します。また、工場の組み立て工程やレストランの調理場の清掃、医療関係の薬の投与などにおいてチェックリストを活用して、定期的な行動を促すことがあります。このチェックリストも習慣化に影響を与えるものです。

つまり、**長年の行動を変える場合は、変わりたいという自分の意志に頼るだけではなく、心理状態や環境づくり、仕組みづくりにも気を配り、計画を立てる必要**があります。環境は思っている以上に行動に大きな影響を与えます。それを理解することが習慣化の第一歩です。

〈2〉習慣化をめざして

習慣にするテーマにより、習慣化の難易度は様々です。ポジティブ思考に変わるなど、考え方や思考面、喫煙や禁酒、ダイエットのような体に影響することの習慣を変えようとすると半年、1年とかかります。日々の仕事の仕方や学び方など行動面の習慣は1ヶ月を目安に変えられるものもありますが、覚悟してはじめないと、継続することにつまずいてしまいます。習慣化する行動を無理なく実行するためにも、次のようなことを考えて、「確実に行動している状態」を維持できるよう環境面も工夫をしていきましょう。

①身近なサポーターを決める

身近で習慣化を支援してくれる人を決めて、自分の課題や目標を伝え、進捗を一緒に確認すると、くじけそうな時に励ましやアドバイスがもらえ、継続しやすくなります。習慣化は特に初期段階に行動を繰り返すことができると定着する確率は高まります。

サポーター役は職場の人だけでなく、社外の友人や家族など、自分が信頼を置ける人でもかまいません。SNSを活用すると、「いいね！」などをつけてくれる人もいます。誰かが気にかけてくれる環境をつくることで、継続の意欲が高まります。

②習慣化の場面を決める

場面を曖昧にし、「実践を意識する」だけだと、やったりやらなかったりとなりがちです。「こういう状況になったらこういう行動をとる」というように、行動を発揮する場面も設定すると、その状況になると無意識に決めた行動をとりやすくなります。例えば、個々の存在を尊重する職場づくりのために、「1人ひとりの名前を呼ぶことを習慣化する」というだけではなく、「出社時」など場面を決めておくということです。これにより、出社すると「あっ、名前を呼ばないと！」と思い出しやすくなり、次第に名前を呼ぶ可能性が高まります。

場面が思いつかない場合は、習慣化が成功した経験をふりかえると、自分にとって習慣化しやすい場面や工夫が見つかりやすいものです。

③記録をつける

行動の記録をつけることは、自信につながるとともに、続ける楽しさを味わえます。スタンプラリーで、スタンプを押してもらえるとうれしくなり、無我夢中で歩きまわった人もいると思います。記録が書き込まれると、「がんばったな」と、自分を褒めてあげたくなり、明日もやろうという気持ちになります。

記録は自分の行動パターンをつかむ上でも有効です。実施しやすい曜日や時間帯、環境や習慣化を邪魔する状況がわかり、対応しやすくなります。

記録のつけ方も個々に工夫をすることが大事です。蛍光ペンやシールを使って楽しんだり、グラフや数値化するなどで自分の行動パターンを確認しやすくしましょう。

④阻む壁を見つけ、気持ちを切り替える

継続していた行動が、突発的な出来事のため中断することもあります。その時こそ、失敗をふりかえることが重要です。メンバーからの相談で帰宅が遅くなり、ジムへ行けなくなったのであれば、その経験をふりかえることで、再度、帰宅時に相談を受けた時の対応が見つけられます。あるいは、相談が金曜日に多いのであれば、金曜日は朝ジムへ行くというように変更も考えられます。大事なのは、中断で落ち込まず、気持ちを切り替えて継続のコツを見つけることです。成功には失敗が不可欠です。上手くいかない時のほうが上手くいく仕組みが見つかります。三日坊主も何十回か続けば習慣化です。

⑤行動の目的を思い出す

習慣化の難易度は自分が思っている以上に高いもので、簡単だと思った行動でさえも、投げ出したくなります。そういう時こそ改めて習慣化の目的を思い出してください。管理者としてどうありたいのかを考えた上での行動です。管理者として自分と周囲を輝かせるためにはじめたことを思い出せれば、踏ん張れるものです。

人は他の人に迷惑をかけていないと思うと、習慣化をあきらめます。例えば忙しくなり、他の人に影響はないと思うと読書習慣をあきらめるかもしれません。ところが、「メンバーの転職を防止するために面談スキルに関連する本を読む」というように、目的が転職防止につながっていることを思い出すと、メンバーを不幸にしないためにと読み続けられるかもしれません。誰かのためだと全力でやりきる人は多いようです。

人は無意識、意識的に行動しており、心の中の葛藤は複雑で、自分で自分のことをコントロールできないものです。まずはそれを認めて準備をすることから習慣化ははじまります。5分でも時間をとって習慣化の過程を考えてから取り組み、日々小さな変化を楽しみ、長距離走をはじめていきましょう。

4．多様性に富んだ社内外のネットワークづくり

1）多様な人材とのネットワーク

〈1〉管理者にとってのネットワーク

経験の旅路では、人脈を広げ、ネットワークを築くことも期待されます。管理者にとってのネットワークとは**仲良しクラブではなく、「社会や組織に価値を生み出すために、意図してつながっている人や組織」**と言えます。視座・視野・視点を変えるためにも多様な人たちから刺激を受けることは欠かせません。しかし、多くの人がこのネットワークの重要性をわかっていながら、ネットワークづくりをしていない状況ではないでしょうか。ネットワークづくりは向こうからやってくるものと思っているのであれば、管理者としての役割が果たせていないということです。

「自組織の常識は他組織の非常識」という言葉があります。自組織では当たり前のことが社会に出ると当たり前ではないことが多々あるということです。恐竜のように組織が絶滅しないためには、様々な常識に触れる必要があります。

創立100年を超えるJ社では階層主義が浸透しており、隣りの部門に

相談をするのも、上司の文書承認を得てからでなければできないというルールがあります。階層を飛び越えた相談も認められず、必ず直属の上司を通じて、相談や上申をするのが当たり前となっています。これは組織としての管理体制や統一した動きを取る上ではとても重要です。

一方、創立10年のK社はフラットな組織づくりがされており、自由に相談しあう風土ができています。階層や部門を飛び越えた相談も当たり前のように行われています。どちらの会社の方が良いというわけではありません。J社、K社の管理者が一緒に話す中で、当たり前だと思っていた管理者のコミュニケーションの取り方や上申の仕方において、違うやり方をしても良いのではないかという考えが生まれることが大事です。

人とのつながりは自分の常識を疑うきっかけです。仕事でもプライベートでも利害関係の異なる人や、話したことのない人たちと話す機会を増やし、「何かあった時にあの人に聞いてみよう」というように、「誰」を知っているかは大きな財産になります。

〈2〉自分のネットワークの状態

自分とは全く異なる背景・前提、価値観を持つ人は様々な年代、場所にいると思います。数も大切ですが、つながりの質や太さも考え、どういった人たちと、どのようにつながっているのかを明確にしておくと様々な気づきが生まれます。

異質な考え方をする人を探す時には、勉強会や趣味のサークルもきっかけになりますが、特に自分よりも20歳以上「上」の人、20歳以上「下」の人とは意図してつながることも考えてみましょう。

年齢が20歳離れると、子供のころにテレビで見たドラマやアニメーション、アーティスト、俳優、大きな事件や出来事などが違っており、思いもしない一言をポロリと発言するからです。

人数とともに、自分にとって重要な存在なのかやつながりの強さも確認しておきましょう。つながりの強さは信頼の強さであり、何かあった時に相談しやすいかどうかに関わります。自分が一声かけると、何人の

図表 3-24　年齢の異なるネットワーク：何人いますか？

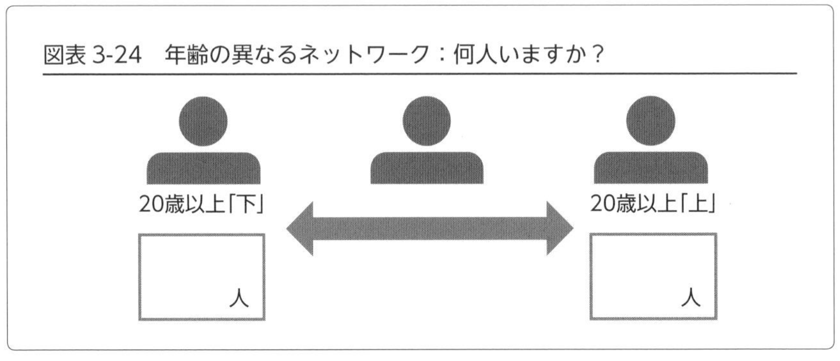

人が支援してくれるのか、あるいは、他の誰かを紹介してくれるのかを考えると、自分の人徳のレベルも見えてきます。

2）全ての人がロールモデル

ネットワークをつくる中で知り合った人をロールモデルにし、管理者行動の見本にすることも重要です。**ロールモデルとは、自分のめざす「あり方」に近い行動を取っている人や見習いたいと思う人**のことを指します。ロールモデルは１人である必要はなく、様々な人から学ぶという気持ちがあれば、出会う人全てがロールモデルであり、学べる人です。上司や先輩のみならず、メンバーや後輩、自分よりも年下の人からもヒントが得られ、管理者行動の選択肢を広げていくことになります。

ロールモデルに、大事にしていることや哲学、どのような状況でどのような行動をとったのか、なぜその行動をとることを決めたのか、その行動による組織への影響、習慣化のコツなどを尋ねてみると新たな発見があるはずです。自分と同じ不安をどう払拭したかを聞くと、困った時の突破口も見つかります。

自分にとって数多くの価値ある存在と、強い絆で結ばれていくネットワークづくりやロールモデルからの学びは、面倒だからやりたくないというものではありません。管理者をめざす道のりで出会った人たち全員が私たちの力と格を高めてくれます。いつも不完全な自分が、仲間とともに一歩を踏み出す気持ちが生まれ、自分を成長させます。そして知らない間にありたい管理者へと移行し、活躍する自分が生まれているのです。図表 3-25 は管理者として、どのように成長していこうとするのかを記載するワークシートです。ぜひ取り組んでみてください。

図表 3-25　自分らしい管理者への旅　（成長シート）

<table>
<tr><td rowspan="2">①自己理解
※自己理解のステップで気づいた自分</td><td>②管理者としての軸
※自分の判断軸</td></tr>
<tr><td>③自分らしい管理者像
※自分らしい管理者のあり方（言葉・行動）</td></tr>
</table>

④経験学習と習慣化 ※自分らしい管理者のあり方を目指して、成長課題、必要な経験と習慣化すべきことなど
☆ネットワーク ※どのようにネットワークを広げるのか

問い

ありたい管理者へと成長する旅を前向きに捉えていますか？　管理者としてどのように成長していこう、また成長を楽しもうとしていますか？

Journey Map
さらなる高みへ
成長し続ける
管理者
第6章 マネジメントの実践
第5章 メンバー個々人の主体性を活かす
第4章 組織を活かす
第3章 自分(=管理者)を活かす
第1章 マネジメントの基本知識
第2章 管理者の役割
組織
社会

続いて…

第 4 章

組織を活かす：業務面の取り組み

この章では「管理者への旅」に必要な業務面の取り組みとして、組織をどのように活かすかについて学びます。理念、ビジョン、目標、計画、組織化、問題解決といったマネジメントに必要不可欠な要素について、各項目で詳細に解説していますので、しっかりと理解を深めてください。

4-1 »理念の理解と実践

1．理念の意義と重要性

1）理念とビジョン

理念とは、それぞれの組織が持つ、普遍的な信念あるいは価値観のことです。時を越えて、時代が変化する中でも揺るぎないものであり、組織活動の根底にあるものといってよいでしょう。組織によっては、社是・社訓、ミッション、フィロソフィーといったように様々な表現方法があります。いずれにしろ、その組織にとって最も大事にしたいことを言語化し、組織の社会における存在意義を示したものを、総称して理念と捉えることができます。

一方、**ビジョンは、それぞれの組織の理念に基づき、中長期的に組織**

図表 4-1　経営の仕組みと理念

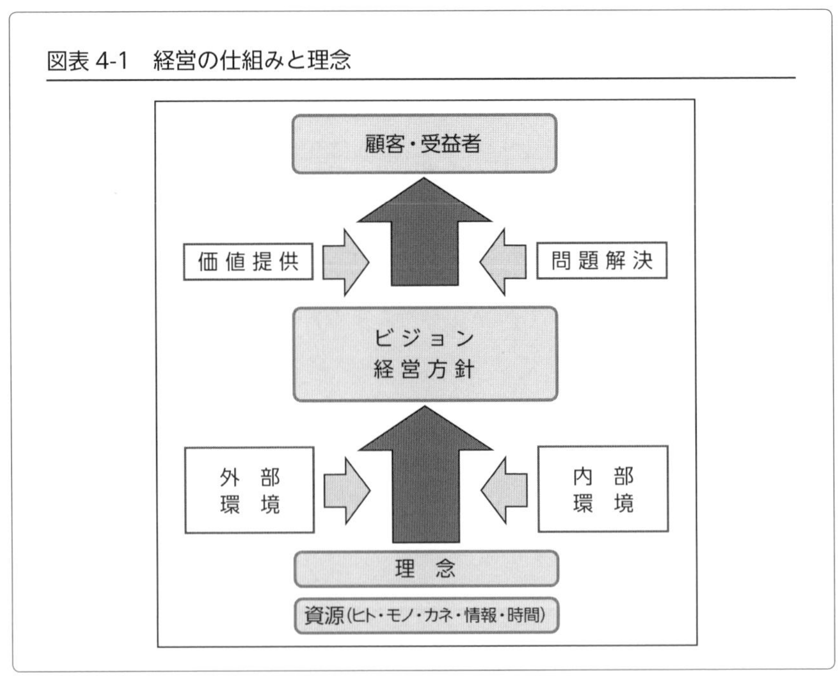

として、こうありたいという姿や、実現したい事業イメージを描いたものです。所属するメンバー全員がめざすべき中長期的なゴールを示すことで、組織としての方向感を明確化する機能を持ちます。また、その内容が多くの組織メンバーにとって共感が得られるものであれば、メンバーの動機付けにも大いに役立ちます。

マネジメントの観点で言えば、この組織全体のビジョンをもとに、中長期の経営方針や経営計画が策定され、さらにそれらが各部門に展開され、部門ごとの目標や計画を設定する際の拠り所となります。このためビジョンは、定性表現だけでなく、定量化した数値目標も加え、めざすべきゴールをより具体的にイメージできるようにすることが大事です。

2）理念の重要度の高まり

この理念は、企業や団体の創生期や歴史的転換点に制定され、これまでずっと大事にされてきたものも少なくありません。そして、近年、ますます自らの理念を重要視する動きが見られます。その背景として、以下３つが考えられます。

〈1〉自組織の存在意義を再認識する必要性の高まり

環境変化の不透明感が高まる中、組織として活動する上で、判断軸が必要です。組織の計画を立てるとき、各個人が今後の行動に迷った際、さらには何か大きなトラブルが起きたとき、何を優先し、何が大事かを判断する際に、理念に立ち返ることで、組織の存在意義に見合った判断ができます。このため、自組織の存在意義を再認識することで、その判断のための拠り所を再認識・再確認する必要性が高まっていると言えます。

〈2〉組織の社会性への強い期待に向けた対応

SDGs（持続可能な開発目標）、ESG（経済・社会・企業統治）といったキーワードによって、民間企業でも社会的価値を創出することが、当たり前のように求められるようになりました。上場企業では、その取り組みが投資家の評価要素に含まれるようになり、さらに非上場企業も含め、グローバルな取引をする上で、また採用活動を進める中で、これらのキーワードを意識せざるをえない状況になっています。

すなわち、業種や職種を問わず、社会性を発揮することが強く問われ、期待されるようになったわけです。

古くは近江商人の経営哲学「売り手よし、買い手よし、世間よし」に代表されるように、民間企業であっても、多くの場合、組織の理念には社会性を考慮した内容が入っています。このため、企業に社会性が強く求められる昨今、理念に立ち返ることで、その理念に含まれる社会的な視点を改めて大事にしようという動きが見られます。逆に言えば、理念で掲げられていても、それがあまり活動に反映されてこなかったという反省もあるかもしれません。

〈3〉組織メンバーの多様性への対応

さらに多様性への対応という観点も重要です。理念の示す方向感は、「ベクトル」という言葉に置き換えられることも多くあります。メンバーの価値観やライフスタイルが多様化し、めざすべき自己実現の形も人に

図表 4-2　理念が重視される３つの理由

〈1〉自組織の存在意義を再認識する必要性の高まり
- 不透明な時代に活動するための判断軸の確認
- 組織の存在意義に見合った判断の実践

〈2〉組織の社会性への強い期待に向けた対応
- 理念に含まれる社会性の再認識
- 組織活動への社会性の反映

〈3〉組織メンバーの多様性への対応
- 価値観やライフスタイル、属性などが多様化する中でのベクトル合わせ

よって違いが大きくなる中、そのベクトルを合わせるための工夫が必要です。また、年齢や就業形態はもちろん、国籍や勤務場所を問わず、組織の一員として協働できるようにするには、やはり理念の共鳴が欠かせません。

主にこれら3つの背景から、組織にとって、理念の重要度が年々高まっています。企業としての取り組みはもちろんのこと、各部門のマネジメントを担う管理者も、このことを深く認識する必要があります。

理念を「知っている」だけで終わらせることなく、日々の活動に反映し、体現できるようにすることが、ますます求められていると言えます。管理者自らが理念を反映した行動をとることで、メンバーにも良い影響を与えることができます。

問い

日頃、あなたは自分が所属する企業や団体の理念を、その成り立ちや背景も含めて、人に説明できますか？　また自ら「体現」(身をもって表す)していますか？

4-2 »ビジョン策定と部門への展開

1．上位方針としてのビジョンの成り立ち

1）メンバーの気持ちを高めるビジョン

4－1で確認したように、ビジョンは、それぞれの組織の理念に基づき、中長期的な組織の「ありたい姿」や、実現したい事業イメージを描いたものです。理念は基本的に不変であり、何年後までという時間軸で設定するものではありませんが、ビジョンの場合、ゴールとなる年次を明示します。企業では5年～10年後の経営ビジョンとして、自社の意思を示すケースが多く見られます。企業によっては30年以上先の未来を描き、その中で自社がどうありたいか、未来を自分たちが創るつもり

で検討するところも珍しくありません。理念同様、環境変化の不透明感が高まる時代に主体的な行動ができるように、さらにいわゆるサステイナビリティ（持続可能性）の観点から、昨今では10年以上の長期ビジョンを策定する企業が多くなっています。

4－1でも触れたように、多くの組織メンバーにとって共感が得られるビジョンであれば、メンバーの継続的なモチベーション向上にもつながります。そうしたビジョンの要件として、主に以下３点が挙げられます。

〈１〉期待や希望が持てる

当然ながら組織のメンバーにとって魅力があり、自らもそのビジョンを実現するための一員でありたいと思えるようなものでなくては、メンバーの心はつかめません。メンバーがその必要性を感じつつ、いわゆる「ワクワク感」も得られるようなビジョンがメンバーの気持ちを高めます。

〈２〉ストーリー性がある

外部環境と内部環境を踏まえ、自分たちはどのような方向に進むのか、また進んだ先には、どのような未来があるのか、といったことを、わかりやすく明示する必要があります。先行き不透明な時代には、経営環境に翻弄されるのではなく、自分たちが創りたい未来を描き、その実現に向けたストーリーを明確にすることが大事です。また、定性的な文章表現だけでなく、売上高、利益、ROE（自己資本利益率）、ROA（総資本利益率）など定量的な目標も設定することで、自社の成長イメージをより具体的に示すことができます。さらには、その根拠や意義をわかりやすく伝えることも大事です。

〈３〉社会的な観点が込められている

既述のとおり、多くの場合、組織の理念には社会性を考慮した内容が入っています。このため、理念に基づくビジョンにもそうした社会的な観点からの未来像が描かれていることは当然と言えます。特に社会貢献

図表 4-3　メンバーの気持ちを高めるビジョンの要件

〈1〉期待や希望が持てる
・メンバーにとって「ワクワク感」がある

〈2〉ストーリー性がある
・ビジョン実現に向けてのストーリーが明確である

〈3〉社会的な観点が込められている
・いかに社会に役立とうとしているのか実感できる

への関心が高まる中、組織のメンバーが、いかに組織として社会の役に立とうとしているのかを実感できるような内容にすることが、時代の要請とも言えます。

2）「逆算」のための出発点

ビジョンを策定する際に大事なことは、現状にとらわれすぎないということです。現在の延長線上で考えてしまうと、制約条件ばかりに目が行き、結果として、ありきたりで関係者にとって魅力ある内容でなくなる恐れがあります。人の気持ちを高めるビジョンというよりも、中長期的なノルマのような位置づけにもなりかねません。このため、まずは現在のしがらみや制約条件から離れ、「こういう世の中にしたい」、そのために「こういう事業や組織にしたい」という思いを打ち出すことが重要です。

こうした思いをビジョンにするためには、ビジョンのゴールとなる年次を想定し、人口動態などの将来データや専門機関の未来予測などを参考にしながら、検討を深めていくとよいでしょう。それらの自分たちへの影響を考え、その中で組織としてどのようにありたいのかを考えていきます。

そうして描いたビジョンが仮に10年後の自組織の姿だとすれば、では、その実現のために5年後は？　3年後は？　と逆算していく方法を

図表 4-4　バックキャストとフォアキャスト

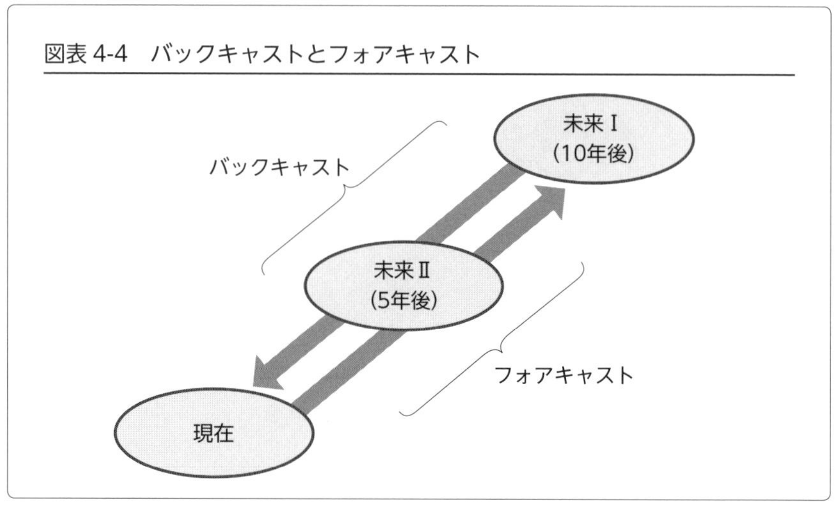

バックキャストと呼び、近年、多くの企業で取り入れられるようになりました。

これに対して、現在の状況から将来を考えていく方法を**フォアキャスト**と言います。地に足のついた取り組みをするには、これも欠かせません。バックキャストとフォアキャスト、その両方を照らし合わせることで、革新的かつ現実的な施策を検討することができます。

2．部門におけるビジョンの展開

1）管理者が担うビジョンの伝達

各部門の管理者としては、まず**組織全体のビジョンを、その背景も含めて理解するとともに、それをメンバーにわかりやすく伝えていくことが大事**です。そのためには組織を取り巻く外部環境、さらに組織の内部環境に関して、現在から将来にわたるスパンで把握しておく必要があります。さらにそのような環境の中で、経営層はどのような思いを抱いてビジョンを示しているのかを理解しておかないと、メンバーが納得する内容を提示できません。このビジョンの説明も、管理者に求められるマネジメント行動の起点として大事な部分と言えます。なお、管理者が、それぞれの担当領域において、組織全体のビジョンを踏まえた部門ビ

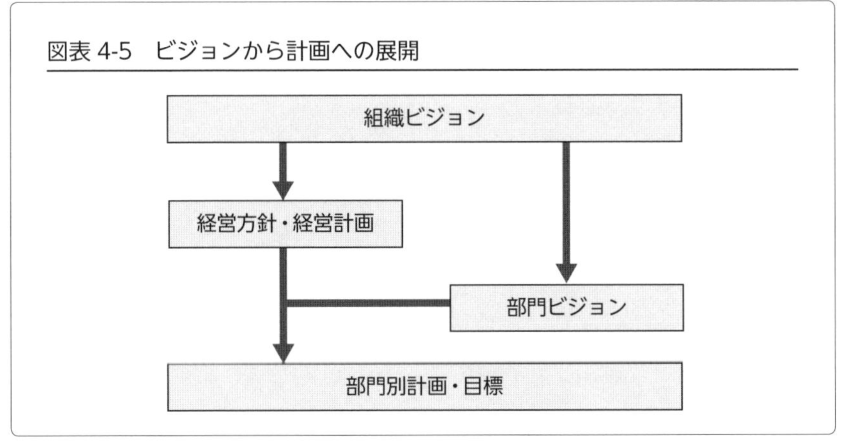

図表 4-5　ビジョンから計画への展開

ジョンを提示することも有効です。管理者の思いや考えが、メンバーにより伝わりやすくなります。

一般的に**部門ビジョンは、部門の主体性を発揮するために、その存在意義や将来のめざす姿（＝どうありたいか）を描いたもの**です。部門ビジョンによって全員の意識が統合され、連帯感が醸成される、全員のやる気が啓発されて、実現のために創意工夫が行われるようになります。適切な部門ビジョンの内容としては、**「挑戦的かつ改革・革新的で日常業務の視点を転じさせる効果がある」「部門がめざすべき方向が絞られている」「達成したい姿や目的が表現されている」**ことが望まれます。

さらに組織ビジョンをもとに策定された中長期の経営方針や経営計画が、部門ごとの目標や計画を設定する際の拠り所となります。企業では、10 年単位の長期ビジョンに基づき、３年程度の中期経営計画が策定されるケースが多く見られます。そして、それがさらに単年度の計画に落とし込まれ、各部門にとって、より身近なものとなります。

2）上位方針の「翻訳」

ここまで見てきたように、根底には組織の理念があり、さらにビジョンに基づいた経営方針が示され、それが各部門に展開されていくというのが、組織活動の方向を決める一般的な枠組みです。ここで大事になってくることとして、以下の２つが挙げられます。

①理念～ビジョン～経営方針・経営計画～部門別計画・目標の一貫性があること

②部門の管理者の主体的な考えも付加し、意思のある部門目標とすること

これらは、いずれもマネジメントが組織内で機能する上で大事なことです。①のような一貫性が無いと、組織内でばらばらの動きとなってしまい、いわゆる「ベクトル」が合わないという状況になります。その結果、組織内でマネジメントの整合性がとれなくなり、期待される成果が見込めなくなります。また、②については、管理者が上位方針をそのままメンバーに伝えるだけであったり、管理者自身の思い込みで走り出してしまったりすると、組織として統制のとれない状況になってしまいます。そうした管理者の行動に対しては、メンバーから不信感を抱かれることにもなりかねません。

管理者として組織内で一貫性のある、主体的なマネジメントを担えるようにするためには、上位方針の「翻訳」をすることが習慣化できるとよいでしょう。ここでいう「翻訳」とは、一般に「ブレイクダウン」や「かみ砕く」あるいは「カスケード（連なった滝）」と表現されることに近い内容です。ただ、その意味合いとして、**上位方針から各部門の今後の取り組みを具体的に検討し、メンバーにわかりやすく伝える**という、より積極的なマネジメント行動を求めています。

「翻訳」では、理念やビジョン、経営方針といった上位方針を対象にしています。上位方針は組織全体もしくは複数の部門を対象にしているので、ここで使われる言葉は、多くの場合、抽象的です。抽象的だからこそ、広くあまねく伝えることができるとも言えます。一方、部門の管理者としては、その上位方針を具体化し、部門内の行動につながる表現（＝行動用語）としていくことが求められます。その手順はまず、上位方針のなかから核となる主要部分を抽出し、そのなかのキーワードを具体的に解釈して、文章化（＝行動用語化）していきます。以下の手順および図表 4-6 を参考にしてください。

◆「翻訳」の手順

① 上位方針の核となる主要部分を抽出する
② 主要部分を「キーワード」に分割する
③ それぞれのキーワードごとに解釈をする
④ 解釈をつなげて文章化する
⑤ 目標の３要素（「何を」「どれだけ」「いつまでに」）を使って目標を設定する

※目標の3要素は４－３で解説します

3）「翻訳」後の組織内展開

「翻訳」の要諦は、言葉を大事にすることです。一見、抽象的な上位方針であっても、その背景には、経営環境の変化や、上位層の思いが込められているはずです。部門の管理者としては、それを見過ごすことなく、意味合いを正しく理解し、自らも考え、言葉を介して組織内の意思疎通を明確にすることが求められます。

上位方針を自分の担当する組織における具体的な行動レベルの表現にする過程において、管理者として自ら「考える」という機会が得られます。もちろん上位方針がそのガイドラインとなるわけですが、図表4-6にある翻訳例のように、キーワードを様々に解釈することができるはずです。その解釈をする過程、また、そこから特に優先すべきことを見極める過程が、まさに「考える」ことになります。

そして「翻訳」した結果を、上位方針の発信者に確認することも忘れてはなりません。そうした行動が、自分の解釈や考えがその方針に合っているのか、あるいはさらに良い捉え方はないかといった検証をすることにつながります。時に自分の意に沿わない反応が上位者から返ってくることもあるでしょう。そこで自分の意見をさらに主張するのか、もしくはその反応を受け入れるのか、良い意味での対立を、創造的な活動に活かしたいところです。

一方、上位者の同意も得られたら、続いてメンバーに翻訳結果を伝え、

図表 4-6　上位方針の翻訳例

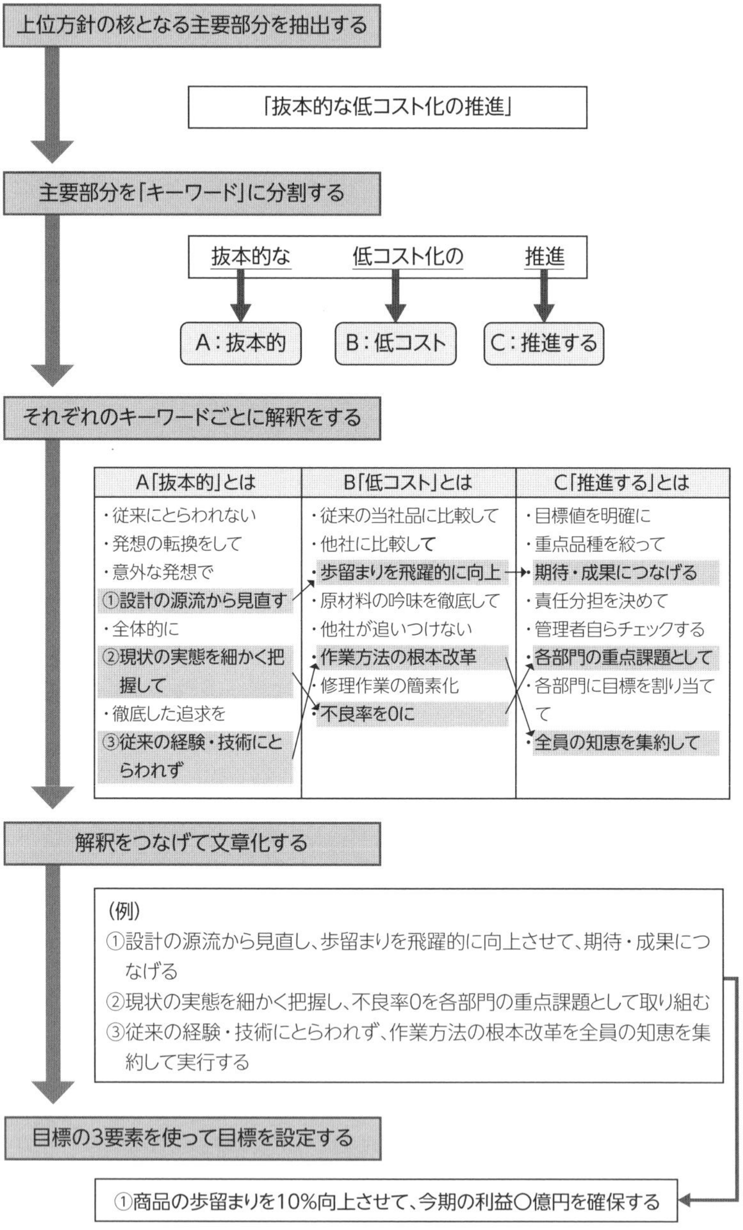

上位方針の核となる主要部分を抽出する

「抜本的な低コスト化の推進」

主要部分を「キーワード」に分割する

抜本的な　低コスト化の　推進

A：抜本的　B：低コスト　C：推進する

それぞれのキーワードごとに解釈をする

A「抜本的」とは	B「低コスト」とは	C「推進する」とは
・従来にとらわれない	・従来の当社品に比較して	・目標値を明確に
・発想の転換をして	・他社に比較して	・重点品種を絞って
・意外な発想で	・歩留まりを飛躍的に向上	・期待・成果につなげる
①設計の源流から見直す	・原材料の吟味を徹底して	・責任分担を決めて
・全体的に	・他社が追いつけない	・管理者自らチェックする
②現状の実態を細かく把握して	・作業方法の根本改革	・各部門の重点課題として
・徹底した追求を	・修理作業の簡素化	・各部門に目標を割り当てて
③従来の経験・技術にとらわれず	・不良率を0に	・全員の知恵を集約して

解釈をつなげて文章化する

（例）
①設計の源流から見直し、歩留まりを飛躍的に向上させて、期待・成果につなげる
②現状の実態を細かく把握し、不良率0を各部門の重点課題として取り組む
③従来の経験・技術にとらわれず、作業方法の根本改革を全員の知恵を集約して実行する

目標の3要素を使って目標を設定する

①商品の歩留まりを10%向上させて、今期の利益○億円を確保する

行動を促すことになります。**上位方針の背景を理解した上で、自分の考えも込めながら、自分の言葉で語ることができれば、メンバーの納得が得られる可能性も高まるはず**です。同じ組織内でも、多様な立場や価値観を有する人材が増える中、こうした言葉を大事にしたマネジメント行動が、管理者には強く求められます。

問い

現在、特に重視している上位方針を思い起こし、現状を鑑みてそれを「翻訳」すると、どのようなことが言えますか？　また、その内容は自分の周囲のメンバーが納得感を持って聞けることでしょうか？

4-3 »目標設定とその管理

1. 目標の意義

管理者は組織全体の目標を達成するために、自部門に期待されていることを把握して、目標設定することが求められます。**目標とは「一定期間に成し遂げるべき成果」を示したものであり、自部門がどれだけ組織に貢献したかを確認するもの**です。

2. 管理者の目標

管理者の目標には、**「業績目標」「人材育成目標」「組織強化目標」**などがあります。また期間的に捉えると、前任者からの**「引継ぎ目標」**、自分自身が在任中に取り組む**「自主目標」**や**「布石目標」**などが考えられます。

3. 目標の表現

1）目標の３要素の明示

４－２では、組織内で各部門の管理者が、ビジョンや経営方針などを

「翻訳」することの大切さについて見てきました。そして、その翻訳結果を、例えば年度の部門目標としてマネジメントの指標にするわけですが、ここでは、まず目標の要素を明確にしておきましょう。

一般に目標は以下の３要素を備えたものと言えます。

・何を（目標項目）――――成果を何で見るか
・どれだけ（達成水準）――――どこまで達成すれば目標を達成したことになるか
・いつまでに（期限）――――いつまでに目標を達成するのか

これら３つの要素のいずれが欠けても目標として機能しません。また、要素を含めたつもりでも、以下のように３要素が明示できていない場合、やはり目標として成り立っているとは言えません。

①「何を」に具体性がない……目標とすべき対象がはっきりしない
②「どれだけ」が不明確になっている……基準やレベルが曖昧である
③「いつまでに」が明示されていない……期限や納期が曖昧になっている

①については、例えば「何を＝職場のコミュニケーションを」としても、ここで言う「職場」とはどこの職場を指しているのか、また「コミュニケーション」とは具体的に何を言っているのかがわかりません。関係者間で捉え方の差異が出ないような表現が必要です。

②に関しては、目標を数値で表すことができる場合、特に問題ないことになります。数値をどの程度にするかは、目標への取り組み方や関係者の動機付けに関わってきますが、客観評価をするための表現としては、数値（定量目標）であれば不都合は生じません。

この②で悩ましいのは、数値化できない場合です。時に数値化できないのであれば、それは目標にはならないという見方をする人もいますが、これはマネジメント上、残念なことです。第１章で見てきたように、PDCA の中の Plan（計画）の前提として、目標設定が必要となります。達成水準が数値化できない場合、目標が立てられないということであれば、結果として計画も立てられなくなってしまいます。これでは有効な組織運営はできません。このため、数値化が難しいときでも、関係者による客観評価ができるような定性目標（言葉によって達成水準を表現した目標）が必要です。

③に関しては、例えば目標がプロジェクト活動のもので、期をまたぐ場合などには、マイルストーンや計画表などを活用して、全体の状況を明確にすることが必要です。

2）定量目標と定性目標

上記で触れたように、目標には、定量的な表現が適切な**「定量目標」**と、無理に定量的にせず、言葉で表現を工夫する**「定性目標」**があり、その使い分けが大事になります。

例えば、「○○業務のマニュアルを1冊つくる」あるいは「20ページ程度の○○業務のマニュアルをつくる」といった、数字の入った表現をしても、目標として有効に機能しません。無理やり定量目標にするのではなく、目的に立ち返って、定性的な表現を検討する必要があります。

例えば「3月末までにプレゼンテーション力を向上させる」であれば、以下のような書き換えが必要です。

「メンバーAが新規顧客に△△の特長について、パンフレットを使用しながら、独力で説明できる（3月末まで)」

図表 4-7　定性目標設定の切り口とその例　※関係者間で客観評価できる表現にする

切り口	その例（期限は省略）
期待される仕様	・△△の新機軸を盛り込んだ○○企画を立案する
獲得すべき評価	・主要顧客から次期のリピートが獲得できる新サービスを開発する
獲得すべき効果	・○○の作業時間を半減させる業務効率化計画を立案する
到達すべきステップ	・社内ネットワークシステムの基本構想までを完成させる
実現したいレベル	・新任担当者でも基本操作であれば独力で学べるマニュアルを作成する

すなわちプレゼンテーション力とは具体的に「何を」指していて、それを「どれだけ」引き上げたいのか明確にするということです。ここではプレゼンテーション力とは「新規顧客に△△の特長について説明する」ことを意味します。さらに「どれだけ」については、「パンフレットを使用しながら独力で」できるというレベル感になります。

「どれだけ」に関しては、こうした定性表現を活用することで、目標化できる対象が広がります。目標は計画立案の前段階であり、マネジメントの出発点になるということを改めて認識しておきましょう。図表4-7は、定性表現をする場合の切り口と例です。期限が来たら、関係者間で、その成果について客観評価できるかどうかが、定性表現の妥当性を確認するポイントとなります。

4．目標設定の手順

1）部門目標の設定

ここからは、4－2で見てきたビジョン策定と部門の展開から、部門目標の設定手順をさらに管理者目線で確認していきます（図表4-8）。管理者としては、翻訳結果をもとに、各部門の目標を設定していくわけですが、部門目標の設定にあたっては、上位方針の「翻訳」だけが、その拠り所となるわけではありません。当然ながら、部門ごとに個別の状況や問題意識があるので、それも目標を設定する際に考慮していく必要があります。管理者の視点としては、**前期の自部門や自分の担当業務の評価や反省に基づき、目標を設定していくことも当然のこと**と言えます。

第1章1－2のマネジメント・サイクルのところで、目標について、①上司が設定しメンバーに示す（トップダウン）場合と、②メンバーの置かれた状況に応じてメンバー自らが設定する（ボトムアップ）場合の2つがあることを紹介しました。こうした見方をすると、「翻訳」は、本質的には②に該当します。具体的な目標そのものが経営層や上位者から示されるのではなく、その方針を受けて、その内容を管理者自らが主体的な姿勢で具体化するということになります。

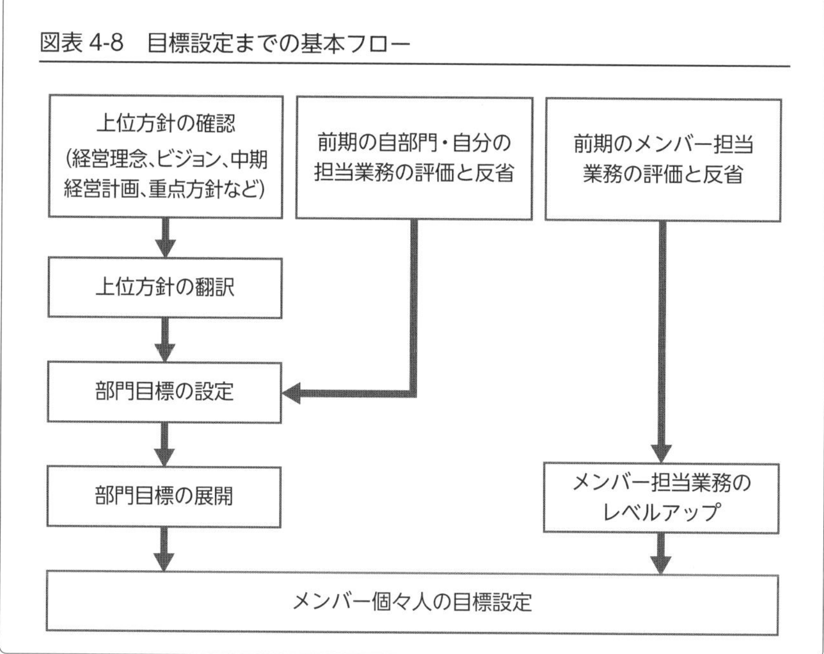

組織の階層上のことで言えば、管理者自身もメンバーからボトムアップ的に示される目標の可否を判断する局面が発生します。メンバーとしても、各自の自らの業務への評価や反省に基づき、担当業務のレベルアップを図ろうという問題意識を抱くことは自然なことと言えます。また、そうしたメンバーが自ら目標を提案してくるような風土を育むことも、管理者としてめざしたいところです。目標設定が部門の活性化につながるようにしていきましょう。

なお、メンバーが自ら目標を設定しようとする場合、担当業務の成果向上をめざすだけでなく、自分の能力開発のためのテーマを見出すこともあるでしょう。これらを受けとめ、マネジメント上の目標として設定することで、メンバーの成長意欲を高めることにもつながります。

2）部門目標の展開と目標連鎖

部門目標が設定されたら、その部門内で役割分担をしながら達成をめざします。この分担のために目標を部門内でどう展開するかが、マネジメントの担い手に問われます。その際のポイントとして、**部門目標を着実に達成できるように連鎖を図る**ことが挙げられます。この目標を連鎖させるという考え方は、目標を部門内のマネジメントの起点として活用していく上で欠かせません。上位の目標の要素を捉え、下位の目標との関連を明確にするわけですが、これには大きく２つの捉え方があります。

その１つめは、**量・範囲の総和での連鎖**です。これにより、各自が受け持つ数値や領域が明確になります。営業部門や技術部門で適用される場合が多く見られます。

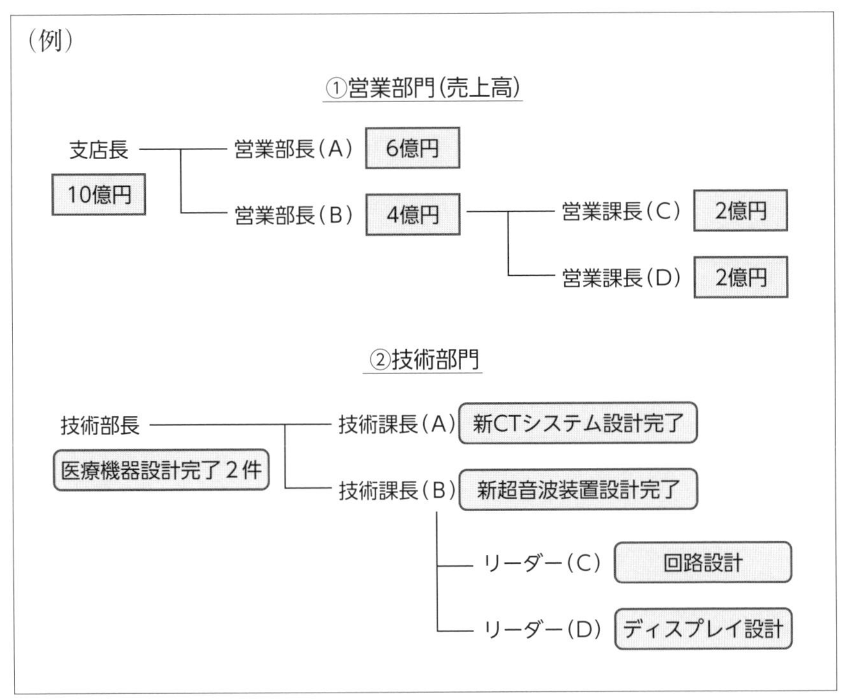

連鎖の２つめは、**目的・手段展開による連鎖**です。上位職位の目標達成のための手段が下位職位の目標になっていきます。上位ほど最終成果が、下位ほど手段･プロセスが目標化されることになります。すなわち、下位者は上位の目標遂行のための手段・方法が目標になります。

目標の連鎖を検討することが、すなわち具体策の検討につながります。このとき、注意しなければならないのは、「手段の目的化」です。例えば、業務の効率化という目的のために、とあるデジタルツールを導入するという手段を選んだとします。しかし、デジタルツールが便利だからといって、無駄の多い業務を改善しないままツールに載せても上手くいきません。「効率化」という目的を忘れ、ツール導入という手段に走ってしまうようでは、見かけだけの目標連鎖になってしまいます。

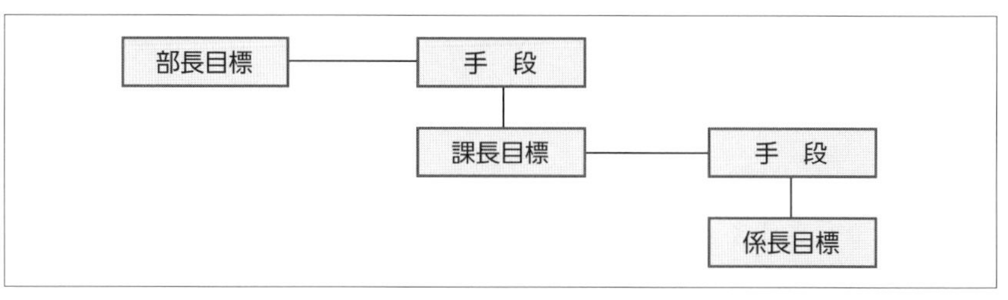

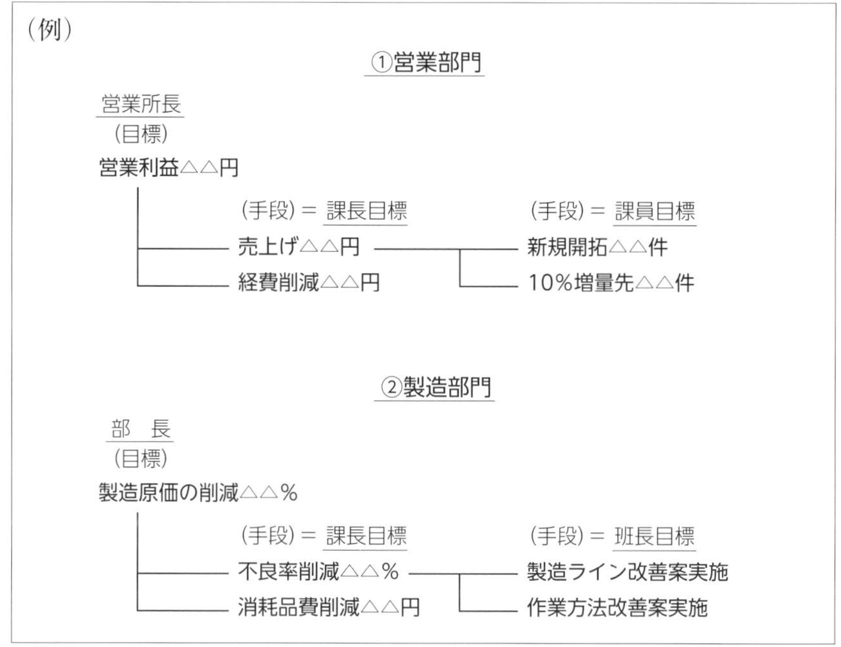

3）目標連鎖の留意点

上記の「手段の目的化」に加え、目標連鎖で管理者が留意すべきこととして、以下３点が挙げられます。

〈1〉メンバーが「やらされ感」を抱かないようにすること

これらの連鎖を図る上で大事なのは、部門目標の設定でも述べたように、メンバーからボトムアップも受けとめつつ、トップダウン的に指示する場合には、その意図するところを、わかりやすく説明することです。**目標の背景として、部門を取り巻く環境変化や会社全体の方向性を伝え、メンバーの納得感を得ることが目標連鎖を機能させるための前提**となります。メンバーの「やらされ感」が部門目標達成への阻害要因とならないように留意する必要があります。

また、目標の背景をメンバーが理解することで、メンバーの視点を高めることもできます。自分の目標達成だけに没頭せずに、部門が何をめざしているのか、あるいは他のメンバーがどのようなことに取り組んでいるかが把握でき、そこから得た気づきが自分の仕事の質を高めることにもつながるはずです。さらに、多様な価値観や考え方を持つメンバーが増える中、その多様性を活かすためにも、目標を通してメンバーの視点を高めることは、創発的な活動を生むためにも大事です。

〈2〉メンバーに分担する際に、各自の特性や負荷を考慮すること

上司が担う部門目標とメンバーの目標が連鎖しているかどうかを点検するとともに、それぞれのメンバーの負荷を確認することも大切です。メンバーの該当業務に関する保有能力や、期待する役割を踏まえた上で個々の目標を設定した後、図表4-9のような一覧を作成するとよいでしょう。分担状況が「見える化」でき、全体のバランスが検討しやすくなります。

このような「見える化」をしなくても、状況が感覚的にわかっているという管理者も多いと思います。しかし、わかっているつもりでいても、「頼みやすいメンバー」「成果が期待できるメンバー」に仕事を振ってしまうという状況も少なからずあります。さらに部門目標から派生した活動、また期間中に新たに発生した業務などが重なると、意図せずとも一

図表 4-9　目標の分担状況の「見える化」

自分の目標＼メンバー	A	B	C	D	E
目標Ⅰ	Ⅰ－1		Ⅰ－2	Ⅰ－3	
目標Ⅱ		Ⅱ－2		Ⅱ－3	Ⅱ－4
目標Ⅲ	Ⅲ－1	Ⅲ－2	Ⅲ－3		
目標Ⅳ	Ⅳ－2				Ⅳ－3
目標Ⅴ		Ⅴ－1	Ⅴ－2	Ⅴ－3	Ⅴ－4

定のメンバーに負荷がかかることにもなりかねません。そうなるとそのメンバーの心身への悪影響や、他のメンバーの成長経験を失うことにもつながります。**「ヒト」という最重要の経営資源を継続的に活用するためにも、バランスのよい業務配分が求められます。**

〈3〉関連部門との連動や相互の影響など「ヨコ」の連鎖も考慮すること

ここまで見てきた連鎖を、上位者から下位者への「タテ」の連鎖だとすれば、他部門、すなわち該当業務の関連部門との連動を、「ヨコ」の連鎖と捉えることができます。この「ヨコ」の連動によって、部門の上位目標、例えば事業全体の目標を踏まえた活動を促進させることができます。ある事業が２～３の複数部門の連動で成り立っているとすれば、事業全体の目標に目を向けた際に、部門どうしで取り組むべき事柄が見えてくるはずです。

例えば事業全体のコストダウンを検討する上で、関係部門が個々にその目標を立てるだけではなく、生産と開発が連携して設計見直しによる原価低減を有効に行ったりすることができます。目標設定の段階から、そうした連動を考慮することで、部門間の軋轢も減ったり、これまでスルーしていた課題の解決にもつながるはずです。

こうした「ヨコ」の連鎖を考慮していくと、いったん設定した部門目標を再考する場合もあるかもしれません。一見、時間がかかるように思えることですが、**部門目標を完遂し、事業や組織全体の成長をめざす上**

で、**これは必要なプロセス**と言えます。特にこれまでにない新たな事業展開を図る上では、こうしたプロセスが組織力を高めるための良き機会にもなるはずです。

問い

日頃、目標設定をする際に重視していることは、どのようなことですか？
また、それによって、目標がどのように活かされていますか？

Column 6

KPI

目標に関連して、2000 年代に入ってからは KPI（Key Performance Indicators：重要業績指標）も広く活用されるようになりました。この KPI に関しては、事業戦略を立案する際に設定した KSF（Key Success Factors ≒成功の鍵）を定量化（＝目標化）したもの、あるいは部門ごとの最終成果をめざした日常業務の指標として使うものなど、幅広い捉え方があります。多くの場合、最終のゴールではなく、それに向けた活動と進捗状況を把握するために活用されています。

一方、目標指標となる成果指標としての「成果 KPI」と、成果 KPI の先行指標となるプロセスの管理指標である「プロセス KPI」とに分け、管理していこうという考え方もあります。大工舎宏氏と井田智絵氏は、著書の中で、「成果 KPI」を達成するために決定的に重要となる活動や施策を重要成功要因とし、その活動や施策の達成度を測るために「プロセス KPI」を設定するとしています。これは、先述の目標の連鎖にもつながる考え方であり、タテとヨコの連鎖に関しても、KPI に基づいた概念をわかりやすく説明しています。

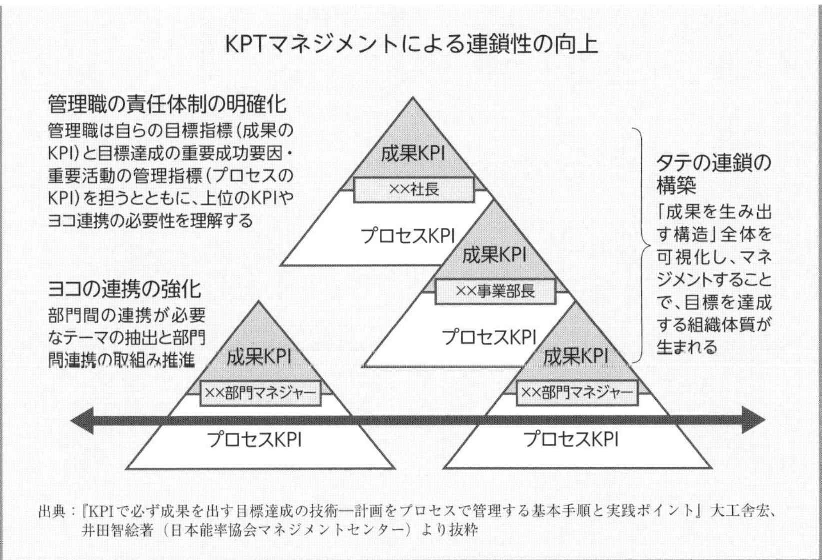

出典:『KPIで必ず成果を出す目標達成の技術―計画をプロセスで管理する基本手順と実践ポイント』大工舎宏、井田智絵著(日本能率協会マネジメントセンター)より抜粋

4-4 »効果的な「方法」と「手順」を明示するための計画立案

1. 目標達成のための有効な「方法」の検討

1)「方法」の創出

組織内で目標が設定されたら、それを起点に計画を立てることになります。ここでは、多様な人材(価値観・考え方・立場)を抱える組織として、どのような計画立案ができると有効かを確認していきます。

まず計画について、ここでは以下のように捉えます。

計画とは、目標達成のための「方法」と「手順」を事前に決めること

目標が組織の経営上の目標であれば、その方法や手順は経営計画として立案することになり、現場の管理者であれば、自分が任されている部門内での方法や手順を検討することになります。

計画立案は、**「現状を理解する→方法を検討し決定する→実施項目・手順を決める→工程目標を決める」**という進め方をします。良い計画は、過去のやり方にとらわれず、斬新なアイデアがあり、計画の実現にあたり具体的で綿密性があるものです。

ここでは現場・部門の管理者として計画立案をする際に、有効な計画を立案する上で必要になることを中心に見ていきます。

まず、上記の計画の捉え方のうち、「方法」に関しては、方法を発見するための発想力が問われます。市場環境の変化が緩やかで、目標達成のために何をすれば良いかが明らかな時代には、すぐに思いついた方法や、これまでの経験値に則した方法でも通用しました。いわゆる「前例主義」が通用することも少なくありませんでした。そうであれば目標達成のために取り組むべきことを思い起こし、それをスケジュール化していけばよいのですが、変化が激しく、ますます見通しが立てにくくなっている時代では、そうはいきません。

昨今、ありきたりの方法では、通用しない場面も増えています。例えば販売部門において、例年、前期５％増の売上目標を掲げている場合、前期と同じ発想のままでは、その達成は見込めません。また、製造部門でコストダウン目標を掲げたとして、前年度と同じ分野での同じコストダウンだとしても、より一層の工夫がいります。これは従来から言えることですが、市場の成熟化、ICT をはじめとする関連技術の進化、社会変化による予期せぬ阻害要因の発生などが影響し、従来に比べ、高いレベルで新たな方法を創出することが求められています。

また、目標そのものが、これまで取り組んだことのないような内容であることも増えています。産業構造の変化により、新たな事業分野に進出したり、社会情勢の変化から、これまでの製品やサービスに新たな付加価値が必要となる中、未知の領域での取り組みも多くなってきました。この場合も、当然ながら、これまでにない方法が必要となります。

管理者としては、日頃から問題意識を持って多角的に情報収集する必要があり、従来からの方法や手段にとらわれて、事なかれ主義や形式主義に陥らないことが求められます。

2）新たな方法発見のために必要な発想力

このようなことから、**目標達成のために、新たなアイデアを生むことの重要度が増しています。**国内においては、2000年代に入ってから、イノベーションという言葉が、技術領域だけでなく、経営分野においても盛んに使われるようになりました。経済停滞や少子高齢化など、対応すべき課題が増える中、経営や組織活動において、新しい仕組みやサービスを生み出すことが求められるようになったわけです。そうした傾向は、今でも継続しており、さらに各種の制度不全や地球環境の悪化などに起因する社会課題が増える中、より一層、これまでの常識にはとらわれない取り組みが、それぞれの組織に求められるようになりました。こうした状況を反映してか、書籍の発行・雑誌の特集などを通して、発想に関する技法やフレームワークの紹介も増えています。

このため目標達成のための計画立案の場面においても、いかに豊かに「方法」を発想し、発見するかが問われています。発想に関しては、従来、新事業や新製品の創出で取り上げられることが多くありましたが、日頃の計画立案の際にも、ぜひ取り入れたい要素です。図表4-10は発想技法の代表的な例です。いずれも伝統的・古典的なものですが、現在でも使い方次第では、新しいアイデアを得るために大いに役立ちます。まずはこれらの技法の基本的な進め方を理解した上で、繰り返し試行するとコツがつかめます。さらに組織の状況やテーマによって多少のアレンジを加えながら活用すると、効果が高まってきます。

図表4-10　発想技法の代表例

ねらい	発想技法
発想のための切り口を発見する	属性列挙法
	欠点列挙法
自由に連想し、発想する（自由連想）	ブレインストーミング
	ブレインライティング
強制的に、連想させる（強制発想）	チェックリスト法
	マトリクス法
	カタログ法

また、イノベーションの実現のために、アイデアの創出から実現までのプロセスを体系化することも盛んに行われています。デザイン思考はその代表例とも言えますが、これも上手く活用できている企業は、自分たちの事業や業務に適した内容にアレンジしている場合が多く見られます。

3）管理者による発散と収束の使い分け

これらの発想技法を活用する上で大事なことは、**「発散と収束」のプロセスを使い分ける**ということです。まず、思いつきでも良いので、質よりも量を重視し、数多くアイデアを出します（＝発散）。そこから取捨選択したり組み合わせたりする（＝収束）ことで、よりよいアイデアを得ることができます。

一般に発想技法は、発散をしやすくするためのものです。また、１人で行うよりも集団で行うことで、より有効なアイデアが得やすくなります。自分が主導して集団でアイデア出しをする場合には、技法の理解はもちろんのことですが、メンバーがアイデアを出しやすい雰囲気をつくることも重要です。お互いに否定することなく、アイデアがアイデアを生むつもりで、どんどん自由に出し合えるような状況が、良い成果につながります。

そして、もちろんアイデアを出しっぱなしにすることなく、効果的かつ洗練されたアイデアを得るために、何らかの評価基準で優先度を決め、必要に応じてアイデアどうしを組み合わせて効果の高い内容にします。この収束の段階では、発散の時と比べると、各自の論理性や判断力が問われ、時に冷静な、時にシビアな話し合いになります。特にアイデアへの評価が割れたとき、自分がその場の意思決定者だった場合は、最終決定したアイデアが、なぜ望ましいのか、説得力のある説明をする必要があります。

管理者として、こうした発散と収束、それぞれの場面に応じた取り組みができるように自分をコントロールし、メンバーを上手く後押しするためのスキルは、今後ますます大事になるはずです。また、メンバーのアイデア発想が習慣づくように、管理者自ら情報収集や発信をしたり、メンバーにアイデアを投げかけてみたりといった行動が求められます。

図表 4-11　発散と収束の使い分け

	アイデアを発想するとき ※質より量を求める（発散）	アイデアをまとめるとき ※組み合わせや選択（収束）
場の状況	皆が自由に発言	冷静（時にシビア）
管理者の関わり	話しやすい雰囲気づくり	判断力、決断力、説得力の発揮

2．目標達成の方法を確実に遂行するための「手順」

1）「手順」の創出と見える化

「計画」という言葉は、時に「スケジュール」という言葉と混同されがちですが、スケジュールは、ここでの計画の捉え方（「目標達成のための方法と手順を事前に決めること」）で言えば、手順の一部です。方法が明らかになったら、その方法を具体的な活動レベルで細分化し、それぞれの活動の前後関係や期限を勘案することで手順が設定できます。その上で、他の業務との兼ね合いも考慮して、スケジュールに落としていくということが一般的なプロセスです。

計画の要素の１つである「方法」を検討する際には、発想力が大事であるということに触れましたが、「手順」に関しても、創意工夫が必要です。経験値や単純な思考で手順を決めてしまうと、せっかく新たな方法を見出していても、それを有効に活用することができなくなってしまったり、期限内に実行できなくなってしまうかもしれません。その理由としては、主に以下２つが考えられます。

①新たな方法では、その活動を進める上で、未知の内容を含むことが多い

②タイトな期限の中、期限からの逆算でスケジュール設定をする必要がある

上記①は自明のことと思います。市場環境の変化の中で、新たな方法を創出した以上、その方法をさらに具体的な活動に分解すると、今までに経験したことのないようなことも含まれてきます。**方法を検討するにあたっては、状況をよく分析し、見通しを立てる、予測することが求められます。**

また、②に関しては、個々の活動の所要時間を見込み、それを積み上げるというやり方でも期限に収まればよいのですが、スピード感が求められる時代において、それはあまり期待できません。このため、従来以上に「逆算」ということの意義が高まっています。ありきたりのやり方では通用しないので、新たな方法を採用するわけですが、そうなると、これまでの経験から個々の活動日程を見通すことが難しくなります。このため期限から逆算した日程の中で、各自がどのような進め方をすれば、あるいはどのような協力体制をとれば、活動が全うできるかも検討する必要があります。**作業の流れを描き、検討することが大事です。**

いずれにしろ、取り組み内容が高度化する一方で、時間という限られた経営資源をどう活かすかということが、「手順」を検討する際に問われます。「方法」だけでなく、効果的かつ効率的な「手順」も創出することが、現代のマネジメントでは強く求められます。そのためには、これまでにも計画立案において重要視されてきた「見える化」が、やはり大事になります。「見える化」の手段としては、ガントチャートやプロジェクト進度管理表、フローチャートといったものが挙げられます。図表4-12はガントチャートのイメージです。第1章で紹介したテイラーの弟子であるガントの創案したもので、予定作業量と実際作業量を細線と太線で引き、時間を示すマス目に左から右へ進む横線で計画の進捗管理するというものです。これらを職場もしくは個人でアレンジし、書式化して活用している組織も多くあります。

従来は、こうした見える化の目的として、着実な進捗管理や組織内の情報共有にウェイトが置かれてきました。「手順」の創出という観点から言えば、こうした可視的な管理ツールを作成する過程が大事です。いきなり機械的にガントチャートをつくるのではなく、例えば、正式な手法に基づくものでなくてもよいので、大まかなフローチャートを描いてみて、考案した方法をより確実に展開するにはどのような手順がよいの

図表 4-12　ガントチャートのイメージ

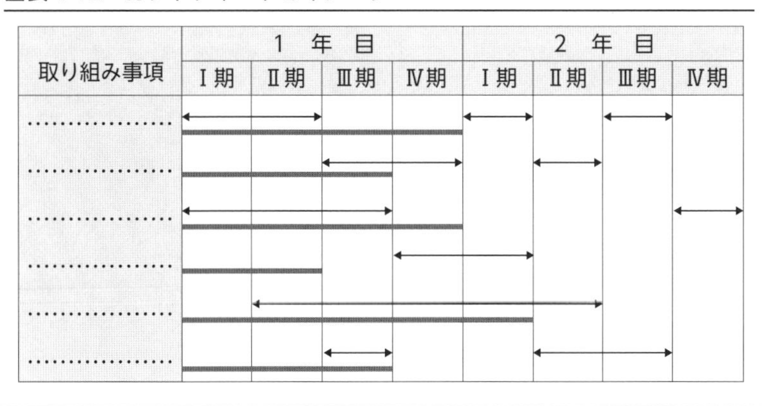

か、どことどこが連動すると効果的なのかを検討するのもよいでしょう。

また、そうした検討を重ねるうちに、新たに効果的な方法が発見できたり、手順として成立させるために見落としていたことを確認できたりするはずです。方法と手順の間で行ったり来たりすることになりますが、効果ある計画を創出するために、それは必要なプロセスとも言えます。

2）計画を確実に遂行するためのリスク対応

方法と手段を検討し、計画を立案しても、当然ながら実行段階でそのまま進むとは限りません。特に不確実性や不透明感の強い時代においては、なおさらです。実行段階において計画からのギャップが生じた時点で、それを埋めるために努力するのは当然ですが、それだけでは場当たり的な対応になり、無駄な経営資源が投入されることになりかねません。

このため、目標達成に向けて活動する中で起こりうる様々なリスクを想定し、事前に対策を立てておくことが有効です。つまりリスクへの対応策も「手順」と併行して検討しておく必要があります。活動の進め方を具体的に検討することで、その進行をイメージできるようになると、何らかの阻害要因やトラブルも想定できるはずです。

リスク対応の要素としては、想定されるリスクが現実のものとならないように発生を防止する**「予防策」**と、仮に現実のものとなったとしても、それによる損失を最小限にするための**「発生時対策」**に分けることができます。

①予防策

リスクとして考えられることを可能な限り発生させないようにするための対策です。これから取り組む計画のなかにトラブルを起こしそうな内容はないか、状況の変化によって当初の予定に支障をきたすことはないかといったことを想定して、事前に対策を考えておくようにします。計画段階において、リスクのチェックポイントや評価のタイミングを決めておくことも有効です。

② 発生時対策

リスクとして想定したことが実際に発生してしまったときに、そのリスクによる影響や損失を最小限に食い止めるための対策です。非常時の緊急連絡網を事前に決めたり、機器入れ替え後のシステムダウン時のバックアップ体制を決めておく、などがこれにあたります。

①②ともに、リスク管理の視点として、以前から重視されてきました。特に不確実性や不透明感が高い現代においては、発生の可能性やその影響度を鑑みて、対応の優先度を決めたり、必要な資源配分をすることが、マネジメント行動の一環として重要です。

問い

日頃、計画を立てるときに、大事にしていることは何ですか？　方法を決めるとき、手順を決めるとき、それぞれについて考えましょう。

4-5 »多様な人材を活かすための組織化

1．組織の本質

1）組織の基本要件

ここまでに本書では、何度も「組織」という言葉が出てきました。マネジメントは、組織の目的を達成するために実践するわけですから、それは当然のことと言えます。ここでは、マネジメントをより有効に担えるように、その対象とも言える「組織」について理解を深めていきます。

組織が成り立つための要件として、以下３つがよく取り上げられます。

①コミュニケーション
②協働意欲
③共通の目的

シンプルな内容ですが、組織に所属する立場の人にとって、確かにいずれも欠かせないことだと感じることでしょう。本書のここまでの内容でも、すでに類することが多々出ています。

この要件は米国の電話会社の経営者だったC・バーナードが、1938年に出版した『経営者の役割』で紹介した内容に基づいています。このバーナードの考えは後世に大きな影響を与え、現在でも組織のマネジメントについて、この３つの要素を軸に議論されることが多々あります。

さらにバーナードは、組織を「２人以上の人々の意識的に調整された活動や諸力のシステム」（協働システム）と定義づけています。これを管理者の立場で捉えると、組織とは、以下のように言い換えることもできます。

メンバーが効果的に協働し、１人ひとりが能力を最大限に発揮できる仕組み

なお、上記の「①コミュニケーション」に関して、バーナードは、特に「③共通の目的」を伝達することの重要性を強調しています。４－２でも、管理者がビジョンを伝達することに関して触れましたが、**なぜ取り組む必要があるのか、何のために取り組むのかがメンバーに伝わっていないと、組織としての力が発揮できません。そうしてこそ「協働」が可能になります。**

２）組織の管理者としての着眼点

上記のように、「メンバーが効果的に協働し、１人ひとりが能力を最大限に発揮できるような仕組み」が組織であるとすれば、管理者として、どのような着眼点が必要でしょうか。バーナードが提示した、組織が成り立つための３要件も踏まえ、マネジメントを担う立場として、常々自己確認したいことを、以下に列挙します。

①目的（＝何のために）と目標（何を・いつまで・どれだけ）が共有されている
②全員の役割分担が明確であるとともに、相互に協力し合える関係や体制である
③率直な意見交換や相互の情報共有など、オープンなコミュニケーションがとれている
④全員合意の約束事・ルールがあり、それらが遵守されている
⑤目標推進上のフィードバック・チェック・評価が適切に行われている

①の目的と目標の共有化は本書の中で、これまでも同じ趣旨でたびたび確認してきたことです。目的と目標、それぞれ区別して捉え、双方が充分にメンバーに伝わっているかどうかが問われます。

「自分の考えや方針が伝わるようにするために必要なことは、それを何度も伝えること」、表現は様々ですが、組織づくりで定評のある経営者や管理者は、よくそのようなことを言います。組織づくりのための基盤づくりは、すぐにできるものではありません。表現を試行錯誤しながら、目的や目標の意味合いを、粘り強く繰り返して伝える必要があるということです。「いくら言っても伝わらない」と嘆く管理者もいますが、まずは自分の伝え方や伝える姿勢を見直してみるとよいでしょう。

②や③の協力関係づくりやコミュニケーションの度合いは、組織の性質や置かれた状況によって異なります。例えば離れた拠点にいる場合、どうしても疎遠になりがちということもあるでしょう。とは言え、昨今は、Web 会議の使い勝手も上がり、物理的な距離を越えたやりとりもしやすくなりました。組織の本質は変わらないものの、IT などの新たな手段を積極的に取り入れることで、新しい組織の形も模索できるようになっています。

④の全員合意の約束事・ルールはお互いの信頼関係を築く上で重要です。各種情報の運用や書類の扱い、提出期日など、組織内で様々な決め事がある中で、「これくらいはいいだろう」という発想が、他者に大きな迷惑になることがあります。例えば、報連相の仕方や進捗状況の確認、会議運営の仕方など組織運営のルールを整えて徹底することが大事です。こうしたことを蔑ろにすると、信頼を失うだけでなく、内容によってはコンプライアンス上、大きな問題にもつながりかねません。

⑤のフィードバックや評価は組織の目標管理制度にも影響を受けますが、管理者としては、メンバーへ気づいたことを声かけするといった日常的にできることも大事です。また、メンバー間で、お互いにアドバイスし合えるような関係づくり、ポジティブに感謝を伝えるための仕組みづくりなど、自分が直接関わらなくても相互作用が生まれるような工夫も必要です。

2. 成果につながる組織化の効用

組織化とは、**組織の目標を達成するために、構成メンバーの特性を生かした役割分担を行い、全員が能力を最大限に発揮し、相互協力と補完のもとに相乗効果のある組織運営をすること**を言います。ここでは、この組織化が管理者にとって、どのような意味合いを持つのか確認していきましょう。

1）メンバーの力の総和以上の成果を創出

組織化の効用として、これまでにも多く語られてきたことが、**相乗効果による成果の創出**です。ここまで見てきたように、組織を「メンバーが効果的に協働し、1人ひとりが能力を最大限に発揮できる仕組み」として捉えた場合、「協働」することによって得られるものが、まさに相乗効果と言えます。

これは1＋1を2にとどめるのではなく、3にも4にもしていくというものです。例えば仕事上、何かの問題が生じたとき、その関係者が5名いたとします。そして個々にその問題を検討していた段階では思いつかなかったような解決策が、5名で集まって話し合うことによって得られた。これが相乗効果であり、メンバーの力の総和以上の成果を創出できたことになります。

チームとグループという言葉を比較すると、この相乗効果の意味合いが、より明確になります。**チームとは目的・目標をもった集団**と捉えることができます。チームを構成するメンバーは個々に考えをもちながらも、全体として共通の目的･目標をもっています。一方、**グループとは、ここでは単なる人々の集まり**を意味し、チームとは区別して考えます。ここで言うチームが「組織」に該当します。

組織を任された管理者としては、自分たちがチームとして、組織として機能しているかどうか、ただ集まっているだけの状態になっていないか、自己チェックする必要があります。コミュニケーションを補完するIT技術やグローバル化の進展、在宅やサテライトオフィスなど勤務場所の多様化が進む中、必ずしも対面とは限らない組織も増えています。こうしたことを背景に、どのようなマネジメントが必要になるのかを模索することも、これからの管理者に強く求められます。

また、4－3で見たように、目標を部門内でタテに連鎖させることはもちろん、新たなチャレンジを求められることが多い中、関連部門どうしヨコで連鎖させることも大事です。そのような場合は、組織を拡張して考え、関係者が部門を越えてチームとして機能するように働きかけることも必要になってきます。

図表 4-13　チームとグループ

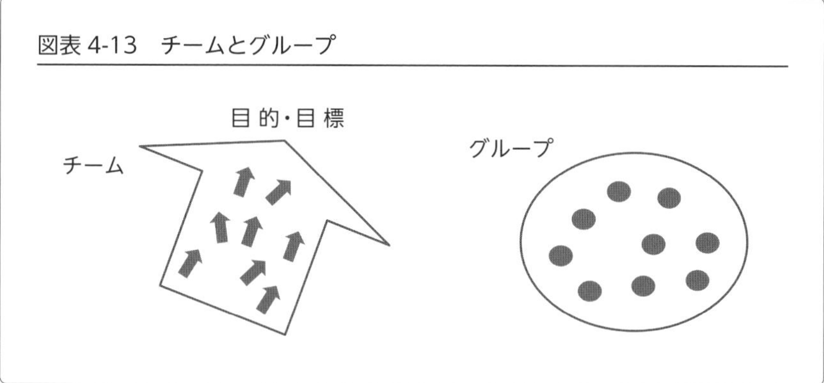

どのような状況でも、メンバー個々の意思を尊重する一方、組織全体の方向感も共有しながらチームとして活動することで、相乗効果が発揮できるはずです。その時々に適した関わり方やコミュニケーション手段を活かし、どのようにマネジメントを担っていくか、試行錯誤の中から、その時点の最適解を見出していきたいものです。

2）お互いの特性を補完しあえる

ここまで、組織で「協働」することによって得られるものとして、主に相乗効果について見てきました。さらに組織、すなわち「メンバーが効果的に協働し、１人ひとりが能力を最大限に発揮できる仕組み」の後半部分に着目します。

「１人ひとりが能力を最大限に発揮できる」ということに関して、著名なピーター・F・ドラッカーの言葉が思い浮かびます。ドラッカーは、著書『マネジメント』（ダイヤモンド社）の中で、以下のように述べています。

「人のマネジメントとは、人の強みを発揮させることである。……中略……組織の機能は、人の強みを生産に結びつけ、人の弱みを中和することである。」

つまり、マネジメントにおいて、**それぞれのメンバーが強みを発揮で**

きるような状態をつくるとともに、お互いに弱みを補え合えるようにすることを求めています。メンバーは多様な価値観や考え方を持つ存在であるとともに、各自、潜在的なことも含めて、様々な能力を有しています。そうした特性を活かし、相互に足りないことを補完しあえるのも、組織の効用と言えます。

だからこそマネジメントの担い手としては、メンバーの強みを見極める力、また、それを引き出す力が必要です。さらにお互いに協力し合い、助け合えるような風土を醸成することも欠かせません。忙しく日々が過ぎる中でも、個々のメンバーの特徴、またメンバーどうしの関係性をよく観察し、お互いが補完しあえているかどうかを確認することも、管理者の行動として習慣化したいところです。

3）働きやすい環境をつくる

ここまで見てきたように、組織化とは管理者の行う環境づくりとも言えます。ここで言う環境づくりとは、**メンバーの能力を発揮させるために、働く上での障害を排除・改善し、働きやすく、メンバーが活動しやすいように支援し能力を向上させる活動**を指します。そのためには、メンバーが必要とすることの支援を行う、部門内での相互の協力体制を整える、メンバーの能力を充足させ、向上させる機会をつくることが大切です。

問い

ここまで組織を「メンバーが効果的に協働し、1人ひとりが能力を最大限に発揮できる仕組み」として捉えてきました。自分が担当または所属している部門は、それができていると言えますか？　できていないとすれば、その原因や理由は何ですか？

Column 7

公式組織・非公式組織

先に紹介したバーナードは、「公式組織と非公式組織」という考え方も提唱しています。これも今に活きる知見です。バーナードは、どちらかだけが重要ということではなく、公式組織は非公式組織によって活気づけられるのであり、もし一方が挫折すれば他方が解体するという指摘をしています。

組織の運営を任された管理者としては、「公式組織」はもちろん、「非公式組織」にも配慮する必要があります。例えばメンバーがどのような「非公式組織」に加わっているのか、あるいは自ら効果的な「非公式組織」を何か主導できないか、といった検討をしてみることも意義があります。

	公式組織	非公式組織
組織構成	・ある時点で公式に承認され、組織図として印刷され、常備されている	・自然発生的に形成され、表面上、目に見えない
指示、命令	・上司の指示・命令は、理解され実行されることを前提としている	・リーダーの指示は、個人的影響力をもとに発せられ、構成員も自分とリーダーや他の構成員との人間関係を配慮して反応することが多い
構成員の関係	・各構成員は、組織目的に沿って整然と協働するものと想定されている ・上下関係の意識が強く、下位者が、自主性の発揮や活動の自由を自己規制する傾向が見られる ・公式には同じ組織に属していても、現実に親密な仲間になっていない場合がある	・個人またはグループ間の親密さ・好感度の違いにより、相互援助や協力の度合いに差が出てくる ・公式組織のなかにも形成され、公式組織に対し、促進的あるいは阻止的に機能する ・派閥、趣味、同窓生、同期生、同郷など、何らかの親密な関係で結ばれており、結束力が強く、公式組織への影響力も大きい

4-6 »職場の問題の「発見」と「解決」

ここまでビジョンや目標の設定、計画立案、組織化といったマネジメントに欠かせない要素を見てきました。次に、ここからは「問題」とその「解決」について考えを深めていきます。これからの管理者は、内外の環境変化を捉え、多くの問題を発見・発掘し、問題を解決するプロフェッショナルになることが求められています。

1．問題の意味と捉え方

1）問題とは、あるべき姿と現状のギャップ

マネジメントでは、目標どおり、もしくは計画どおり、物事が進めばよいのですが、なかなかそうはいきません。4－4で、想定されるリスクに対し、「予防策」と「発生時対策」を考えておくことの重要性に触れました。ただし、実際に仕事を進めると、想定外のトラブルが発生することもたびたびあります。そうした場合、そのトラブルに当然ながら対応することになります。また、そういったトラブルがその後、起きないように歯止めをかけることも大事でしょう。

一方で、そのような目の前のトラブルだけではなく、組織の誰もが気づいていない問題や、気づいていても何らかの影響で対応ができていない問題などもあることと思います。マネジメントを進める上で問題は常について回るものです。「仕事とは問題解決の連続である」とも言われています。

問題とは、あるべき姿と現状のギャップのことを言います。あるべき姿とは、例えば望ましい状態、理想、期待が該当します。これまでの内容との関連で言えば、ビジョンや目標をあるべき姿に当てはめて考えてもよいでしょう。

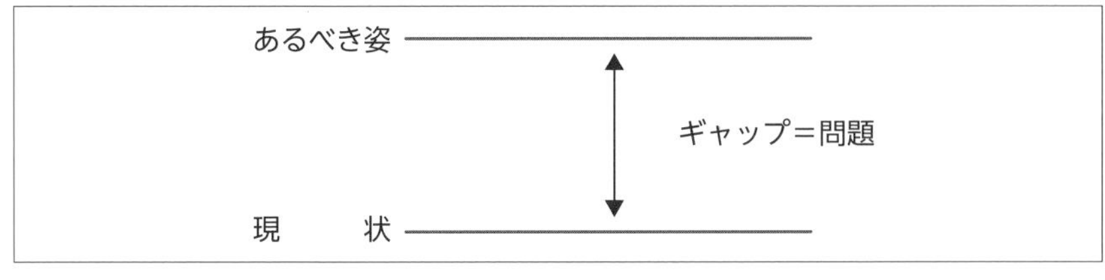

定量的に捉えると、例えば期末の売上目標が１億円だとして、結果的に8,000万円だったとすれば、あるべき姿と現状のギャップは2,000万円、すなわち目標よりも2,000万円足りない、ということが、この場合の問題です。あるいは期末が来る前に、見込みが2,000万円不足といったように、時間軸を動かしながら、そのギャップを解消するための行動を考えるということも多くあります。

定性表現であれば、４－３の定性目標の例で確認してみると、以下のような捉え方ができます。

あるべき姿（＝達成水準）
メンバーＡが新規顧客に△△の特長について、パンフレットを使用しながら独力で説明できる（３月末まで）

問題
メンバーＡは先輩の助けを借りないと△△の特長を説明できない（３月末）

現状
メンバーＡが新規顧客に△△の特長について、パンフレットを使用しながらたびたび先輩の助けを借りて説明している（３月末）

目標設定に関して、定量目標だけでなく、定性表現も活用していくことの大事さを確認しました。これは問題にも言えることで、何がギャップなのかを言葉で明らかにしていくことが大事です。上記の問題は、まだまだ抽象的な表現ですが、何が問題なのかを具体的かつ明確に表現できれば、それが解決のための起点となります。この問題の表現については、後ほど確認します。

2）問題の種類

問題は大きく分けて3つの捉え方ができます。

1つめは**【発生型の問題】**です。これは突発的な事故、今まさに起きているクレームや故障、製品不良など、緊急対応が迫られるものを対象としています。早急な対応が求められます。

2つめには**【発見型の問題】**があります。これは、「どうもおかしい、何か変だ、やりにくい」などといった漠然とした問題や、どこから手をつけたらよいかわからずに職場で“永遠のテーマ”などと言われているような問題を指します。また、今まで本来解決すべき事柄であったのに、それを曖昧なままにしておいたものも含みます。いずれにしろ、問題意識を高めて、取り組むべき問題は何なのか、真の原因は何なのかを明らかにし、対策を立てる必要があります。

3つめは**【発掘型の問題】**です。これは外部や内部の環境変化に目を向け、対応するために、優先度の高いテーマを決め、新たな方法で解決策を見出すというものです。一般に問題解決というよりも、企画分野に類する内容とも言えますが、近い将来を考え、今から手を打つべき問題に目を向けるという意味合いで、これも含めています。

図表 4-14　問題の種類

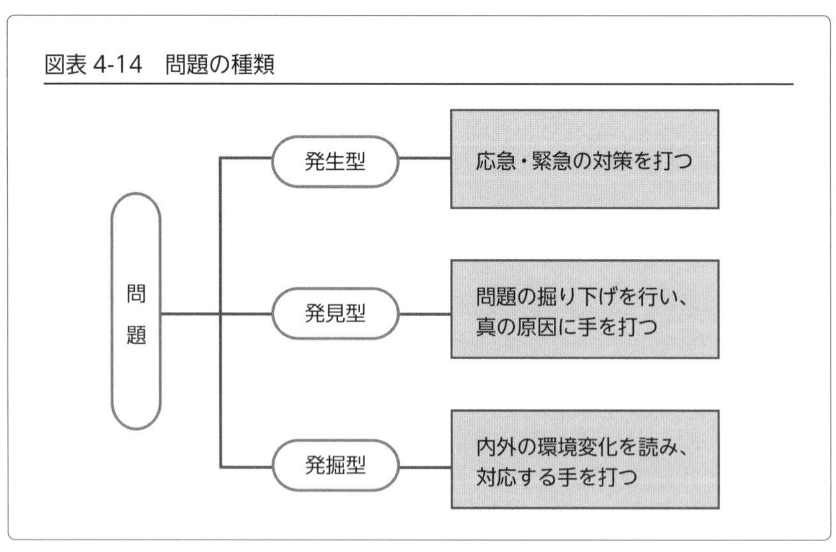

2．問題解決の進め方

1）問題解決のプロセス

問題解決の基本プロセスは**〈問題の発見⇒原因分析⇒対策立案〉**という手順を踏んで取り組みます。

ここまで3つの種類の問題について確認してきましたが、それぞれ性質が異なるため、解決に向けたプロセスも異なります。

図表 4-15　問題解決のプロセス

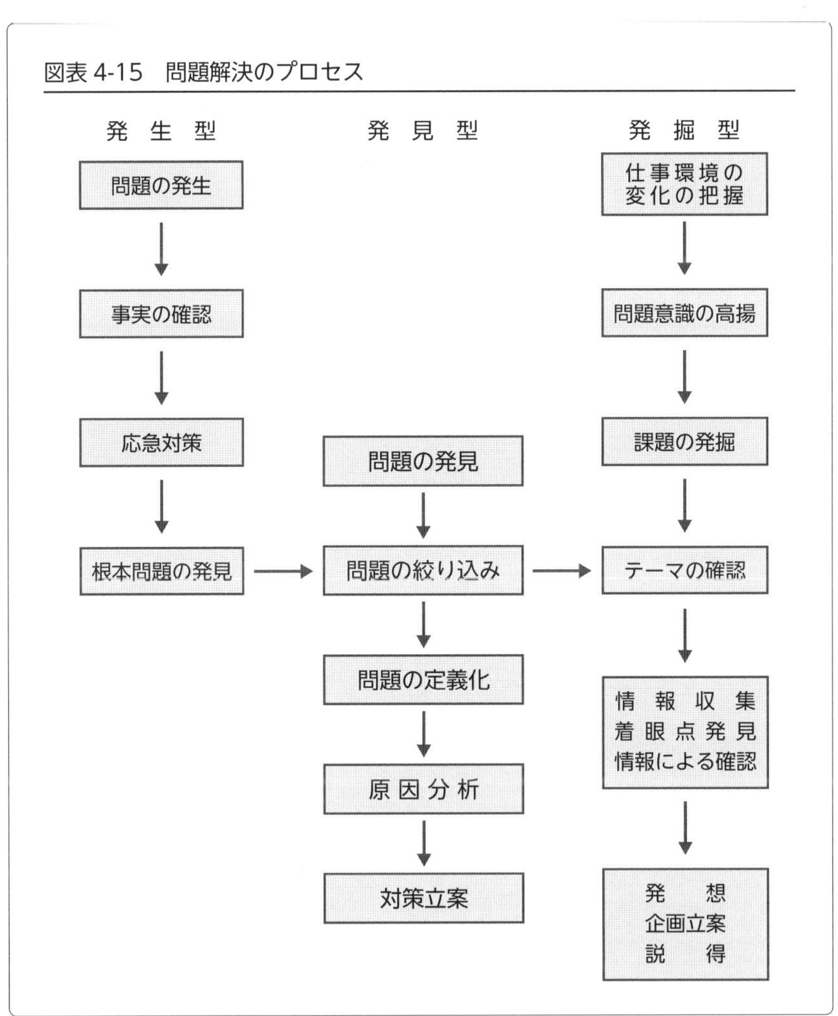

〈1〉発生型の問題解決

この場合、まずは即座に**事実確認**をすることが求められます。その上で**当面の対策**を実施します。このときに、事前に想定できている問題であり、発生時の対策が練られていれば早い対応ができます。とにかく**問題を大きくしないことが大切**です。ただそうした応急対策だけでひと安心してしまうと良くありません。時間が経つと再び同じような問題が起き、場当たり的な対応を繰り返すことになります。

そうならないように、事態が落ち着いたら、すぐに根本問題の解決に移りましょう。**問題の根底にある原因を見つけ、再発防止策をとり、職場に徹底することが大事**です。そうなると、ここから先は、次の発見型の問題解決プロセスと同様になります。

〈2〉発見型の問題解決

まずは「発見」できるようにするために、**問題意識を高める**必要があります。問題意識とは「今のままではいけない」「今よりもっと良くなりたい」「新しいことに取り組みたい」といったように、前向きな発想で現状を見てみることで生まれてきます。また、先述のように問題を「あるべき姿と現状のギャップ」と捉えた場合、「あるべき姿」を敢えて高めてみるということも問題意識の高揚につながります。何でもそうすればよいといことではなく、仕事の目的やお客様・ユーザーへの価値提供といったことを考慮して、「まあ、この程度でよいか」で済まされるかどうか、自問してみるとよいでしょう。

また、発見型の場合、制約条件にばかり目が向くと、「発見」しにくくなるかもしれません。「これは以前から決まっているから」「これを言っても上司は納得してくれないだろうから」という発想では、本来解決すべき事柄を曖昧なままにしておくことになります。

そして、問題を発見できたら、それを**定義化（具体化）し、真因（原因の中でも特に重要な原因。真の原因）を探る**ことで、効果的な対策を立てていきます。

〈3〉発掘型の問題解決

外部や内部の環境変化をもとに、優先度の高いテーマを決めるわけですが、その際に大事なことは、**自分が取り組む対象を限定する**ということです。組織全体で「技術力の向上」という方針があったとすれば、「○○技術の精度を競合よりも卓越したものにする」「△△の基幹技術伝承の仕組みをつくる」といったように、自分の立場にふさわしいテーマにブレイクダウンします。

これら〈1〉～〈3〉の問題解決のうち、現場のマネジメントを担う管理者としては、特に日頃から〈2〉発見型の問題解決に意識的に取り組めるとよいでしょう。〈1〉の発生型の問題は、いやがおうでもその対応が迫られます。一方、この発見型では、先述のとおり、問題意識の有無に取り組みが左右されます。現場の管理者にとって、組織の維持管理やレベルアップのために、「問題を自ら発見する」「メンバーに発見しようという意識を持たせる」といったことを、日頃から実践する必要があります。

次の2）では、この〈2〉発見型問題で特に求められる考え方について、3点、補足をします。

2）発見型の問題を解決するためのポイント

〈1〉問題の定義化（具体化）

発見型の場合、最初は曖昧な状態で問題を捉えることが多くなるので、これを定義化する必要があります。定義とは、『大辞林』よると「ある概念の内容やある言葉の意味を、他の概念や言葉と区別できるように明確に限定すること」とあります。ここでいう**問題の定義化とは、ある解決すべき事象を、他の解決すべき事象と明確に区別ができるように、言葉で表現すること**を指します。

問題の定義化をするには、以下のように5W2Hあるいは6W2HのうちWhyを除いた要素を活用するとよいでしょう。定義化、すなわち具体化していくということになります。

①曖昧表現を排除する

・What（何についての問題か）とHow（どのような状態か）を明確にする

例）コミュニケーションが悪い

What :「コミュニケーション」とは何を指すのか？

→報告・連絡・相談？　対話？　情報共有？ 事前調整？ など

How :「悪い」とはどのような状態か？

→不足している？　スキルが劣っている？　仕組みがない？

②対象を絞る

・When（いつ起きた問題か）とWhere（どこで起きた問題か）、そしてWho（だれが関わる問題か）を明確にする

例）製品Aの販売数量が減少している　→いつ？どこで？だれが？

When　：第1四半期、昨年以来、…………〈時期、期間〉

30度以上の日に、毎秋、…………〈タイミング〉

Where：○○地区で、△市で、……………〈地理〉

Aチェーン向けで、CVS向けで、〈組織〉

Who　：○○工場の、全社の、……………〈部門〉

□□さん担当の、……………………〈人〉

③程度を表す

・How much／How many（どの程度か／どれくらいか）を明確にする

例）○○工場の製品Aの販売数量が、この第1四半期に○○地区で減少している

→どれくらい？

How much／How many : 昨年比20%/昨年よりも約1万ケース

〈2〉原因分析

問題を定義化したら、次は原因の分析を、以下の観点で実施します。

①背後にある原因をWhy（なぜ）で深く掘下げる

問題が起きた原因を、「なぜ？」と問いながら掘り下げる。対策の方向性がおおよそ見えるまで続け、真因を見極める。

②１つの原因にとらわれずに、多面的に広く捉える

他に原因はないか、広げて考える。視点の抜け漏れがないように気をつける。自分や自分たちが原因になっていないかも考慮する（いわゆる「自責」の視点）。

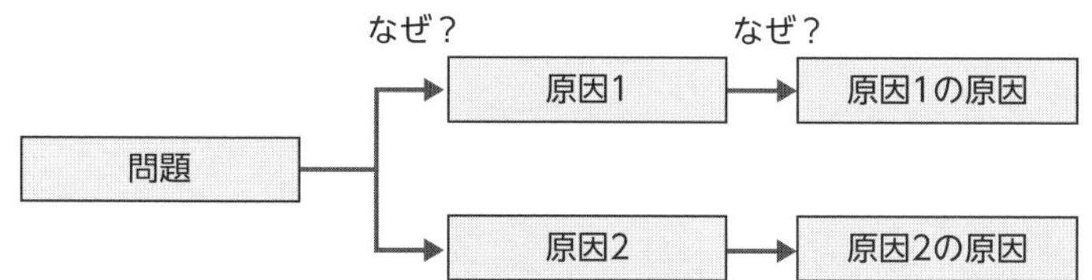

③それぞれの原因を具体的な表現で示す

単語ではなく文章化する。問題の表現と同様に、抽象的な言葉や、曖昧な表現を使わない。

・抽象的な言葉(例)…コミュニケーション、報連相、管理、意識など
・曖昧な表現(例)……不十分、～が弱い、～が悪い、～不足など

④原因分析から対策の方向性を探る

原因分析によって真因が明らかになったら、そこから対策の方向性を考える。原因を裏返して考えることで、おおよその取り組みが明らかになる。それをもとに、具体的な行動につながる対策に仕上げていく。１つの対策にとらわれずに、他のやり方も検討することが大事である。４－４の計画立案で触れたブレーンストーミングなどの発想技法を取り入れることも有効である。

問い

あなたの職場で、現在、最重要の問題は何でしょうか？　またその原因と今後の対策をどう捉えていますか？　これらを即答できますか？

Column 8

サイモンの問題解決の捉え方

先述の「問題とは、あるべき姿と現状のギャップである」という定義は、ノーベル経済学賞受賞者であるハーバート・A・サイモンが、著書『意思決定の科学』（1979年）の中で、以下のように述べたことから派生したものとして知られています。

「問題解決は目標の設定、現状と目標（あるべき姿）との間の差異の発見、それら特定の差異を減少させるのに適当な、記憶の中にある、もしくは探索による、ある道具または過程の適用という形で進行する」

この文章を、ここまで見てきた発見型の問題解決に当てはめてみると、「現状と目標（あるべき姿）との間の差異の発見」が「問題の発見」であり、「特定の差異」という部分が「問題の絞り込み」や「問題の定義化」に近いと言えます。また、それ以降の「減少させる」ために「進行する」ことが「原因分析」や「対策立案」に該当します。

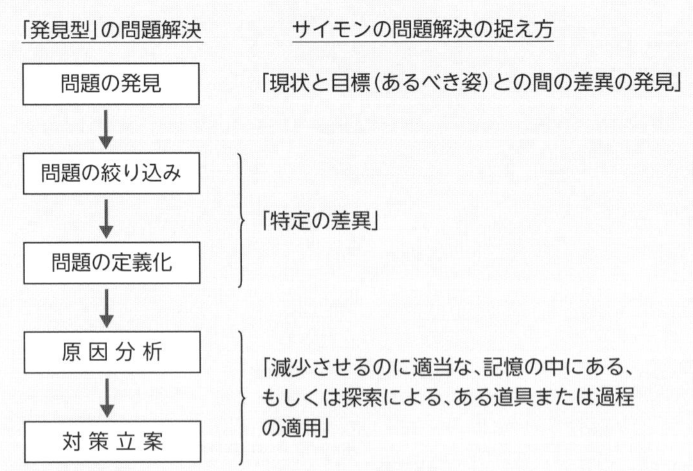

サイモンの著書は、もちろん問題解決のノウハウ本ではありませんが、ここでいう「発見型」にほぼ近いプロセスが示されています。

また、サイモンは意思決定に主眼を置いていたようです。企業組織における意思決定の一部を、管理者自身が担っているということは言うまでもありません。この機会に「あるべき姿と現状のギャップ」の源流を確認することで、「問題解決」を管理者の意思決定の手段の1つとして捉えてみるのもよいでしょう。

何が問題かを発見し、取り組むべき対象として決める、そしてその原因と対策を決める、そうした活動が日常化できるようにしたいものです。

Journey Map
さらなる高みへ
成長し続ける
管理者
第6章 マネジメントの実践
第5章 メンバー個々人の主体性を活かす
第4章 組織を活かす
第3章 自分(=管理者)を活かす
第1章 マネジメントの基本知識
第2章 管理者の役割
組織
社会

さらに…

第 5 章

メンバー個々人の主体性を活かす：人の面の取り組み

この章では「管理者への旅」に必要な人の面の取り組みとして、未知なるものに挑戦する職場づくりや、互いの学びや成長を支援し合いながら成果を生み出すことといった、やりがいを感じられる重要な役割について学びます。一方で、多様な人材をたばねながら仕事をすることは悩みが多いものです。人の問題が山積する中で、押さえておくべき考え方や技術・スキルのポイントを習得し、人への働きかけをレベルアップさせましょう。

5-1 »心理的安全性の高い職場づくり

1．心理的安全性とは

個々のメンバーが可能性を発揮し、主体的に動くようになるために、まず意識したいことは心理的安全性の高い職場づくりです。第5章では職場における人への働きかけに焦点を当てていますが、全ての章の土台になり、組織の業績にも大きな影響を与えます。

心理的安全性とは、ハーバード・ビジネススクールのチーム・組織研究の第一人者、エイミー・C・エドモンドソン教授がつくった言葉で、チームに対して**「自分のアイデアや質問、懸念、間違いを話すことで、『罰せられたり、恥ずかしい思いをさせられたりすることはない』という信念（Belief）」**を意味しています。

図表5-1　心理的安全性はメンバーへの働きかけの土台

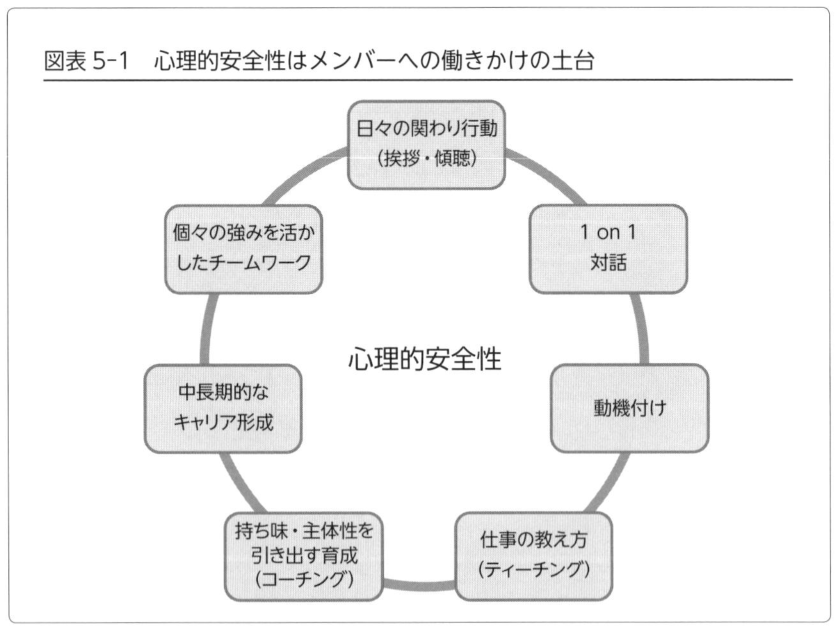

心理的安全性が低いと、人は次の４つの不安を抱きやすく、そのままにしておくと、リスクをとらず、「言われたことだけやろう」という雰囲気が蔓延します。例えば、「そんなことも知らないの？（無知）」と思われないために「質問してはいけない」という気持ちになるかもしれません。

◆心理的安全性が低い時に生まれやすい４つの不安と気持ち
①無知と思われる→質問してはいけない
②無能と思われる→弱さや間違いを認めるな
③邪魔をする人だと思われる→アイデアを出すな
④ネガティブと思われる→現状を批判するな

自分のメンバーのことも思い出してみてください。「A さんははっきりものごとを言わない」「B さんは言われたことしかやらず、主体的に取り組まない」ということはありませんか？　なぜメンバーはこういう行動をとるのでしょうか。管理者のちょっとした言い回しや表情を見て、心の底には、「間違っていたら無能と思われる。今は言わないでおこう」という不安が生まれているのかもしれません。

職場は様々な人間関係や階層関係があり、「空気を読む」ことを良しとし、自信がない限り思ったことをそのまま言わないものです。管理者はメンバーが４つの不安を多少なりとも抱えていることを理解して、働きかける必要があります。

ここで誤解しないでほしいのは、**心理的安全性の高い組織は仲良しグループではない**ということです。「いやいや、うちの部署は何でも言い合っている」という気持ちを持つことも危うい兆候です。都合のよいところだけを見ているのかもしれません。また、相手の意見を否定してはいけないということでもありません。実際に、心理的安全性の高いチームからは、低いチームと比較してミスが多いという報告もあり、異議を唱えることを躊躇せず、失敗を指摘する傾向が見られます。さらにはそれを次の成功に導いたり、大きなミスを防ぐことにつなげています。単にメンバーが意見を言えるだけではなく、異見（異なる意見）を唱えても被害を受けないという場をつくりだすことが重要なのです。エドモンドソン教授があえて「信念（Belief）」という言葉を使っているのも、メンバー１人ひとりが「４つの不安を抱く必要はない」と信じ込めるかどうかが大切であることを示唆しています。

本音で自分らしく表現したり、場を読まない発言であっても人間関係が悪化しないと信じられる状態をつくり出すには相当な覚悟がいります。心理的安全性の高い職場づくりは管理者の考え方や所作、言葉に影響を受けるので、まずは自分がメンバーの「信念」をつくっているという自覚を抱くことが重要です。

2. 心理的安全性を高めるために

1）職場で心理的安全性の理解を深める

人間関係の土台となる心理的安全性は管理者が１人で高めるものではありません。長い年月を経て今の状態になっており、頭ではわかっていてもなかなか変えられないものです。**メンバー全員で助け合いながら、高めるもの**であることを理解しておきましょう。

まずはメンバーと一緒に心理的安全性とは何か、高める目的やメリットについて話しあうことが第一歩です。「嫌われないよう指摘や注意をしない」のではなく、伝えるべきことは伝え、お互いをありのままに受け入れるという環境づくりを意識し、１人ひとりに高める責任があることを認識してもらいます。

メンバーが重要性に納得したら、次は職場の現状を確認します。発言時に不安を感じていることや、他のメンバーに対して求めていること、心理的安全性を感じるのはどういう時なのかなどを、腹を割って話し合いましょう。そして、どのような職場にしたいかや、各自がどのような行動をとるかについて、具体的なイメージを抱くことが重要です。

もちろん、最初からメンバーに理解してもらえるものではありません。過去の経験から、「そうは言っても心理的安全性なんて変わらない。どっちでもいい。１人でがんばってください。成果が上がらなくても私たちのせいじゃないし」という傍観者のようなメンバーがいるかもしれません。変化が見えるまで時間がかかることを覚悟し、目的を繰り返し伝え、自分も言行一致で心理的安全性を高める行動を続けていきましょう。メンバーは上司の言葉よりも行動を見て、自分の動きを決めています。

2）心理的安全性を高めるための行動や仕組みを考え、自ら実践する

めざす姿がイメージできれば、次は実現させるために個々のメンバーが行うことや仕組みを話し合います。絵に描いた餅にはせず、成果を高めるためにできることを考えましょう。

〈1〉話す機会を設ける

「目的の達成に参加者全員が貢献するために必ず1回は話す」といったルールを決めておきます。ルールにすることが目的ではなく、貢献する重要性を感じ、自分の声を届けようという気持ちを抱いてもらうことがねらいです。

〈2〉聴く姿勢を促す

発言を歓迎し、意見やアイデアを聴く姿勢も重要です。例えば、会議中はメールチェックといった内職をしない、電話がかかってこないようにする、おだやかな表情でうなずき、アイコンタクトをしあうなど、聴き上手になることを促します。

〈3〉事実を確認し、質問する

なにげなく言った「でもね」という言葉に敏感に反応し、相手は「無能」と感じることもあります。相手を尊重する姿勢を見せるためにも否定の言葉は要注意です。意見の背景や意図、事実を理解するためにも質問しあうことも心がけていきましょう。当然のことですが、質問は尋問にならないよう、相手に興味を抱いていると感じさせるような配慮が必要です。

〈4〉フィードバックを推奨する

意見やアイデアが出た時は、フィードバックを奨励し意見が行き交うようにします。反応がないと発言者は不安になり、理解してもらえているのか気になるものです。そして、フィードバックへの感謝を奨励することで、フィードバックしあう重要性がさらに伝わります。

〈5〉ミスや失敗を正直に伝える

ミスや失敗を指摘することはストレスがかかります。まずは完璧な人間はいないということを受け入れましょう。上手くいかない時の方が上手くいく方法が明確になるものです。管理者自らが失敗体験を語り、失敗から学ぶ姿勢を示すことで、メンバーも包み隠さず話す姿勢がつくられていきます。

3）組織とメンバーの変化を確認しあう

心理的安全性を高める努力は1回で終わるものではありません。どのように変化しているかを定期的に確認し、高める行動を改めて確認しあう必要があります。

・メンバーがリスクに向き合おうとしているのか

・失敗やミスに対して互いに健全なフィードバックをしあっているか

・未来に向けて、本音で意見を伝え合っているのか

心理的安全性の向上は成果に大きな影響を与えます。様々な施策の中でも優先順位をあげていきましょう。

問い

自分の職場の心理的安全性は、他の職場と比べてどのような状態でしょうか？　心理的安全性を高めるために、まずはどのような行動を今からはじめますか？

5-2 »管理者としての日々の関わり行動（挨拶・傾聴・質問）

管理者が組織・職場の活動を効率的に進めていくには、メンバー相互の信頼性を高め、全員の力を１つの方向にまとめあげていくことが必要です。そのためには、組織内のコミュニケーションを円滑にすることが重要です。

コミュニケーションとは、意思、感情、情報などを“共有”するという意味であり、“相互交流”を通じて互いに影響しあう過程を言います。お互いに伝えたり、引き出したりする過程が“共有の場”となります。コミュニケーション活動の目的は、職場の人間関係を円滑にしたり、情報を伝え合い、成果をあげることです。コミュニケーションを良くするための管理者の取り組みとしては、情報が円滑に流れるルールを整備し徹底させることと、メンバー個々人との職場での関わりかたの行動習慣を充実させることが求められます。

多くの管理者は、着任時、業務面に気をとられがちですが、忘れないでほしいのが日々の関わり行動です。メンバーは上司の仕事ぶりや行動を１週間も見ないうちに「今回の上司はこういう人だ」という印象を抱くと言われています。特に挨拶や傾聴は互いの存在を認め合うことでもあり、心理的安全性を高めます。着任の１日目から意図して行うことです。すでに今の職場で長く管理者を務めている人も、改めて自分の日常の行動をふりかえり、関係性を変えるきっかけにしていきましょう。

１．率先して挨拶をする

１）挨拶とは

「新入社員ではないのに、今さら挨拶と言われても」「当たり前のことで管理者の本に入れること？」と思う人は多いようですが、管理者にとっても甘くみてはいけないのが挨拶です。

例えば、管理者Ａさんは１人ひとり名前を呼びかけながら挨拶をしていますが、管理者Ｂさんは全員に一言挨拶するだけだとしたら、１年後の職場の雰囲気は大きく異なります。小さな声でアイコンタクトもなく、パソコンに向かいながら挨拶をしている人や、挨拶はメンバーからしてくるものと思っている人も少なくありません。これは、挨拶による影響を過小評価していることから、結果的にやってしまうのではないでしょうか。

挨拶の語源は、『語源由来辞典』によると「禅宗で問答を交わして悟りの深浅を試みることを『一挨一拶』(いちあいいつさつ)と言った」とあり、問答や返答の言葉、手紙の往復などを挨拶というようになりました。挨も拶も本来は押すという意味合いがあります。つまり、**お互いが相手と向き合い、対応することが挨拶**です。挨拶をすることによって、自分の心を開き、相手に働きかけることで、存在を認めあうことになります。そして、自分を認めてくれていると感じることでお互いに信頼を覚えるのです。

挨拶ができていないメンバーを見て見ぬふりしていないかもふりかえってみてください。ある建設会社の人事部長に「グローバルで活躍できる人材の条件」を伺ったことがあります。その部長は「愛嬌ある笑顔の挨拶と、現地の人と雑談し、食事を一緒にとれること」と間髪を入れずに答えてくれたことが印象に残っています。**挨拶は経営の武器であり、メンバーのうかつな挨拶を見逃すことはできません。まずは管理者が率先して見本を見せていきましょう。**

2) 挨拶のポイント

映画館の社長で「上司たるもの上機嫌であれ」という人がいました。感じのよい挨拶は無敵です。誰に対しても笑顔で名前を呼びかけながら挨拶をしていた姿が今も心に残ります。

出社時にはこれまでよりも笑顔を増やし、腹に力を入れて、目を見ながら、体を向けて、相手の名前を呼んで挨拶をしてみてください。最近は時間に追われているせいか、表情に乏しく、喜怒哀楽がわかりにくい人も少なくありません。にこやかに、感情を表現しながら挨拶することで、相手は親しみを抱きやすくなります。

挨拶のタイミングで短い話題を投げかけることも有効です。自分のプライベートなことや、関心を持っているニュースなどを話題にすることで、共有事項が増え、一体感をもたらします。時にちょっとした報連相の場にもなり、情報を補足することで、相手の優先順位を高めるきっかけにもなります。相手が挨拶で目を伏せていれば、「困ったことがあった？」「私が知っておいた方がいいことがあったら遠慮せず相談して」と声をかける機会にもなり、相手も気にかけてくれているという安心感が高まります。

中には「これまでちゃんと挨拶していなかったのに、急に変わると変に思われる」という人もいるかもしれません。その場合は、言いやすい人からはじめたり、期初などの区切りを見つけて、「挨拶が最近大事だと思ったんだ」と心境の変化を伝えるという方法もあります。最初は戸惑っても、時間とともに、笑顔の挨拶が当たり前になっていくものです。挨拶できない日があったとしても、「やっぱり三日坊主…」とへこむ必要はありません。できなくても気持ちを切り替え、挨拶できなかった理由をヒントに、新たにはじめればよいだけです。断続的でも続けることが大切です。

また職場に異動してきたばかりのメンバーや、入社したばかりの新人などは特に意識して挨拶し声をかけていきましょう。存在を認めることで、相手の居場所がつくられます。

2. 積極的傾聴を心がける

1）傾聴とは

「相手の話はしっかり聞いている」という管理者は多いものですが、本当に「傾聴」ができているかは真摯にふりかえる必要があります。**傾聴とは、相手に関心を持ち、相手の言わんとしている真意を汲み取ることを**言います。傾聴は奥が深く、人は自分の話をしっかり聴いてくれる人に好感を持ち、信頼感を抱きます。ところが、なかには無表情にあいづちだけ打っている人も少なくありません。しかし、そんな様子で接していることを、相手は見ています。

◆傾聴
①相手に関心をもち、相手が言おうとすることを、聞き流さずに注意して聴く
②相手の言葉だけでなく、声のトーンや大きさ、目の輝きやエネルギーの変化に着目する

ここで重要なことは、**「聞く」と「聴く」は大きく意味が異なる**ということです。「聞」の漢字のつくりを見ると、「耳」という文字があります。これは音の情報を耳から入れることを意味します。一方「聴」という字には「耳」「目（四の部分を縦にすると目という漢字に見えます）」「心」という部分があり、単に耳から入る情報のみならず、相手の表情やしぐさ、アイコンタクトを見ることで相手の状況をつかみ、心に寄り添うことを意味しています。

例えば、メンバーのＡさんが営業の外回りに行こうとした時「雨が降ってる」と言ったとします。上司のあなたの「聞く」と「聴く」の反応によって、以下のように変わります。

◆「聞く」の例
Ａさん：「雨が降ってる」
上　司：「あっ、降ってきたね」
◆「聴く」の例
Ａさん：「雨が降ってる」うかない表情
（心の声：）
上　司：（心の中で：あれ、いつもと違う表情だな。「今日は体も資料も濡れるし、お客様も自分もゆううつな感じになるので、商談上手くいくかな」と思っているのかな？）
「雨が降っているとゆううつになるよね。今日の商談で不安なことがある？」

このように、相手の心に寄り添い、言葉の奥底にあるものを感じていくことでやり取りは大きく変わります。

2）傾聴の目的

管理者が傾聴する目的としては特に以下の３つが挙げられます。

①**信頼関係の構築**：	聴くことでメンバーや関係者間の信頼関係を築く
②**業務の質の向上**：	多面的な情報や考え方を収集し、意思決定の質と精度を高める
③**メンバーの成長**：	メンバーの頭の中を整理し、メンバーの心を支え、成長を支援する

「聴き上手は仕事上手」というように、話すことが上手い人よりも、聴くことが上手い人の方が多くの人への影響が大きいものです。話し方が上手いだけでは、相手は「スピーチ上手な人だなあ」「早く終わらないかなあ」となりがちで、目的は果たせません。一方、聴き方が上手いと、相手は「私のことをわかってくれる人だ」「興味を持ってくれている」と感じ、発言が増え、一緒に行動を起こしてくれます。管理者はメンバーよりも経験が多く、つい自分の話を優先しがちですが、少し我慢し、聴く量と質のレベルを高めていきましょう。

傾聴は相手に寄り添い、あたかも自分のことのように共感することが本質です。テクニックの表面的なところにとらわれず、自分の職場に置きかえて、こういう場面で実践してみようと考えるようにしてください。そして、実際に職場で傾聴をしたら、自分の言動をふりかえり、さらなる教訓を抽出し、次へ活かしましょう。このサイクルが回せれば傾聴は必ずレベルアップします。

3）傾聴のポイント

〈1〉相手に共感し受けとめる

共感とは**相手の喜怒哀楽の感情を共有することであり、相手の言いたがっていること、感じてほしいことをありのままに理解すること**です。共感してもらえたと思うと、相手は本音を正直に伝えてくれます。

管理者は忙しい日々の中で、他の案件に気を取られて、報連相を心ここにあらずのまま聞くことも多くなりがちです。自分にも同じような経験があると同感するだけで、共感していないこともあります。相手がわかってもらえたと感じるように聴けているか、自分の行動をふりかえる必要があります。

共感を妨げることとして、価値観や考え方の相違であったり、相手にレッテルを貼ったり、そもそもその人を評価していない、といったことがあります。まずは最初の印象を横において、相手の言葉の真意をつかむようにすることが大切です。

メンバーのＡさんが「Ｂさんとは上手くいかない。頑固なところがあり、わかってくれないんです」と言ったとします。そのまま聞いてしまうと、「Ａさん自身もコミュニケーションスキルがないからなあ」「Ａさんにも問題があるんじゃない」というように、どこかでＡさんを評価していたり、先入観を抱きながら聞いたりして、相手の言葉の真意がつかめなくなります。その人が話していることは、その人にとっては「真実」であることを受け入れることが重要です。つまり、「Ｂさんとは上手くいかない。頑固なところがあり、わかってくれない」ということはＡさんにとっては真実で、それに共感することが大事です。

また「こうあるべき」「こうでなければならない」といった「べき」論を強く持ちすぎる人はこだわりが強く、相手を評価しながら聞きがちです。相手にもそれを強いる可能性が高く、「こうあるべきなのに、それをしていないからだ」という判断をしてしまいがちです。

カナダの心理学者エリック・バーンは**「他人と過去は変えられない。しかし、自分と未来は変えられる」**という言葉を遺しています。「他人をこうあるべき、変えてやろう」と思いながら聞くと、相手を受け入れることはできません。理解していないのにもかかわらず、聴く努力を止めてしまうかもしれません。傾聴時に批判的な自分を感じたり、相手が間違っているように感じるのであれば、少し立ち止まりましょう。自分のフィルターにかけて聴くのではなく、相手の存在を肯定しながら、ありのままに受け入れられるかどうかが、「聴く」と「聞く」の大きな分かれ目になります。

〈2〉傾聴の基本的な態度と場の状態

自分の心の状態が不安定だったり、いらいらしていたり、体調が悪ければ相手の話を聴くことはできません。図表5-2で必要な項目とポイントを確認してみましょう。

座る位置も配慮が必要です。管理者は思っている以上にポジションパワーがあり、座る場所だけでもメンバーに影響を与えがちです。図表5-3を参考に、無造作に座るのではなく、意図して位置を選びましょう。

図表5-2　傾聴のための準備

項目	ポイント
（1）心と体と頭の状態	心と体が安定しており、いらいらしていない
（2）自分の表情	口角を上げ、おだやかな表情（微笑み）
（3）服装や髪型	相手に信頼を得られるような身だしなみ
（4）第一声を考える	聞き取りやすい声の高さ、ボリューム
（5）相手との距離	距離のとり方が相手にとって話しやすい状態
（6）座る位置や姿勢	座る位置や、自分の姿勢が相手にとって話しやすい（腕組みで無意識に圧迫していない）
（7）適切な場所を選ぶ	相手が話をしやすい場所・ネットワーク

図表5-3　座る位置

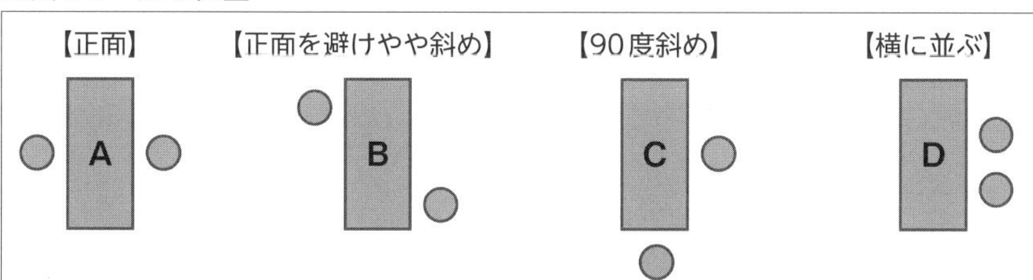

A：対面で180度の位置で座る関係です。相手と意見をエネルギッシュに交わしたり、交渉の場面で使います。

B：正面を避けてやや斜めに座り、視線がずれることで、相手への圧迫を緩和します。Aよりもソフトな印象を与えるため話しやすくなります。

C：90度で座る位置関係です。視線を合わせなくても気になりにくく、本音で話しやすくなります。面談やカウンセリングなどで使うことが多い座り方です。

D：横に並んで座るので、距離感が縮まります。言いにくい話や相談がしやすくなり、未来や共通の目的を考えやすい位置関係でもあります。

〈3〉アイコンタクト

アイコンタクトは重要だとわかっていても案外できていないものです。例えば、話をしている時に「ながら」作業をして相手を見ないと、無意識に「あなたよりもこっちの案件が優先」という意図を伝えてしまいます。悪気はなくても手元の書類を見ながら聞けば、相手は話しにくくなります。1秒も目をそらさないというのではありません。自分の勝手な思い込みではなく、相手が聴いてもらっていると感じているようなアイ（愛）コンタクトを工夫していきましょう。

〈4〉うなずき・しぐさ・あいづち

うなずきや前に乗りだす姿勢は、「あなたは私にとって大切な存在です」「話を聴いている」というサインになり、相手は安心します。腕組みがクセになっている人もいますが、腕組みは相手に「上から目線」と感じさせてしまいがちです。

うなずきと一緒に意識したいのが気持ちを込めたあいづちです。多くの人が、「はい」「はい」と同じあいづちを続けがちです。形式的、機械的に聞こえることもあります。「なるほど」「そう」「そうなんだ」といったように、バリエーションを増やし、声の大きさ、トーン、スピードも変えることで、傾聴のレベルは格段にアップします。

〈5〉繰り返し

相手の言ったことを相手の使った言葉で返すと、「わかってくれた」と感じやすくなります。

◆「繰り返し」の例

相手「お客様に叱られて、落ち込んでいるんです」

自分「落ち込んでいるんですね～」

相手「部長に企画内容を褒めてもらいました」

自分「褒めてくれたんだ、部長が」

「落ち込んでいる」「褒めてくれた」など相手がわかってほしいと思う

部分や感情の言葉が表れているところを繰り返すとさらに効果的です。

〈6〉言いたいことを要約、明確化する

相手の伝えたいことや背景、理由、気持ちを要約し、伝え返すことで、話し手も相手の理解度合いが確認できたり、認識のずれがわかり安心するものです。特に若手社員は話したいことが整理できないまま、報連相や面談にくることもあります。「こういう理解でいいのかな」「〜なんだね」と伝えると、本人も言いたかったことが明確になります。

Column 9

黙り込むメンバーの話を聴く

管理者の悩みをきくと、「せっかく傾聴しようと思って問いかけても、黙り込んでしまうメンバーがいる」「沈黙が耐えられない」という人が少なくありません。聴く立場にとって話し手の沈黙は数秒であっても長く感じます。つい話しはじめてしまい、結果として聴くよりも話す時間が長くなるようです。その気持ちもわからないわけではありませんが、そもそもこの悩み自体が傾聴を理解していないように聞こえます。

傾聴は共感し、ありのままを受け止め、寄り添うことが本質です。「話をさせよう。心を開かせよう」とすればするほど、相手は押し付けられているように感じて、「上司の傾聴病、どうにかしてくれ」と不満を抱えます。まずは「話すことができない」という黙り込む状態そのものを受け入れることが傾聴だと理解しましょう。相手にしてみると、「こんなことを言ったら、嫌な思いをさせるのでは」「批判されたら面倒」と頭の中はぐるぐる回っているのかもしれません。言わなくてもわかってほしいと思うからこそ、口を閉ざすこともあります。話す内容にもよりますが、「話さないとわからないよ」「黙っていても先に進まないよ」と言うと、相手は「聴き手の都合で『黙る』という行為を変えさせられる」と無意識に感じるかもしれません。

沈黙への対応の仕方は必ずしも1つではありませんが、相手が沈黙を選んだことをまずは受け止めてみてください。沈黙を一緒に過ごしたり、「今は話すのをためらっている？　話しにくいですか？」「私がどう思うか不安？」といったように、相手に共感しながら語りかけると、少しずつ扉が開くのではないでしょうか。

3．質問、問いかけ

1）質問のメリット

クイズ番組などで、四文字熟語の穴埋め問題が出た時に、「なんだろう」と一生懸命考えるといったことはありませんか？　「脳は空白を嫌う」という言葉がありますが、問いかけられ、何かわからないことがあると、そのままにしておけなくなり、答えを探そうとする脳の特徴を表しています。この特徴を活かして、上司が質問を工夫すると、メンバーは違う視点に気づき、思いがけない回答を見つけ、本人も気づいていなかった可能性を引き出すことができます。

例えば、悩んでいる時に、自分には助けてくれる人がいることに気づくかもしれません。仕事を１人で抱え込んでいる人に対して、「隣の部門や社外の人に協力を依頼するとしたら誰がいいかな？」という質問をすると、相手は「自分１人で行う方法」から「誰かと行う方法」へと考える視点が変わり、協働する人を探しはじめるかもしれません。絶対無理と思い込んでいたメンバーに突破口のヒントを提供するのが質問だということです。

管理者が質問の質を高めることはメンバーのためだけではありません。自分に難問を突きつけ、新たな視点で自分や世の中を見ることを通じて、自分に磨きをかけることにもつながります。

2）覚えておきたい質問

〈1〉具体化する質問

事実や行動を具体的に語ることで、本人は詳細を思い出し、教訓や気づきを引き出しやすくなりますが、実際は抜け漏れがあるものです。理解を深めるためにも、6W2H（いつ、どこで、だれが、何を、だれに、なぜ、どのように、どのくらい）を使い、具体的に確認をしましょう。

例）「誰のためにそうしたいのですか？」
「そこは私も苦労したので、ぜひもう少し具体的に教えてもらえますか？」
「いつごろ、誰に支援を頼んだのですか？」
「どのようにお願いしたのですか？」

特に、相手の話が曖昧だったり、形容詞が多かったりする時は、かたまりをほぐすように質問をしていくと、状況がはっきりしてきます。

◆「具体化する質問」の例

メンバー	最近、メチャクチャ忙しいんですよ。
上司	メチャクチャって、どのくらい？
メンバー	○○プロジェクトからAさんが抜けて、2名分を1名で担当しています。
上司	他には？
メンバー	ルーティンの仕事もあり、3日連続で残業をしないと、納期どおりに納まりません。
上司	他にもまだある？
メンバー	ん～……他にも大きいプロジェクトを2つ抱えています。
上司	大きいプロジェクトを2つ抱えているんだ。他にもまだある？
メンバー	そうですね。今のところこれらがメインの仕事です。
上司	じゃあ、確認すると、○○プロジェクトで抜けたAさんの分も含めて、2名分を1人で担当していて、ルーティンの仕事もあり、3日間残業が続きそうなんだね。それに大きなプロジェクトを2つ抱えているからメチャクチャ忙しいんだね。
メンバー	そうなんです。誰が見ても忙しいと思いますが、改めて、1つひとつにどれだけ時間がかかるか、たな卸ししてみます。そのデータを持って相談させてください。

このように具体的な質問で「メチャクチャ忙しい」という言葉のかたまりをほぐすことで、相手が「何によって（原因）」「どのくらい（程度）」忙しいと感じているのかを客観的に知ることができます。そして、考える視点がわかり、次のアクションが見つかるのです。

ただし、かたまりをほぐそうと具体化させる時は質問が多くなり、尋問のようになりがちです。相手を理解する上で必要な質問に絞り込んだり、声や表情などの工夫は心がけたいものです。

〈2〉仮定質問

話が膠着した時に視点を変えたり、新たな可能性を引き出すためには、「もし〜だったら」という仮定質問が効果的です。視野狭く考えている人ほどハッとさせられるようです。見る場所を 180 度変えて、「こんな風に考えたらどうなるだろう」と問いかけていきます。

例）「もし、全てが自分の思うとおりになるとしたら、何をしたいですか？」
「もし隣りの部門に支援を求めるとしたら、誰に相談したらいいですか？」
「もし自分が部長の立場だったら、どんなことを期待すると思いますか？」
「（「予算がない」という人に）もし、予算が好きなだけ使えるとしたらどうしますか？」

〈3〉肯定質問

「メンバーは言い訳ばかりで」と悩む人は、否定質問を肯定質問に変えるだけでも相手の反応を変えたり、他責発言を減らせるかもしれません。

・**肯定質問**：「〜しない」「〜ない」という言葉を入れない質問
・**否定質問**：「〜しない」「〜ない」という否定形を入れる質問

例えば、「なぜできないんですか？」「なぜやらないの？」と言われると、メンバーは「こういう理由があり、できませんでした」と答えます。ところがこれを上司が聞くと「言い訳ばかり…」と思いがちで、「もっと前から考えておく必要があった」と指摘モードに入ったり、中には「言い訳だ」とストレートに言ってしまう人もいます。否定質問は過去の変えられないことに視点が当たり、相手は気持ちが落ち込み、萎縮してしまいます。

そこで、否定を肯定に変えて、「事情はわかった。それでは今後のことを考えよう。どうすればできると思う？」「どういう条件がそろうとできそう？」と問いかけてみると、相手の心の引き出しが開くかもしれません。ちょっとした言い回しが受け止め方を大きく変えます。

〈4〉経験から学ぶ質問

仕事の節目で活用したいのが気づきと成長を促す質問です。経験をふりかえり、単に成功・失敗に焦点を置かず、自分の感情や行動、学べることを明らかにすることは成長を促します。

リーダーシップ研究や経験学習の第一人者でもある南カリフォルニア大学のモーガン・マコール名誉教授によると、グローバルに活躍する人材は以下４つの質問をメンバーや自分に問いかけている傾向があるそうです。

①「上手くできたことは？」
②「上手くできなかったことは？」
③「他のやり方はありませんでしたか？」
④「もう一度やるとしたら？」

仕事の節目に立ち止まり、数分でもふりかえり、学びを得る質問は、上司がメンバーを成長させるために欠かせません。

問い

職場での自分が行っている挨拶、傾聴、質問・問いかけをふりかえると、どのような状態・行動でしょうか？　何から変えたいと思いますか？

Column 10

質問の場面と種類

質問には、傾聴、対話、コーチングなどの使用場面によって目的と得たいゴールが変わります。図表にまとめましたので、参考にしてみてください。

質問の場面	目的	得たいゴール	主な HOW TO
傾聴の質問	話し手の真意を知るため	・話し手への共感 ・信頼関係	・引き出し ・明確化 ・要約
対話の質問	１つになって全員の視点に立つため	・共通理解 ・新たな価値の創出	・疑問・質問・発問 ・Q／Aレシオの向上 ・掘り下げ質問
コーチングの質問	次のアクションを本人自身が決めるように働きかけるため	・自分（本人）の考えでアクションを決める ・自分（本人）の改善・改革ポイントを見つけ出す	・仮定質問 ・肯定質問 ・未来を考える質問

また質問の種類にも「疑問」「質問」「発問」があり、各々使い分けるとよいでしょう。

【疑問】：様々な情報に対して「おかしい？」「変？」という気持ち・考えを持つこと。ただ、「わからない」で済まさず、気づくために知識を豊富にすることに努める。「おかしい？」と感じるために起きている状況や情報に対して先入観を持たずに素直にのぞむ。

【質問】：「おかしい？」「変？」と疑問を持ったことを表に出して尋ねること。頭や心の中にあることは、尋ねられて本人が口に出すことで、周囲の人がわかるもの。質問は、恥ずかしさや遠慮を乗り越えないとよい質問は行えない（言う気≒勇気が必要）。

【発問】：「より理解するには？」「もっと？」と知識や見識を高めるために考えて発言すること。より高い次元をめざす、創造を生み出すために有効となる、自分のQ／Aレシオ（答えを学ぶことから質問のほうに自分の思考の比率を上げること）を上げることで自己の考えを深め、話し合いの場をより実りあるものにする。

5-3 » 1on 1（ワンオンワン）による対話

1．1on 1とは

メンバーと1対1で未来について語ったり、夢について話したり、悩みごとについて定期的に話を聴くことはありますか？　多様な人材が一緒に仕事をする職場では、一律な指導や支援ではなく、個々の目的や夢、あるいはニーズに対応していくことが求められています。このような中で、上司は1人ひとりのメンバーと対話する場を設けることが期待されるようになりました。1on 1とは、**「相手の成長と成果を支援するために1対1で行う対話」**を意味します。

ここ最近1on 1を導入する会社が増えているのは、「個」に焦点を当てて持ち味・強みを生かしていくことや、育成やキャリア支援に力を入れ、良い人材の転職率を下げたいということが背景にあります。実際に最近の若手人材や新入社員は、自分を成長させてもらえなかったり、親身であたたかい対話がない環境に不満を感じる度合いが高いようです。また、在宅勤務の増加を受けて、メンバーとの接触機会や時間が減り、抱えている問題や悪い情報、本人の感情などがつかみにくくなりました。対面であってもオンラインであっても意図的に1on 1で対話をすることで、メンバーの状態をつかみ、すばやい支援につなげられます。

2．対話の本質

1on 1で重視していることは、組織側の管理（評価・進捗管理）のためではなく、メンバー本人の成長を目的としているという点です。もちろん、中には1on 1を目標管理の面談と同義で使っていたり、キャリア開発の面談、コーチングの場を「1on 1」という名称をつけて行う組織もあります。どのような1on 1であっても、個々のメンバーに寄り添い、共に新しいものを生み出す「対話」であることは忘れないでほしいと思います。

物理学者にして思想家でもあり、対話を研究したボーム（David Bohm）は、著書『ダイアローグ』で、**「対話とは相手を説得するのではなく、共通理解を探し出す行為」「対話には、共に参加するという以上の意味があり、人々は互いに戦うのではなく、『ともに』戦っている。つまり、誰もが勝者なのである」**と主張しています。

大事なことは、対話は討議やディベートとは異なるという点です。目的達成や課題解決のためではなく、会うことで新しいことがおこる「自由な空間・プロセス」であり、共通の理解をし、何の判断をすることもなく、１つになって全員の視点に立つために対話をするのです。

討議では、納得させたり、説得したりということになり、発言を取り上げられた人が勝ち、納得・説得された人が負けというような勝ち負けが（思っていなくても暗黙のうちに）存在します。対話は勝ち負けを決めることでも分析でもなく、賛成しろと説得することでもありません。相手の意見を変えさせたり、否定することではなく、互いに意見を見える化し、共に出てきたものを一緒に観て、意味を理解し、発展させていく「道のり」だということです。

管理者は組織の目標達成の役割を担っていることもあり、課題解決ではないと聞くと、戸惑うかもしれません。しかし、その戸惑いそのものと向き合う必要があるのかもしれません。何も決定せず、何かしろとも言われない「場」をつくり、変化が生まれるまで続けることが対話では大事だということです。つい相手の意見を変えようとしたり、結論を導き出そうと必死になるかもしれませんが、意見を変える変えないは相手に任せるという姿勢が対話なのです。

日本はこれまで「ハイコンテクスト文化」と言われてきました。これは、阿吽の呼吸や空気を読むと言う言葉に代表されるように、「コンテクスト（文脈）」を読む傾向を示しています。一方、欧米社会などは「ローコンテクスト文化、コンテンツ文化（内容）」とも言われ、言葉で意思を伝達することを重視してきました。今後職場の多様化は進み、背景の異なる人たちとの対話は増えていきます。「言わなくてもわかるだろう」「たぶんこういうことだろう」では理解は進みません。一歩踏み出し、共に意見を見える化し、一緒に観るという対話へと踏み出したいものです。

Column 11 ハイコンテクストとローコンテクスト文化

〔ハイコンテクスト文化〕

文化人類学者のＥ・Ｈ・ホールの理論における文化の区分の１つで、コミュニケーションに際して共有されている体験や感覚、価値観などが多く、「以心伝心」で意思伝達が行われる傾向が強い文化のことです。一般的に、日本の文化は「空気を読む」ことや「状況を察する」ことが重視されることから、ハイコンテクスト文化であると言われています。

〔ローコンテクスト文化〕

コミュニケーションに際して共有されている体験や感覚、価値観などが少なく、言語に依存して意思伝達が行われる傾向が強い文化のことです。一般的に、アメリカやドイツなどの文化では、言語により論理的に説明しないと意図が伝わらないことが多いとされ、移民国家全般にその傾向が見られるとも言われています。

出典：Weblio辞書『実用日本語表現辞典』

3．管理者とメンバーの１on １のポイント

1）相互理解

対話をする際に、どのくらい相手のことを知っているかはとても大事なことです。最近はハラスメントという言葉が独り歩きし、プライベー

トなことは何も尋ねず、知らないという管理者も増えてきました。しかし、１人の人間として尊重するためにも、相手を知る努力は心がけたいものです。メンバーにしてみても、もし上司から「息子が反抗期で口をきいてくれないけど、今は見守ってあげようと思う。でも、頼ってきたら自分の経験の中から大事だと思ったことは伝えたい」という話を雑談で聞けば、上司の育成の姿勢を垣間見ることになります。

この話を聞いたことで、「難しいプロジェクトに自分が挑戦していて、上司が何も言わないので丸投げされていると思っていたが、実は上司は見守ってくれているのかもしれない」という理解につながるかもしれません。**相手の価値観や考え方を知ることで誤解は減る**ものです。

２）対話をする時の姿勢

〈１〉様々な意見、アイデア、感情を受け入れる

自分は相手の意見を聞いていると思うかもしれませんが、実は聞いていると思い込んでいるだけかもしれません。よく話をしている時に「同じです」という発言がありますが、この言葉こそが掘り下げていくきっかけになります。自分と似ているかもしれませんが同じではありません。同じという言葉で安心するのではなく、問いかけ合いながら、互いのありのまま、微細な違いを共に見つけ、受け入れる必要があります。

〈２〉自分の意見、アイデア、感情も伝えるが、正当化する姿勢を捨てる

自分の意見やアイデア、感情を大事にするあまり、つい正当化して話をすることも多々あります。上司は経験豊富でもあり、様々な見識から理由を踏まえて、意見を主張することは悪いことではありません。しかし、対話では自分の意見に固執したり、守ったりしないことも忘れないでください。対話は何か強いものを持ち、根拠のある人が勝つ勝負ではありません。

〈３〉唯一の正解や真実を求めない。

１つの正解を決めると、異なる意見を持つ人にその正解を押し付ける

こととなります。納得させる、説得するという行為が生まれ、暗黙の服従が生まれます。理想と現実は違うと思わず、それらの意見を超えて、新しく創造的な何かを生み出すことをめざしたいものです。

問い

メンバー1人ひとりとの1on 1の場面で自分はどのような姿勢で向き合っていますか？　メンバーのことはどのくらい理解していましたか？

5-4 » 動機付け・勇気付け

1．動機付け（モチベーション）とは

「主体性がなくて」「やる気なさげ」と、メンバーに対する悩みの声は多々あります。最近では「注意をすると、すぐにへこんで何も言わずに席にもどる」「自分の能力が生かせないと言いながら自己啓発をしない」「褒められないとやる気にならないと言う」「隣りの部は優秀なメンバーに恵まれている」とぼやく管理者もいます。しかし、本当にそうでしょうか。**メンバーのやる気は本人の問題だけではなく、上司の働きかけの質を映し出しているのかもしれません。**

職場には能力が高くても成果があがらないという人もいれば、経験不足の若手であっても意欲の高さから努力し続けて成果をあげる人もいます。入社時は意欲を抱いて入社したはずなのに、時間とともに元気に働く人と意欲を失う人に分かれることもあります。そこには多様な動機付けに関わる理由があるものです。

自分が若手だった頃を思い出してください。商談が上手くいき一番に報告したかった人や、悩みを抱えていた時に気持ちを聴いてくれた人、勇気付けてくれた人の支えがあり、育ってきたのではないでしょうか。**マネジメントは今あるリソースをどのようにやりくりしていくか**です。ヒト・モノ・カネ・時間・情報の中でも「ヒト」だけは管理者の働きか

けにより、気持ちや動き、成果がアップダウンする存在です。

動機付け（モチベーション）は、**「目標に向けて行動を立ち上げ、方向づけ、支える力」**と言えます。つまり、メンバーに働きかけ、意欲を奮い起こさせ、働きがいを抱いて仕事をする状態をつくりあげることです。一般的には意欲、やる気といった言葉で表現することも多く、私たちを駆り立てるものだということです。

動機付けには、動因と誘因の２つの要因が必要で、動因は、欲しいという気持ち・欲求であり、誘因は欲しいと思わせるもの、目標です。

例えば、動因は「おながかすいた」といった欲求で、誘因は目の前のご馳走といったように手に入れたいものです。私たちは動因があって、誘因に向けて「料理をつくる」という行動をし、結果として満足を得るというサイクルを回しています。そして、人間の行動は全て欲求を満足させることを目的にしています。

当然ながらこの動因や誘因は人それぞれです。上司はメンバーの動因（欲求）が何か、誘因は何かを考えながら、メンバーに働きかけることで、行動の発揮の仕方を変化させることができます。動機付けははっきりと正解があるものではなく、様々なことが複合していることもあり悩ましいものですが、面倒だと思わず、「だからこそ人は面白い！　少しでも勇

図表 5-4　動機付けの２つの要因

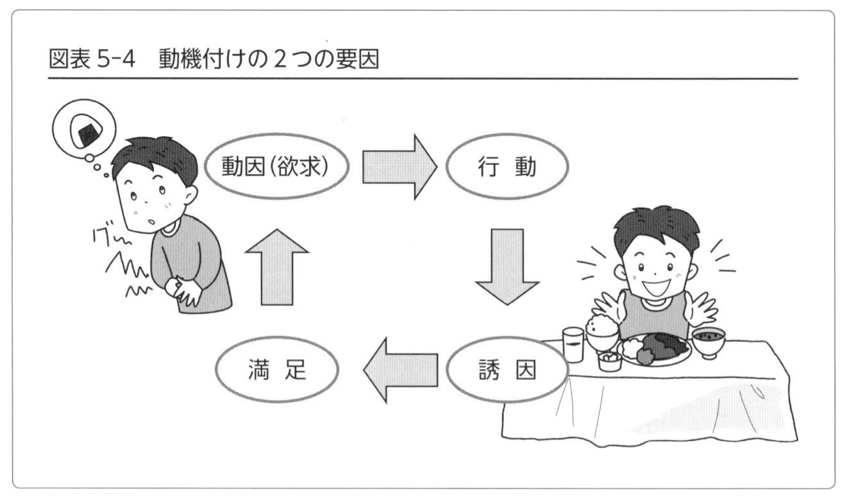

気付けよう」と思いを新たにしていきましょう。メンバーの人生をあずかる管理者として動機付けは誠実に取り組みたいとても重要なことです。

2．動機付けの種類

動機付けは大きく「外発的動機付け」と「内発的動機付け」に分けて考えられ、多くの研究が行われてきました。

外発的動機付けは、「給料が上がり、さらにがんばろうと思う」というように、「給料」という外からの刺激により動機付けられるというものです。一方、内発的動機付けは、本人の内面から沸き起こる信念や夢などが動機付けになるということです。

外発的動機付けは一時的に効果が見られても長続きはせず、内発的動機付けの方がやる気を継続させる可能性が高いと言われています。アメリカの心理学者エドワード・デシとリチャード・ライアンは外発的動機付けが内発的動機付けを低下させるという「自己決定論」を提唱しました。自己決定論とは、自分が決めた程度（自己決定）が大きいほど、動機付けが大きくなり、自律的にやり抜く意思が強固になるという考え方です。

面白さや楽しさは仕事への取り組みを継続させます。ところが、楽しくやっている仕事に対して他の人が報酬やご褒美を約束すると、やらされている気持ちになり、次第に楽しさが失われ、継続しにくくなるということです。例えば、A さんはゲームを楽しんでいたとします。そこにB さんが現れ、「1 回ゲームをやるごとに 100 円あげます」と言われたとします。A さんは最初のうちはお金がもらえることに喜びを感じてゲームを楽しむかもしれません。しかし、だんだんやらされ感を抱く

図表 5-5　動機付けの種類

外発的動機付け	上司や組織など外部からの働きかけによって動機付けられること。 例）評価、賞罰、基準・ルール、褒める、叱る、励ます、認める、仲間など
内発的動機付け	自分の内面・気持ち（楽しい、やりたい）から動機付けられること。 例）信念・価値観、将来の夢・キャリア、達成感、成長感など

ようになり、楽しさが失われていきゲームを続けたくなくなるということです。

デシは自分で自分を動機付ける方が、創造性、責任感、健康な行動、変化の持続性といった点で優れていると結論づけています。

管理者の中には、メンバーに夢やキャリアについて尋ねるのは、時に気恥ずかしくなったり、「特にないです」と言われて怯むこともあるかもしれませんが、心理的安全性や傾聴、対話のポイントを１つずつ試すことで、内発的動機付けの支援はレベルアップします。まずは、メンバーの仕事の節目に、「どんな学びがあった？」と問いかけ、成長実感や達成感を促すことからはじめてみるのも良いのではないでしょうか。

３．動機付け理論

人が行動をおこす理由は多様で、なかなか想像ができないものです。動機付け理論も多々ありますが、どれも決して完璧で万能なものはありません。しかし、そのままでは突破口が見出せず、結果としていつも同じやり方で動機付けをすることになりがちです。大事なことは、理論を理論として覚えるのではなく、１人ひとりへの働きかけを考える際のヒントにするということです。

自分に対しても「自分は何に心が動かされるのか」を問いかけてみると、自分の動機付けに活用できます。

１）欲求５段階説

アメリカの心理学者マズローが主張した「欲求５段階説」は、人の欲求を５つに分類したものです。食欲や睡眠欲など人が生きる上での基本的な欲求としての**「生理的（生存）欲求」**、安全に暮らし、安定した生活を送りたいという**「安全・安定欲求」**、他の人に受け入れてもらいたいという**「社会的欲求」**、認められたいという**「自尊的欲求」**、そして自分らしさを追及するという**「自己実現欲求」**があります。下位の欠乏している欲求が満たされなければ、より高い欲求を満たそうとしない、また、人は自己実現に向かい成長していくという仮説でつくられたものです。

この理論を踏まえると、管理者は何ができるのでしょうか？　例えば、新入社員の「社会的欲求」を配慮し、早く職場に慣れるようにランチに誘うということもあります。あるいは、チームの一員として、方針や目標を共有したり、一緒に仕事をして支援や励ましをすることができるかもしれません。

若手社員の退職が目立つようになってきましたが、転職の理由には、夢を追い求めるという「自己実現欲求」もありますが、あたたかい職場で楽しく仕事がしたいという「社会的欲求」を挙げる人も少なくありません。一方で「家族のように親身になってくれる先輩がいるから、がんばろうという気持ちになる」と転職せず、留まる人もいます。これも「社会的欲求」に関わります。

仲間に打ち解けているメンバーに対しては、「自尊的欲求」を満たすために、仕事の結果を評価したり、権限を委譲するという働きかけもあります。また、未来に向けて挑戦するような仕事を任せ、やりたい仕事や成長の機会を与えることで、自己実現欲求を満たすという方法もあります。管理者は本人がどの欲求を満たしたいと思っているのかを考え、働きかけや役割分担を検討する必要があります。

図表 5-6　マズローの欲求５段階説

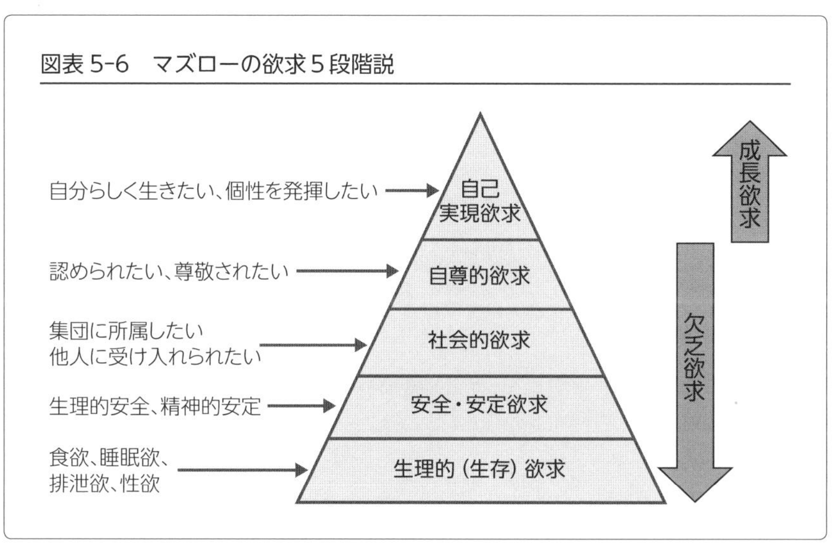

欲求５段階説は科学的に説明できないとも言われていますが、各段階説の視点で管理者がメンバーを観察すると、働きかけを考えやすくなることから長年にわたり支持を受けている理論です。

マズローは人生の後期に、５段階の上の**「自己超越」**段階について研究をしていました。自己超越とは無私・利他という状態で、社会の目的の達成を求め、自我を忘れて邁進するというものです。管理者としてこの無私・利他をどう捉えるのか、そのようなことも自分に問いかけてみると新たな気づきが生まれるのではないでしょうか。

２）X理論、Y理論

ベトナムのある機械メーカーの社長から最近、次のような話を伺いました。「みな明るいです。なにごとも前向きです。相当な困難なことでもできると言います。本当にできるの？　と思うようなことでもできたりする。前向きなんです」。この言葉からは、工場長の人の見方があふれ出ているように感じます。人は前向きに仕事をしようとすると考えて、メンバーのベトナム人を信頼し、主体的な仕事の仕方を支援している様子も見られました。

このベトナムのメーカーの例にあるような人の前向きさについて、1950年代後半にアメリカの心理学者マグレガーはマズローの欲求５段階説をもとにしながら、「X理論とY理論」を唱えました。X理論は「人間は基本的には仕事をしたくないもの。命令や強制がないと働かない。アメとムチによるマネジメントをする必要がある」という考え方です。Y理論は「人間は基本的に前向きに仕事をしようとする。裁量権を与え、自主的な目標設定をさせるという目標によるマネジメントをする必要がある」というものです。**X理論は「性悪説」で、Y理論は「性善説」**とも言われます。

管理者が相手をどう見るかで、仕事の任せ方は大きく変わります。「メンバーは主体的に学び、成長できる」と捉える人は、難易度が高くてもメンバーに大きなプロジェクトを任せるかもしれません。反対に権限委譲に迷ったり、仕事の指示を出す時に細かく伝える人は「メンバーは指示を出さない限り育たない」という捉え方なのかもしれません。

それぞれのメンバーの状態をよく観察し、考えていく必要もあります。例えば、マズローの下位の階層の欲求（安全・安定欲求、生理的欲求）が満たされないメンバーがいたとします。この場合は、安心感を持たせるためにも、指揮命令をはっきりさせて、役割分担を明確にして働きかけるというX理論の方が成果は高まるかもしれません。一方、生活レベルが高いメンバーが多い組織においては、下位の欲求が満たされていると考え、Y理論で働きかけると、成果が高まるとも言われています。会社の目標と個々人の目標を重ね合わせるよう管理者が支援すると、メンバーは自身の成長のために動き、組織や社会にも貢献をする可能性が高いということです。

もちろん、X、Y理論のどちらか1つが効果的ということでありません。中にはX理論のアプローチでも動機付けされるメンバーもいます。職場の状況や業務内容によっても大きく影響を受けます。ただし、変化の激しく、環境や仕事の内容が大きく変わる状況では、1人でできることは限られており、管理者1人が考え、指示を与え続けることはできま

図表 5-7　マグレガーのX理論、Y理論

X理論	Y理論
・人間は基本的に仕事をしたくない ・人間は基本的に責任をとりたくない	・人間は基本的に前向きに仕事をしようとする ・人間は基本的に進んで責任を負おうとする
↓	↓
・命令や強制によるマネジメント ・できなかったら厳しい罰則で対処する ・アメ（報酬）とムチ（罰則）のマネジメント	・広い裁量権と自主的な目標設定 ・成功した場合のインセンティブを設定 ・目標によるマネジメント

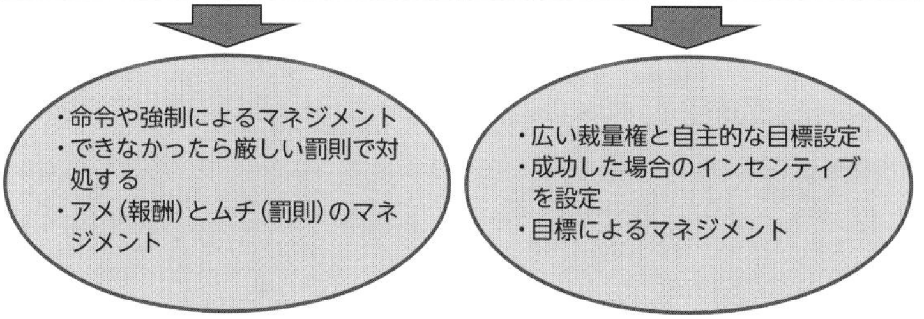

出典：『図解で学ぶビジネス理論　人と組織編』生方正也著（日本能率協会マネジメントセンター）を参考に作成

せん。この場合、メンバー１人ひとりが主体的に目的をもって動くことを支援するＹ理論で考える方が効果的と言われています。実際に最近の組織は、やる気や勇気付けに関心が高まっており、Ｙ理論での働きかけが多く見受けられるようになりました。今の自分はどのような考え方でメンバー１人ひとりを捉えているのか、それはどうしてなのか、自分に問いかけて動機付けを考えてみてください。

３）２要因理論（動機付け・衛生理論）

アメリカの臨床心理学者であるフレデリック・ハーズバーグは人のモチベーションの複雑さを研究し、「２要因理論」を提唱しました。これは、仕事に対して満足をもたらす要因と、不満足をもたらす要因は２つの異なるものであるということです。**「衛生要因」は満たされないと不満になり、「動機付け要因」は満たされると満足し、やる気が引き起こされる**というものです。

ハーズバーグの調査では、人が不満を感じる時は、会社の方針や作業条件、給与など仕事の環境に関心が向いていることが明らかになりました。そして、これらの要因が満たされたとしても満足するわけではなく、不満を解消するだけと主張しています。

例えば、Ａさんは一生懸命仕事をして成果をあげたのにも関わらず給与に反映されず、不満を感じています。しかし、給与に反映されたとしても意欲は高まらないこともあります。満足を感じる時は仕事の内容そのものに関心が向いており、仕事を達成する、その仕事に対して周囲の方達から承認してもらう、仕事そのものにやりがいを感じる、仕事を通じて自分が成長しているという実感を得ていることが多いようです。

中途採用で入社したＢさんはどのような仕事があるのかもわかりません。この場合Ｂさんは給与や福利厚生に不満を感じていませんが、仕事の達成感を感じてもらうために、年齢や経験はともかく、仕事の難易度の低いものから担当してもらい、経験をしながら自信をつけてもらうという方法もあります。

動機付け要因を向上させることは大事ですが、衛生要因も改善しなければ不満は不満として残ります。メンバーの中には、自分が何に満足し、何に不満を感じているのかがわかっていない人も少なくありません。管理者は対話を通じて、本人がどのような環境におり、仕事についてどう感じているのかを問いかけ、表情の変化を見たり、引き出す中で、重要な衛生要因と動機付け要因が何であるかを一緒に明らかにしていくことが求められています。

図表 5-8　ハーズバーグの２要因理論

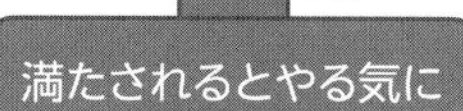

衛生要因	動機付け要因
①会社方針、管理・監督　②人間関係 ③作業条件　④身分　⑤保障 ⑥給与　⑦個人生活	①達成　②承認 ③仕事そのもの　④責任 ⑤昇進　⑥成長

満たされないと不満に

【衛生要因】

① 会社方針、管理・監督：公平・明確な会社の方針や公平で適切な管理・監督の体制が整い、従業員が自律して動ける
② 人間関係：職場の人たちとの人間関係が健全である
③ 作業条件：職場の環境や作業条件が目的に沿い、安全で、衛生的である
④ 身分：組織の中で立場、地位が維持されている
⑤ 保障：仕事の保障がされており、解雇される不安がない
⑥ 給与：給与制度が公平で合理的である

【動機付け要因】

① 達成：難易度が高く、やりがいのある仕事を達成する
② 承認：職場の人たちから自分の成果・プロセスに対して承認される、褒められる
③ 仕事そのもの：面白く、多様で、挑戦が求められる仕事をする
④ 責任：仕事を任され、責任を与えられる
⑤ 昇進：昇進する機会が得られる
⑥ 成長：仕事や研修などを通じて、新しいことを学べる

Column 12

人の背中を押す「ナッジ理論」

人の行動を駆り立てるものは一体何なのでしょうか。行動経済学の分野で「ナッジ理論」という言葉が最近よく聞かれるようになってきました。アメリカのリチャード・セイラー教授が提唱し、2017年にノーベル経済学賞を受賞したことで一気に関心が高まりました。

人間は生産性を追及する方が得だと思って行動をするかというと、必ずしも合理的には行動しないものです。行動経済学は合理的ではない人間の行動や意思決定について研究する学問であり、心理学を応用しています。言い回しや表示の方法を工夫することで、相手の心理に働きかけ、行動を変えていくことを提唱しています。

まず、人の行動を観察し、判断して行動をおこす際の「直感と感情」に着目します。そして、相手が自然に選びやすくなり、幸せになるための行動をとるために、強制ではなく、肘でそっと押す（ナッジ）ようにちょっとしたきっかけを提示するというものです。

例えば、混雑したコンビニエンスストアやスーパーマーケットで並ぶ列が乱れていたとします。床にテープで立ち居地を表示し、順番や前の人とのソーシャルディスタンスが明確になれば、お客様は自然にその指示に従い、きれいに整列してくれます。あるいは、レストランでお勧めメニューがあると、その中から選ぼうとする人も多いのではないでしょうか。メニューが絞られていると、注文に悩む人の意思決定を促すことになります。

他にも、DJポリスの活躍もナッジ理論で説明できます。DJポリスとは、くすっと笑わせたり、感動させたりなど巧みな話術で、交通整理を行う警視庁の機動隊員の愛称です。2013年のサッカーワールドカップの出場を日本代表が決めた日に、渋谷の交差点で「皆さんは12番目の選手。日本代表のようなチームワークでゆっくり進んでください。けがをしては、W 杯出場も後味の悪いものになってしまいます」と呼びかけたことで一躍有名になりました。これも通行人の心をそっと押し、ゆっくり歩くという行動を促しています。

職場でもナッジを活用する場面は多々あります。例えば、営業提案で悩んでいるメンバーに、「なぜできないんだ、手を打つべきことを考えて」というのでは相手は行き詰まってしまいます。そこで、「受注に向けて、みんなでできる最初の一歩は何だろう」と言い換えると、メンバーは一歩踏み出しやすくなるかもしれません。

管理者としてメンバーが動き出すために、小さな工夫でできそうなことは何でしょうか？　これもちょっと背中を押す言葉になればと思います。

※ナッジ（nudge）:「（注意を引くため肘で）そっと突く、（肘で）そっと（横に）押して動かす、肘で押しながら進む」

4．動機付けのポイント

1）メンバーの状態を観察する

これまでに紹介した理論などの視点をもとに、まずはメンバーを観察し、今どのような欲求を抱いているのか、どのような夢をもって仕事をしているのかなど、行動ぶりから状況をつかみます。夢を言葉にできないメンバーであっても、どのような仕事だと生き生きと取り組んでいるのか、あるいは資格取得の取り組み状況からめざしたいことがわかることもあります。

アイコンタクトの仕方や声など非言語情報を確認すると、本人の意欲の状態も見えてきます。「大丈夫です」「わかりました」と言葉で言っていても、目を見ると、視線が合わせられず、つらそうな印象が伝わってくれば、大丈夫ではありません。何か言えない事情があるのかもしれません。見つめているところはどこか、見つめている時間や目の力、そして同時に表情を確認することで、やる気の度合いがつかめたりします。

声も同様に変化がつかめ、いつもより小さいのか、アクセントのつけ方、トーンからわかることが多々あります。「わかりました」と言いながらも不安を抱いていれば語尾が聞こえにくくなるかもしれません。隠し事をしていたり、心にもないことを言っているように少しでも感じるのであれば、上司として確認に入ることが重要です。まずはメンバーの状態をしっかりと把握するところからはじめましょう。

2）効力感の獲得を支援し、勇気付ける

「きっと上手くいかない」と思うと人は意欲を失います。努力をしても状況は変わらないという無力感を抱いた状態になります。反対に自分の働きかけで好ましい状況に転じると信じられれば、人は自信とやる気が高まります。これが効力感の高い状態です。メンバーがこの効力感を得られるよう、成功体験を積ませ、成長を実感できるよう支援をすることが管理者の大きな役割なのです。

効力感とは、**自分の力で周囲に働きかけることによって好ましい状況をつくりだせるという、自信に満ち生き生きとしている状態**をいい、逆に無力感は、**いくら努力しても自分の置かれている状況が好転せずに意欲を失っている状態**のことをいいます。

効力感を獲得するための支援は最初だけではありません。特に難易度

図表 5-9　効力感獲得のプロセス

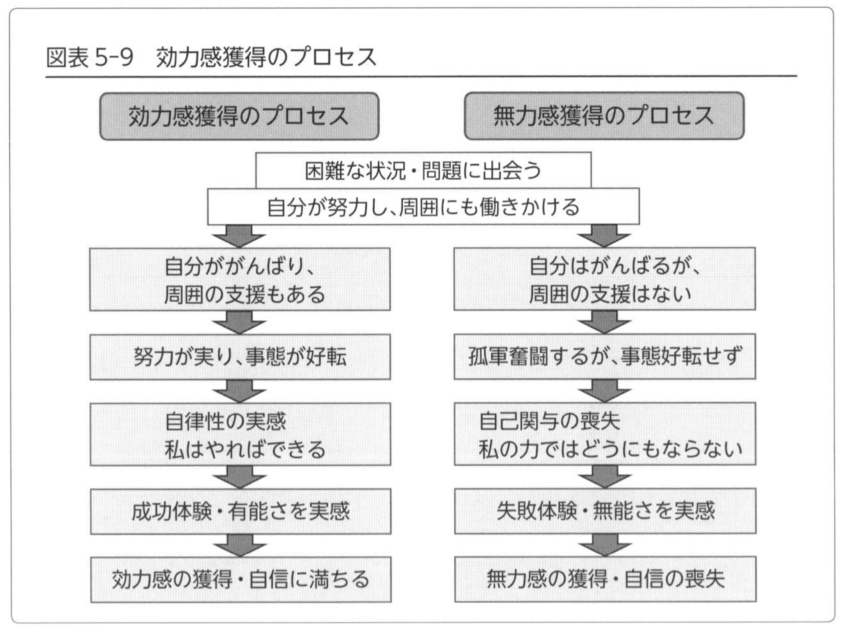

の高い仕事の場合、周囲から支援がなければ失敗が積み重なり、自信を失うだけです。また、相手のためを思って、周囲が注意を続けると、人によっては「何回も否定された」と感じて、無力感に陥るかもしれません。

管理者は職場ぐるみで相互に支援する体制を考える必要があります。メンバーに効力感を獲得させるには、求められたら支援する（支援を求めることも奨励する）、成功体験をさせてその成功を称える、有能さを実感させるなどをすると良いでしょう。そのためにも、図表5-10のようなことを自分に問いかけて、メンバーに接していきましょう。

中には「それじゃあモチベーションが下がりますよ」と他責にして、不満を口に出す人もいます。それを聞いていると「あなたにも問題がある」と言いたくなるかもしれません。上司が動機付けするのを待つという受身の姿勢にも問題があります。しかし、まずは本人の言い分や感情を受容することからはじめていきましょう。何をしている時が一番楽し

図表5-10　動機付けチェックリスト

	項目	実施状況 ○・△・×
1	メンバー１人ひとりを動機付け、勇気付けたいと心から思っている	
2	仕事の側面のみならず、今感じていること（感情）についても問いかけたり、理解しようとしている	
3	目的、夢に応じて、本人の知識・能力・スキルレベルを高めるような仕事を任せている	
4	未体験で、難易度の高い仕事であっても、前向きに捉えるような動機付けを心がけている	
5	プロセスを通じて主体的に考え、やればできるという自律性を実感させるような問いかけや励ましを行っている	
6	相談をされたら、支援を惜しまない姿勢（傾聴）・表情（笑顔）を示している	
7	職場のメンバー同士が支援しあう環境づくりをしている	
8	本人の取り組み方（考え方、行動など）を具体的に挙げながら承認し（褒める）、有能さを実感させるようにしている	
9	経験をふりかえり、気づきや学びを意味付ける対話をしている	
10	経験から学んだことを、今後の仕事に活かすよう働きかけている	

いのか、うれしいのか、何が悲しいのかといった感情はなかなか職場では言葉にならず、見過ごされがちです。時には不満な感情を吐き出させ、何でも話せると思ってもらえることも必要です。

動機付けはなかなか解明できない心理的な側面を扱います。相手が心を開いてくれるまで粘り強く向き合っていきましょう。

3）伝える

〈1〉承認する・褒める

効力感を獲得させるためには、承認したり、褒めたりすることも重要です。しかし、「褒められたことがないので褒め方がわからない。長年、組織には褒めない文化がある」という管理者は少なくありません。メンバーからも「上司はあまり褒めない」という声が多々聞こえてきます。

管理者にしてみると、そもそもメンバーの様子を観察していないので褒めるところがわからなかったり、褒める回数が少なかったり、大きなことを成し遂げないと褒めなかったり、あるいは、相手が褒められたと思うような巧みな褒め方をしていないといったこともあります。

なんでもかんでも褒めれば良いというわけではありません。しかし、相手を動機付けし、成長を促すためには、存在を認めたり、成長していることに気づいたらすかさず褒めたりすることはとても大事な管理者行動です。

それでは、承認や褒めることを効果的にするためにはどのようにすればよいのでしょうか。まずは、両者の意味を考えてみましょう。承認と褒めることを同じ意味として扱う場合もありますが、もともとの意味には違いがあります。

承認する	：相手の存在を認める、尊重する
褒める	：相手の好ましい側面（行動、成果など）をポジティブ（肯定的）に捉えて伝えること

承認は**「相手の存在を認める、尊重する」**という意味があります。できた、できないという評価ではなく、相手のありのままの状態を受け入

れる意味合いがあります。人は自分の存在を受け止めてくれる人がいると安心感を抱き、挑戦を支援してくれる人が傍にいると信じられれば、「自分にはできる」という気持ちが生まれます。実は、これまで説明してきた挨拶や感謝、アイコンタクト、笑顔で対応する、体を向けて聴く、意見やアイデアを求めるといったことも承認です。ほかにも、「一生懸命がんばったね」「次もお願いするよ」「大変な仕事をやりとげたね」「おめでとう」とねぎらう、食事に誘う、メールや相談にすぐに応える、「あなたがいてくれて助かった」と自分の気持ちを伝えることなども承認で、特に上司が認めてくれると動機付けに大きな影響を及ぼします。

褒めるという行為は、**「相手の好ましい側面をポジティブ（肯定的）に捉えて伝えること」**で、「好ましい」という褒める側の評価や判断が含まれます。相手の行動や成果を観察し、それがどのように好ましいのかという基準や期待を伝えることになります。上司とメンバーの間では何が期待なのか、期待以上なのか、期待されていないことをしているのかなどが幾分曖昧なこともあります。褒めることで、2人の間の期待の基準やモノサシづくりを一緒に行うことができます。

自分はどのように承認と褒めることを行っているのでしょうか？　図表5-11のチェックリストで自分の行動をふりかえってみてください。

図表5-11　承認する、褒めるチェックリスト

	項目	実施状況 ○・△・×
1	具体的な事実、行動、結果を観察して、伝えている	
2	理由を挙げている	
3	感情を込めている（一緒に喜びあう）	
4	多様な言葉を使っている（ワンパターンにならないこと）	
5	非言語にも配慮する（声の大きさ・トーン、表情、動作など）	
6	時には間接的に表現している （他の人の言葉を伝える：「隣の部長がこう言ってたよ」）	
7	こまめに、早めに伝えている	
8	小さなことと思わず伝えている （できて当たり前と思うと言葉にしにくくなる）	

◆「承認」「褒める言葉」の例

①お客様のお問い合わせに即座に対応してくれてありがとう。とても助かったよ。

②今日は4件も顧客訪問をしてきたのか。一生懸命がんばったね。

③とても順調に進んでいるよ。○○さんにプロジェクトに入ってもらって良かった。

④提案書の作成お疲れ様！　A社も「かゆいところに手が届くような提案だった」と言ってたよ。次もお願いするよ。

⑤プロジェクト中、大変なこともあったが、やり通したことで、○○さんも成長したね。

⑥早速、完成させるなんて、さすがだね。

⑦調査資料のポイントを、図を入れて1ページにまとめて、わかりやすくしてくれたおかげで、私も部長に説明しやすかったよ。

⑧毎朝、元気良く挨拶してくれるので、職場が明るくなったとみんな言ってるよ。(○○さんも同じこと言ってたよ)

⑨○○さんの企画書づくりは、いつもコンセプトが明確に表現されていますね。みんなも○○さんのような工夫を参考にしてほしいなあ。

⑩この改善案、目のつけどころが良いね。そんなところに良く気づいたな。

〈2〉指摘する（改善の視点を伝える）

ハラスメントを意識するあまり、あとあと面倒になるならと、メンバーの姿勢や行動について指摘することをためらう人が増えてきました。しかし、相手にしてみると、自分を見守っていない、受け止めてもらっていないと感じ、無力感を獲得することにもなりかねません。**成功体験を積むためにも、逃げずに指摘する**必要があります。嫌な思いをさせるのではないかと思う人は、相手を高みへと引き上げるための「改善の視点を伝えること」と捉えるとよいかもしれません。基準に照らし合わせるとどのくらいまでできているのか、期待するレベルにたどりつくにはどのようなことを考えるとよいのかなどを指摘することで、本人は突破していくヒントが得られます。

自分はどのように指摘しているのかを図表5-12を用いて、この機会にふりかえってみましょう。

◆「指摘をした後の励ましの言葉」の例

①この経験から学び、次に活かそう。私も支援していきます。

②大変なことや時間も、いつか必ず終わるから、今がふんばりどころだよ。

③私も前に同じようなことがあり、それが今の自分の根っこになっている。(体験談)

④今やっていることはあなたの成長につながるから、一緒にやっていこう。

⑤(変化が見られたら、どんな小さなことでも)変わったね。成長したね。

相手を動機付ける承認･褒める、指摘するといったことは、今まで行っていないと恥ずかしかったり、戸惑ったりすることもあります。まずは、「ありがとう」という承認の言葉からはじめてみると良いのではないで

図表5-12　指摘するチェックリスト

	項目	実施状況 ○・△・×
1	本人の言い分や考え方、本人だけが知っている事実を確認している	
2	具体的な事実、行動、結果を観察して、伝えている(「やる気がない」など主観的なことは含めない)	
3	理由を挙げて、納得してもらうようにしている	
4	感情的にならず、愛情が伝わるようにする	
5	非言語にも配慮する(声の大きさ・トーン、表情、動作など)	
6	改善することのメリットや、成長の機会であることを確認する	
7	改善の視点や、具体的な行動について問いかけながら一緒に考え、支援する姿勢を示す	
8	後日(指摘した後)、変化があれば承認する、褒める	

しょうか。本人が一生懸命取り組む様子に「ありがとう」、指摘に対して真摯に向き合おうとする様子に「ありがとう」と感謝の気持ちで接しましょう。

問い

メンバーへの動機付けや勇気付けを意識的に行っていますか？　メンバーを観察し、今どのような欲求を抱いているのか、どのような夢をもって仕事をしているのかなど、行動ぶりから状況をつかんでいますか？

Column 13
勇気づけ：アドラー心理学

人は変われることを信じて、勇気づけをするアドラー心理学はオーストリアの精神科医であるアルフレッド・アドラーと共に後継者たちが発展させた心理学です。テレビやネットなどで取り上げられることも増え、聞いたことがある人も多いのではないでしょうか。

世の中には自然現象や想定できないこと、自分の力ではコントロールできないことが多々ありますが、これが頻繁に身近で起きると、人は無力感を感じたり、将来の可能性を信じられずあきらめてしまいがちです。アドラーは、「人間は誰かの犠牲者ではなく、自分で運命を創造する力があり、意志をもって行動し、変わる勇気を抱けば人は変われる」と唱えています。つまり、考え方、ものの見方、捉え方で自分の幸せを生み出せるということです。このような言葉は、不安を抱える人にとって、一歩踏み出す気持ちを生み出せることから、アドラー心理学は多くの支持を受けたのです。

アドラーの主張する「勇気づけ」は「褒めること」や「激励」とは異なると考えます。人は褒められるために何かをするのではなく、自分が決めて行動する（自己決定）ことを良しとしているからです。勇気づけとは困難を乗り越える活力を持つことと考え、職場や家庭、地域社会などに所属している気持ちや、互いに信頼しあっている気持ち、貢献している気持ちを抱くよう支援をすることを重視しています。

アドラー心理学の根幹には以下のような自己決定論、目的論、全体論、認知論、対人関係論などがあります。管理者としてメンバーを勇気づける時に、ヒントが得られるのではないでしょうか。

【アドラー心理学の全体像】

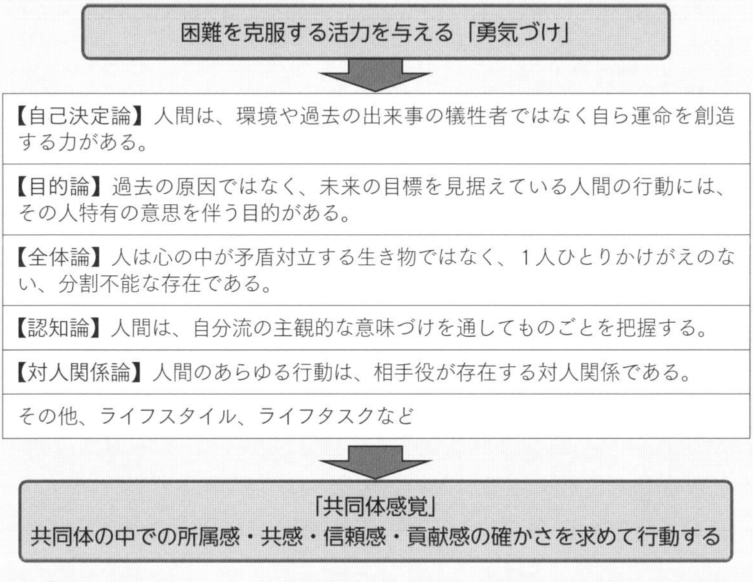

困難を克服する活力を与える「勇気づけ」

↓

【自己決定論】 人間は、環境や過去の出来事の犠牲者ではなく自ら運命を創造する力がある。
【目的論】 過去の原因ではなく、未来の目標を見据えている人間の行動には、その人特有の意思を伴う目的がある。
【全体論】 人は心の中が矛盾対立する生き物ではなく、1人ひとりかけがえのない、分割不能な存在である。
【認知論】 人間は、自分流の主観的な意味づけを通してものごとを把握する。
【対人関係論】 人間のあらゆる行動は、相手役が存在する対人関係である。
その他、ライフスタイル、ライフタスクなど

↓

「共同体感覚」
共同体の中での所属感・共感・信頼感・貢献感の確かさを求めて行動する

出典：『マンガでやさしくわかるアドラー心理学』岩井俊憲著、星井博文、深森あき（日本能率協会マネジメントセンター）を参考に作成
注：本コラムでは出典に即して「勇気づけ」と表記しております。

5-5 »育成と仕事の教え方（ティーチング）

1．育成の意義

育成とは、**「メンバーを良い方向に向かうよう支援し、仕事の面でも人間的な面でも社会と職場に欠かせない人材に育てること」**と言えます。

メンバーがやりがいを抱いて、仕事に取り組み、成長するための支援をすることは、管理者としての醍醐味でもあります。

あるメーカーM社の役員Nさんはメンバーから慕われている人ですが、次のようなことを語ってくれたことがあります。「10年以上前、中国に転勤になり、指導に苦労しました。伝えたいことが伝わっているのか毎日悩ましく思っていました。しかし、当時の部下で、今はフィリピン出向中のOさんに、先日、久しぶりに会うと、『中国ではNさんからこんなことを教わった。フィリピンのマネジャーの立場になり、文化が異なるメンバーと接する時に役立っている』と言われました。10年前のOさんには自分の言葉が響いていないようで不安でしたが、当時の指導が今につながっていることがわかり、とてもうれしくなりました」。こぼれおちる笑顔で話す姿からは、育てた人にだけ得られる充実感が伝わってきます。

「育成は子育てと同じ。育てることで自分が育つ」という言う人もいますが、**人を育てることは自分を成長させることに必ずつながります。**人は支援を受ける時のみ学び、成長するのではなく、他の人の成長を支援する時にも自分の成長を感じるものです。アメリカの心理学者であるエリク・エリクソンは、成人中期の心理社会的課題として「世代継承性」を提唱しました。世代継承性とは次世代の成長・幸福に関心をもち、人を育て幸せにすることが、成人としての成長や発達を促すということを意味しています。自分の関心を次の世代へと広げ、利他性を発揮し、育て－育てられるという関係を連鎖させることで、自分を成長させると説いています。逆に次世代に関心を持たない場合（面倒をみない）は、成熟・成長が途絶えてしまい、自分を甘やかしたり、対人関係を壊すことにもなりかねません。大げさに聞こえるかもしれませんが、多くの人たちの幸せを考え、託していく行動は大人としての成熟を促し、いつかおとずれる自分の死を受け入れることができるようになるということです。

管理者の中には忙しくて育成を後回しにしたり、優秀なメンバーに追い越されることを不安に思い、支援をしない人もいます。しかし、自分自身も上司・先輩、あるいは多くの方たちから教えられて一人前になったのではないでしょうか。育成は時間もエネルギーもかかりますが、学んだことをさらにレベルアップさせて伝えることで、組織もメンバーも、そして自分も成長します。

2．育成と指導

育成は長期的な「育成」と短期的な「指導」の２つに分かれます。

①**育成**：育成計画に基づく取り組みを行い、メンバーの自発的な努力を引き出して、一定期間に成果を引きだすこと。
（例）・まとまった知識・技能・スキルなどの習得
・能力領域の拡大
・人間的成長

②**指導**：指導の必要性が生じた時に、その都度メンバーに関わり、その時点での結果を出すこと
（例）・仕事の仕方をレベルアップさせる
・メンバーの抱える問題を解決する
・仕事に関わる事柄について方向性を明示する

育成と指導はメンバーを育てるための、車の両輪のようなものです。管理者は単に仕事を教えるだけではなく、長期的な成長にも責任を持って取り組む役割があります。

◆育成と管理者の姿勢

1）求める人材の明確化
組織が将来発展・成長に向けてどのような人材を必要としているかを経営戦略、事業戦略から推察して具体化する。

2）重点人材の強化
メンバーの中から今後重点的に育てる人材を選定して、重点育成に取り組む。

3）メンバーの意思確認
メンバーの考え、意思を確認して、協働した取り組みを進める。

4）育成は管理者の責任

管理者は業績面での目標達成と共にメンバーを育成し、成長させる責任がある。

5）育成は三層構造で進める

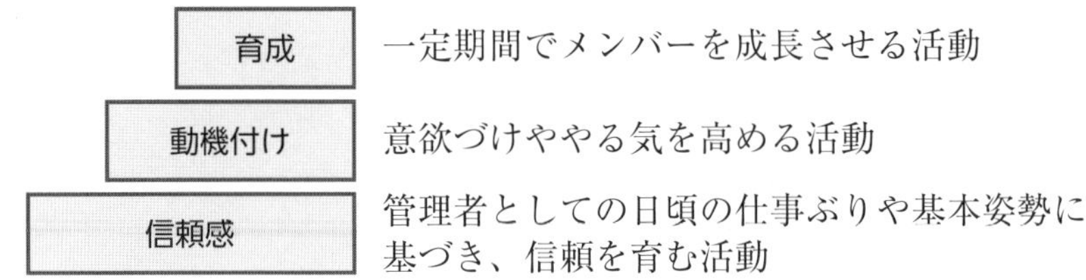

ある200年以上続く流通業の会社の役員と育成についての話しをしていた時に、メンバーの課長との話を教えてくれました。「課長のＰさんから『せっかく指導して育てているのに、最近どんどん辞められてしまい、教えたことがムダになり、虚しくなります』と相談されたことがあります。私はそれに対して、『せこいこと言うな。Ｐさんの指導は大事なことで、ムダになったことは１つもない』と伝えました。育成したからといって、ずっとここで働いてもらえるとは思っていません。もちろん、長く働いてほしいのですが、様々な事情でやむをえないこともあります。それでも、辞めた後に社会の中でひとかどの人物となって、世のため人のために活躍してくれれば良いことです」と言っていたことがあります。示唆に富んだ、育成の根幹に関わるお話でした。ちなみにこの会社では社会の規範、倫理、道徳、礼儀なども重視し、相手を思いやった行動ができる人材へと成長させることにも力を尽くしています。

組織人である前に社会人であることを考えると、仕事だけではなく、社会の中で信頼され、活躍するためにも、「人間的な成長」を考え育てる必要があります。

3．メンバー育成とOJT

メンバー育成の方法には大きく次の４つ（図表5-13）があり、個々の状態と、成長のための課題を把握し、４つの組み合わせを考えて、タイ

図表 5-13　メンバーの育成方法

方　法	内　容	具体例
OJT	On the Job Trainingの略 仕事を通じた教育で、上司、先輩が仕事から学べる仕組みをつくり、教え、育てること	上司、先輩からの指示、報告、相談、同行、代行、仕事の配分、実務経験など
Off－JT	Off the Job Trainingの略 日常の仕事や職場から離れて、異質な体験を通じて学ぶこと	社内研修、公開セミナー、講演会、展示会への参加など
SD　(自己啓発)	Self Developmentの略 メンバー自身が、自発的に自分の学習ニーズを充足させること	読書、新聞・業界紙の購読、研究、Eラーニングの受講、資格取得など
制度・システム	OJTではできない制度的な成長機会を、タイミングを捉えてつくり出す	人事異動・ローテーション、プロジェクト参加、国内留学、海外派遣、出向など

ミングよく提供することが期待されます。

4つの中でも特にOJT（On the Job Training）は職場で行われ、実際の育成はOJTを中心に行われます。**OJTは直接的に職務の遂行行動を高めると共に、本人の特性を伸ばし成長させることをめざしています。** またOJTは知識や技術のように教わって身につけることもありますが、多くのことはメンバー本人が毎日の仕事から学び、さらに工夫をしながら、習得するものです。忙しくて研修や勉強会の時間がとれないという人もいますが、実は日々の報告、連絡、相談といった場面や、朝礼で新聞の記事を伝えることも学びにできます。仕事から学ぶような状況や、学んだことからの気づきを引き出し、意味付けたり、成長を感じる言葉を伝えあうような学習する風土をメンバーと共に考えると、様々な機会があることに気がつくのではないでしょうか。

メンバーの仕事に向き合う態度や行動も日々の様子を上司が観察しながら指導することになります。OJTの特徴は、**「気づいた時にその場で指導できる」「職務に合わせて具体的に指導できる」「本人の能力・特性に応じて計画的・継続的に指導できる」**ことです。

①基本動作：日常業務を正常に遂行するために身につける必須の行動
- 挨拶・感謝：相手の心に届く挨拶をし、感謝の気持ちを表現する
- 報告・連絡・相談：全ての仕事は報告をもって終わる。悪い報告はすばやく行う
　こまめな連絡を行い、ためらわずに相談する
- 具体的な伝え方：6W2Hで、わかりやすく伝える
- 事実と推定：事実を伝えてから、話を区切り、自分の推測や意見を述べる
- 相互尊重・信頼：互いを尊重し、信頼する行動を心がける
- 人間関係への配慮：人の悪口を言わず、他責にせず、あたたかい人間関係をつくる

②基礎態度：素直さや謙虚さ、前向きなど、成長するための基盤となる態度、姿勢
- 「どうしましょうか」禁止：自分なりの考えを持つ自主思考の態度
- 「できません」禁止：困難な問題や新しい問題へ挑戦する態度
- 「自信過剰」禁止：素直で謙虚な態度
- 「仕事のおもしろさ」創造：仕事を面白くする工夫をする態度

基本動作や基礎態度の多くは日常の習慣化に関わります。相手がなかなか変わらないと、あきらめてしまいがちですが、メンバーの人生をあずかり、社会人として育てる責任を感じながら、根気強く教えていきましょう。

メンバーは上司の行動を真似し、上司の態度を映す鏡でもあります。これらの基本動作、基礎態度は、管理者自身も身につけ、メンバーに後ろ姿を見せながら教える必要があります。育成は人が人に対して働きかけていくことであり、上司は「自分の器」以上のことを教えることはできません。**職場全体を成長させていくためには、上司が自分を成長させていくことが欠かせません。**

4. 育成のステップと目標設定

育成は計画的、重点的、継続的に進めることが重要です。メンバー個々人に対する育成期待を明確化することからはじまり、育成の実行・評価という育成ステップを踏んだ取り組みが求められます。

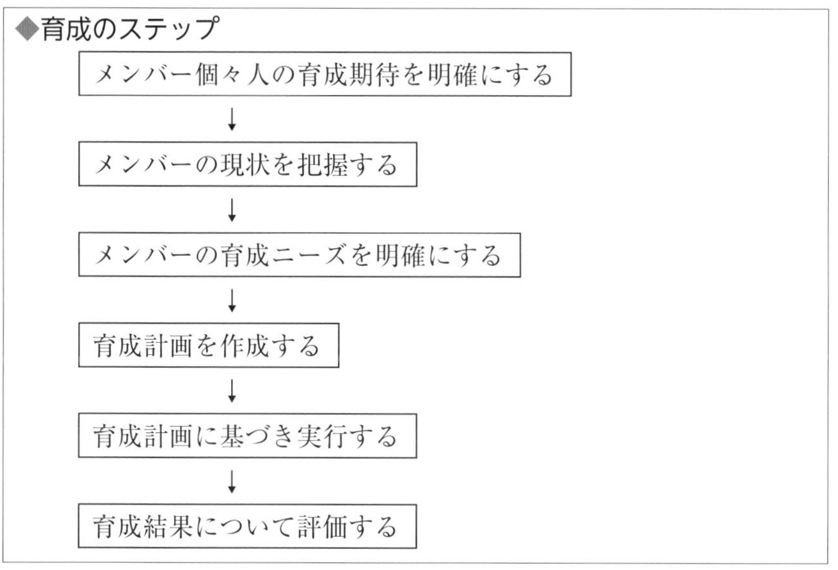

◆育成のステップ

メンバー個々人の育成期待を明確にする
↓
メンバーの現状を把握する
↓
メンバーの育成ニーズを明確にする
↓
育成計画を作成する
↓
育成計画に基づき実行する
↓
育成結果について評価する

メンバーは1人ひとり異なる存在であることは言うまでもありませんが、育成すべき事柄も個々に異なります。まずは、現在のメンバーの状態を把握し、期待される状態のギャップから、育成することを決めます。

図表 5-14　メンバーの成長をめざして

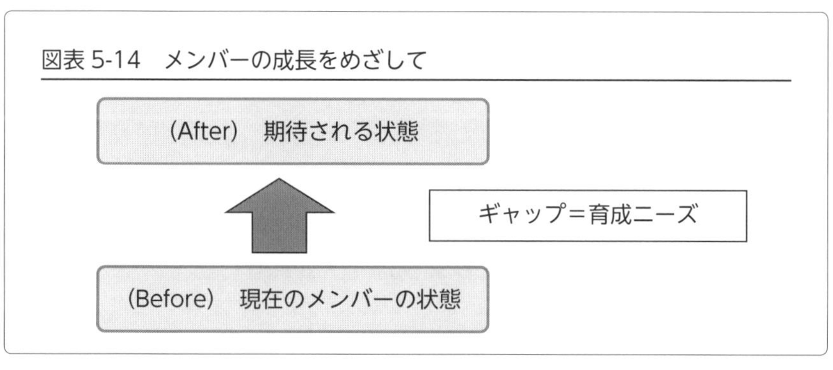

また**育成は「現有能力より少し高いところに挑戦させる」「本人の特性（長所、短所、実績、経験）を配慮する」「競争相手を意識させ刺激する」「継続性を持たせる」などがポイント**です。

1）メンバーの状態把握（Before）

目標設定をするために、まずはメンバーの現状を以下のような視点で把握します。

①持ち味、強み、弱み
②欲求確認（仕事面、人間面で望んでいること：マズローの欲求5段階説など参考に）
③仕事の進め方における悩みや抱えている問題点の把握
④仕事をする上で習得、能力開発が必要なこと
⑤仕事をする上で必要な態度・姿勢、所作

これらは本人との面談や、日常の行動から観察できることもありますが、育成は上司だけが責任を負っているわけではありません。自部署のメンバーにも確認し、職場ぐるみで観察しあうことも考えます。時には隣の部門から見てもらい、メンバーがどういう仕事の仕方をしているのかを尋ねると、上司の気がつかない情報が得られる場合もあります。

2）期待される状態（After）

レベルアップをどこまでめざすのか、期待水準を決めなければ、何をどこまで育成するのかが明確になりません。そこで、期待される状態を明確にするために次の3つのような視点で考えます。

①担当業務の遂行に必要な能力要件（知識、技術・技能、態度など）：
仕事上期待されることをたな卸しし、必要な内容、レベルから明らかにする
②社会や組織の環境変化により育成が期待されること：
新しい時代に求められること、将来仕事をする上で求められる

ことなどを明らかにする（例：語学、AI、プログラミングなど）
③上司とメンバーが現状を把握し、高めたいと思う能力要件（知識、技術・技能、態度など）：
本人の持ち味や強み、可能性を考えて、高めたいと思うことを明らかにする

期待されるイメージが明確になったところで、本人との面談や、人事評価の結果なども踏まえて、育成ニーズ（育てること）を見出していきます。育成のニーズは期待される状態と現状のギャップから考えます。そして、OJTやOff－JT、自己啓発、制度・システムなどを組み合わせ、決めていきます。

図表5-15は育成項目をどのような方法で育成するかについてまとめたものです。習得基準の最高点（５点）は、他の人に全部を教えられるレベルになっています。このレベルは育成内容の全体像を理解し、要点を押さえられていないとできません。また、人に教えようとすると、熱心に学ぶ傾向も見られます。期待される状態はいろいろな考え方がありますが、教えることを到達目標にすると、本人の学びの成長を促すとともに、学びあう風土づくりにも有効です。

図表5-15　育成が期待される項目一覧表（たな卸し）の例

期待される項目	習得基準（目標）					育成方法			
	1年目	3年目	5年目	7年目	○年目	OJT	Off-JT	SD	制度
提案書づくり	1	3	5			✔	✔	✔	
・・・・・	1	2	3	4	5		✔	✔	

◆**習得基準**
1点（全部教えてもらえばできる）
2点（一部教えてもらえばできる）
3点（教えられなくてもできる）
4点（一部なら教えられる）
5点（全部教えることができる）

3）育成目標の設定

【ギャップ＝育成ニーズ】を満たし、期待水準へとメンバーを成長させるために、目標設定を行います。一定期間に、どのレベルまで到達すればよいかを明らかにするため、**必ず目標の３要素（「目標項目＝何を」「達成水準＝どれだけ」「期限＝いつまでに」）を踏まえて設定**します。

（例）Ａさんが1年後に○○という業務を１人で遂行できるようになるために
目標１：目標項目：○○という資格
達成水準：1級取得
期限：○年○月末までに

本人も組織も価値があると思える目標となるよう、対話をし、相互に納得した目標にする必要があります。何よりも上司が「Ａさん（メンバー）は必ず目標を達成できる」と信じることが重要です。

図表 5-16　目標設定の例

外部から本人への期待	仕事の結果目標	期待される能力	一定期間の育成目標	育成支援の内容
①全商品の知識を磨き、顧客に説明できる ②顧客の課題に対応した提案ができる	①今期売上○億円 ②利益○千万円	①単品で○千万円以上を売り上げる新食材の企画開発ができる ②預かり在庫を減らす折衝ができる	①本部長が承認する新規開拓のための企画構想図が書ける ②提案が5種類以上顧客に採用される ③データを盛り込んだ企画書を説明、折衝ができる	【OJT】 ①部門内でデータを駆使した提案の研究会を開催する（月1回） 【Off-JT】 ②マーケティングセミナーへ参加させる
自職場のメンバーによるアドバイス	自職場のメンバーによるアドバイス	自職場のメンバーによるアドバイス	自職場のメンバーによるアドバイス	自職場のメンバーによるアドバイス

育成にはいろいろな方法がありますが、**仕事そのものが人を育てる**ということが基本となる考え方です。自らの力で問題に取り組み、乗り越えた経験が人を成長させます。言い換えれば**問題（仕事）が人を育てる**と言えます。この場合、上司の役割は仕事の与え方が中心となります。商品知識を持たせるために開発部の会議の議事録を取る、視座を高めるために上司の仕事を一部代行させる、新しいプロジェクトや組織の行事に携わらせるなど、様々な仕事を本人と一緒に検討し、機会を提供していきましょう。

4）育成計画づくり

目標達成するために、1人ひとりに適した方法（OJT、Off－JT、SD、制度・システム）とタイミング、指導者・支援者を決めて計画し、スケジュール化します。育成目標は、何について育成するのかの内容（項目）、どれだけ（達成水準、状態）、いつまでに（期限）を明記します。本を買う、1日10ページ読む、1ヶ月に1回勉強会を開く、社外セミナーに参加するなど、上司もメンバーも次に何をすれば良いのかがイメージできるよう、育成の方法を組み合わせて計画を具体化していくことが重要です。

多くの育成が上手くいっていないことの大きな原因として、途中段階のふりかえりの機会が設定されていないことが挙げられます。経験や成長を定期的にふりかえり、成長を確認し、ギャップが生じた場合は対策を考えます。改めて面談をし、育成計画を修正したり、新たな習得項目を追加するなど、PDCAサイクルを丁寧に回すことが効果的です。

図表 5-17　育成計画シートの例

育成計画シート

年　　月　　日　所属：　　　　　　　　氏名：

メンバー名	年齢	社歴	資　格	職　位	現在の職務名と経験年数
	30	8	5等級	主任	東京支店業務担当 3年

メンバーの理解

長　所

- 気持ちのよい挨拶を行っている。職場のメンバーへ配慮し、良い人間関係を築いている
- タイムマネジメント、段取りに長けている。

……

欲　求

- 地域社会へ貢献したい
- 他部門や社外の人と一緒に仕事をする量を増やしたい

……

悩　み

- 後輩指導が上手くいかない

……

仕事の基本動作

- 中間報告が欠けてしまい、状況が周囲に伝わらないことがある

……

具体的働きかけ（対象業務）＼育成目標	育成目標		
	何を　：新食材の企画提案 どれだけ　：5種類以上顧客に採用 いつまでに：○○年○月○日	何を　： どれだけ　： いつまでに：	何を　： どれだけ　： いつまでに：
異業種交流会	○○部門で実施している異業種交流会に参加できるようにし、発想のヒントが得られるようにする		

今までの育成についての反省

- 1 on 1の対話の時間を月1回設ける予定だったが、結果として2ヶ月に1回になっている
- 本人のやる気に期待していた

→

新しい育成方針

- 主体性を高めるために、本人にまずは考えさせる
- 力を伸ばす機会を計画的につくる

Column 14

権限委譲のできないQ店長

スーパーマーケットをチェーン展開するR社に勤めるQさんは、仕事が速く、全ての店内業務がこなせ、またお客様対応にも優れていました。長年上司からの評価も高く、4月から中規模の店長を任されました。Qさんは張り切り、ここでの成功を土台に、さらに大規模店の店長へと出世することを目標に掲げ、働きがいを感じながら仕事をしていました。ところが、Qさんの思いとは裏腹に、店舗の業績は低迷が続きます。本社からはどうなっているのかという問い合わせや、Qさんへの期待が頻繁に寄せられるようになりました。Qさんはそれを受けとめ、さらに努力をしますが状況は変わりません。一体何が問題だったのでしょうか。

実はQさんは自分が優秀だったばかりに、自分がやった方が早いと、あらゆる仕事に関与し、店のメンバーに仕事を任せることができなくなっていたのです。メンバーに教える時間も惜しくなり、作業のコツを教えずにいました。メンバーにしてみると、店長がやってくれた方が上手に、早く進み、自分たちの出番はないなという思いが高まり、これまでの仕事を淡々とこなし、同じやり方を続けていたのです。任せるべきところを任せていない実態が、この店舗の現状を生み出していたのです。

一方、Sさんは Qさんと同じ時期に昇格し、店長として同規模レベルのお店に異動しました。Sさんは着任当初に前任者から引継ぎを受けると、改めて1つひとつの作業の時間を計測するとともに、1つの作業を5分から10分程度の作業へと細かく分解しました。仕事の範囲や業務内容、かかっている時間などを明確にすることで、店長の仕事の中でもメンバーが対応できる仕事を見える化したのです。また、今のメンバーの状態では対応できなくても、トレーニングを受けたり、資格を取得すれば十分できる仕事もメンバーへと移管をしました。さらに、熟練していないメンバーの不安に対応するため、定期的な報告の機会を設けて、相談にのってあげたり、足りないスキルの育成計画を立てたのです。何よりも大事なことは、Ｓさんが「メンバーは必ず成長できる」と信じて、数年後にはメンバーを店長へと昇進するように育てた点です。

メンバーの成長を促したこともあり、Ｓさんの店舗は個々の仕事範囲が拡大し、１年で一気に業績が２倍へと跳ね上がりました。そして、Ｓさんも権限委譲して、空いた時間でスーパーマーケット業界の課題を調べ、システム改革案を提案し、これが経営トップに認められ、大規模店の店長、そして執行役員へと昇進しました。

一方、Ｑさんはその後、一段小規模の店長へと異動することになったのです。ＱさんとＳさんの育成の考え方が、その後の仕事人生を変えていきました。

5．育成と人事評価

管理者になり大きく戸惑うことの１つが､評価を受けていた立場から、メンバーを評価するという立場へのシフトです。同じ部署で昇進した場合だと、同僚だった人たちが部下になり、異なる部署へ異動すると仕事がわからず、部下から教えてもらうことになるなど、悩ましく思う人も多いのではないでしょうか。組織によって人事制度や評価の仕方は異なりますが、ここで覚えておいてほしいことは、**育成と評価は結び付けていく**という点です。

「人事評価」とは、メンバーの行動・プロセス・結果を観察し、組織の目標達成や職務を遂行するために必要な能力の保有・発揮レベルを診断することです。**人事評価は昇給や昇格、賞与、配置などの「処遇」にも反映されますが、人材の動機付けや育成、キャリア開発、今後の組織への貢献（業績向上）にもつなげていくことが求められています**。メンバーと対話しながら、成長や貢献、今後の成長課題を話し合う過程でも、本人は仕事へのやりがいを感じることが多々あります。公正な評価の責任を認識するとともに、単に評価するだけではなく、長期的なメンバー

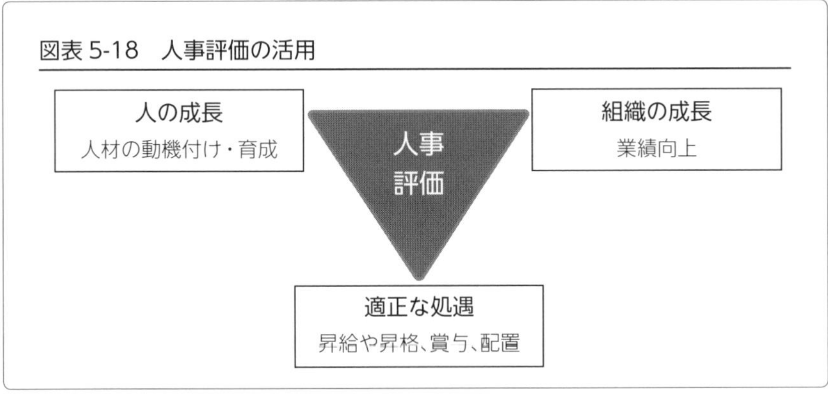

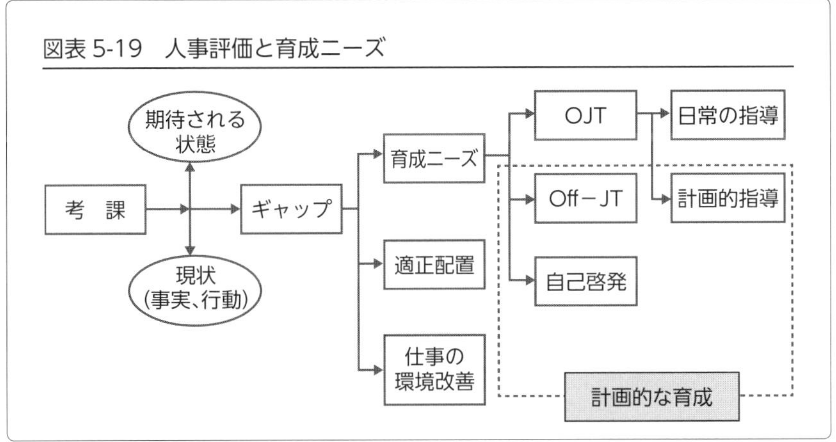

の成長を支援するふりかえりの機会であることを認識しておきましょう。

人事評価の結果については、管理者とメンバーとが話し合う評価面接、あるいは育成面接が行われるのが一般的です。期の評価結果について目標ごとに話し合い、成功した要因、失敗した要因について話し合い、フィードバックを行い、課題と今後の対応を明確にすることが重要です。

人事評価を育成につなげるには、**期待される状態と現状（事実・行動）のギャップの原因がどこにあるのかを明らかにする**必要があります。原因のなかには適正配置や仕事の環境改善によって解決できるものもあるはずです。そこから育成ニーズを明確にしていきましょう。

6．仕事の教え方（ティーチング）

1）教える姿勢

育成とともに､指導の側面も考えていきましょう。管理者の中には｢背中を見て、学んできたので、教え方がわからない」という人もいるのではないでしょうか。しかし、本当にそうでしょうか。人は日常の仕事を通じて学び続けています。周りからあたたかい言葉や熱心な教える姿勢が１つもなかったはずがありません。今度は自分がその受けた恩をメンバーに返していく番です。たどたどしくも、熱意をもって教えていきましょう。組織の中で上司はメンバーの成長を一番願う存在です。愛情をもって伝えられれば必ず相手に伝わり成長します。

時に、何度説明してもわからないということに苛立ちを感じるかもしれませんが、人の成長は右肩上がりではありません。段階的に進み、時には停滞期に入り、後退することもあるかもしれません。40 ～ 50 代のメンバーであれば、身体機能の低下にも配慮が必要です。あるいは、わかっていると思って説明を飛ばしてしまい、メンバーが行動をイメージできず、動けないということもありがちです。20 代であれば学生時代、先生の教えをノートに書かず、写真や動画を撮って保存していた人もおり、教えている時に世代間ギャップを感じることもあります。しかし、ここにも自分の学びや成長があると信じて、１人ひとりに向き合っていきましょう。

2）教えあう環境づくり

上司だけが常に教えるわけではありません。職場ぐるみで互いに教えあう環境をつくることも重要です。頭でわかっていても実践できるわけではありません。上司だけではなく同僚や他部門の方にも協力してもらい学んだことをどのように使っているかを確認してもらいます。**職場ぐるみで教えあう環境（「教える」→「行動観察」→「フィードバック」）を生み出す**ということです。最近は若手の方が技術面などで上司より多くの情報や知識を持っていることがあります。自分だけで教えようとは

図表 5-20　学び合う風土へ

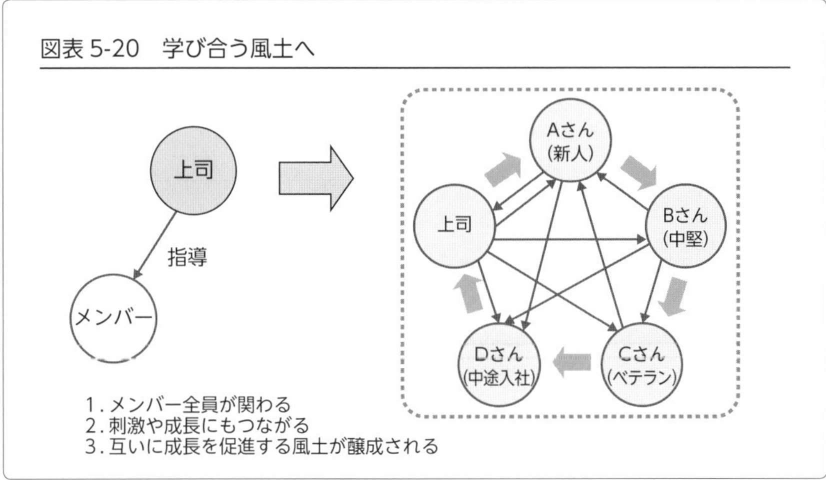

図表 5-21　教えるステップ

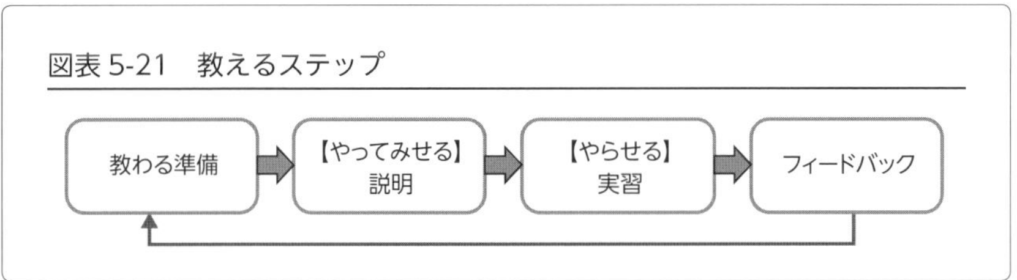

思わず、教えられる人を見つけて教えてもらい、そこに自分も加わり学ぶといった「共育（きょういく）」をめざしていきましょう。

〈1〉教わる準備：メンバーの教わる状態をつくる

　教えてもらうことはうれしいものですが、緊張することもあります。まずは緊張をほぐし、学ぶ場の楽しさを感じるような雰囲気づくりをします。そして、「なぜこのことを学ばなければならないか」を最初の段階で納得してもらうと、学ぶ動機付けになります。

・学ぶ目的
・ゴール（自分がどのような状態になれば学べたことになるのか）
・習得の意義・メリット・活用場面のイメージ

などが腹落ちするからこそ、学ぶ姿勢が整います。

また本人が事前に何をどこまで知っているか（すでに学習していること）を確かめて、教える内容や使う専門用語を調整していきます。

〈2〉やってみせる：仕事について説明する

主なステップや必要な情報を１つずつ順番に伝え、手本を示しながら、わかったかどうかを質問します。「わかった？」と先輩、上司が尋ねれば、わかっていなくても「わかった」と言いがちです。そこで、理解を確認するためにも、教えたことをメンバーの言葉で説明してもらいます。人は理解していないことを説明することはできません。

特に気をつけなければいけないことは、管理者（教える人）とメンバー（教わる人）とでは、上手くできるところや理解しにくいところが異なるということです。人はスムーズに学べたところはどのように学んだかがわからず、説明を飛ばしてしまいがちです。相手の表情なども観察し、理解しにくいところほど分解し、丁寧に伝えましょう。

最後は「わからないことがあれば遠慮なく聞きにきてください」という一言も伝えます。上司の不満の多くは、「同じことを聞きにくる、何度も言っているのに」ということもありますが、これはメンバーのせいではありません。**わかるように教えていない上司の責任**です。何度も来るということは仕事をする上で理解できていない何かがあるからです。そこがどこかを確認できるまでは、**何度でも来るのはメンバーの特権**であることを忘れないでください。

〈3〉やらせる：一緒に仕事をする

実際に一緒に仕事を行い、間違って覚えている部分はその場で指摘し、直します。学ぶテーマにもよりますが、仕事をしながら、一連の手順や教えてもらったことや留意点などを説明してもらいます。もし理解が不十分であれば、わかるまで確かめ合います。

メンバーは上司が自分の仕事を見ていると評価されていると感じやすく、とても緊張するものです。その緊張がプレッシャーとなって上手くいかないこともあります。**失敗から学ぶことの重要さを伝え、失敗への恐怖心を和らげ、成功したときの満足感へ導くことも重要**です。

教えてもらったことをはじめて行う時は不安なことが多いので、声かけや励ましなどで気にかけていきましょう。相手が新人などの場合は、教える人が不在時の対応も考えておく必要があります。わからないことがあれば、誰に相談すれば良いかを決めておくと本人も安心し、見守ってもらえていることを感じます。そして少しずつ仕事を任せ、成功体験を積ませるという繰り返しが、メンバーの自信をつけさせます。

〈4〉フィードバック：フィードバックをする

指導後に、本人のレベルが期待に達しているのかを確認するためにもフィードバックは重要です。到達していたり、上回っているのであれば褒めて励まし、下回っているのであれば改善点を指摘します。目標達成に向けて最適な方法を選択しているのか、目標まであとどのくらいなのか、本来の目的からずれていないかなどを明確にし、今後学ぶべきことを明らかにしていきます。

フィードバックの伝え方は人や場面によって工夫が必要です。多くの場合「あなたは○○です」「あなたは○○ができています」というように、相手の持つ特徴や状態を観察し、伝えることが多いのではないでしょうか。これも大事なフィードバックの仕方ですが、相手の行動による「影響」に焦点を当てる「SBIフィードバック」という方法もあります。

このフィードバックは、アメリカのリーダーシップ研究機関CCL（Center for Creative Leadership）が受け止めやすい方法を研究し、開発した方法で、**Situation-Behavior-Impact（状況・相手の行動・その行動から受ける影響）をセットにして伝えます**。人の行動を見て、相手そのものを評価し、指摘するのではなく、相手の行動によって、私はどのように感じているのかや職場・組織に与えた影響を伝えるというものです。従って、行動の評価や今後どうすべきかを決めるのは、フィードバックを受けた本人にゆだねることになります。

◆フィードバックする目的

ポジティブ・フィードバック：効果的な行動を継続するよう動機付ける
ネガティブ・フィードバック：効果的でない行動をやめる、改めるように促す

◆SBIフィードバック

Situation	状況	行動がとられたとき、起こったときの状況（いつ、どんなとき、どこで）
Behavior	行動	そのときの具体的行動（発言、態度、動作……）
Impact	影響	そのときの自分の気持ち、行動 ・会社/組織、他のメンバーに与えた影響・インパクトとして自分が感じたこと（評価・アドバイスはしない、その先は自分で考えてもらう）

例えば、Aさんが昨日の会議で（状況）、他の人が嫌がる仕事を率先して引き受けた（行動）とします。その様子を見ている上司のBさんは、「これまで後回しにしていて手をつけていなかったのでほっとした」という気持ち（影響）が生まれます。また、自職場の他のメンバーはAさんの行動に刺激を受けて、助け合う風土が生まれました（影響）。上司としてはAさんの行動はとても効果的なので、継続してほしいと思っています。このポジティブな影響をSBIフィードバックで伝えるとすると以下のようになります。

Bさんからのポジティブ・フィードバック：

「Aさん、昨日の会議で、他の人が嫌がる仕事を率先して受けてくれたよね。私としては、これまで後回しにしていたこともあって、ほっとしました。ありがとう。またその行動によって職場のメンバーみんなにも助け合おうとする職場風土が生まれたよ。」

特に、自分にとって耳の痛いことをフィードバックする場合、「相手」を主語にして「あなたは○○ができない」というように伝えると、人格

を否定されたと感じたり、やる気を失う人もいます。SBI フィードバックは比較的伝えやすく、相手も受け止めやすいものです。

図表 5-22　SBI フィードバックの例

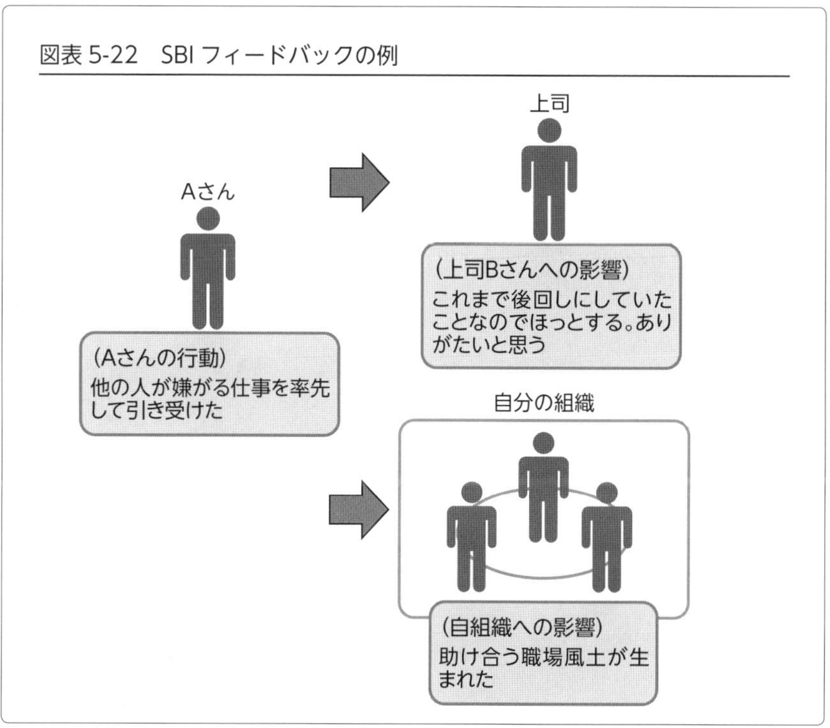

図表 5-23　ポジティブ・フィードバック例（上司からメンバーのAさんへ）

Situation　状況 いつ、どんなとき、どこで	朝一番の事業部ミーティングで、コストダウンについての解決案を伝えた時のことです。
Behavior　行動 発言、態度、動作	Aさん（メンバー）は、「面白い発想ですね。将来を考える際の重要な視点のひとつに加えましょう。他の事業部にも伝えましょう」と言ってくれました。
Impact　インパクト そのときの自分の気持ち、行動	Aさんのやる気や前向きさが感じられて、（上司の私は）頼もしく思いました。一緒に仕事をしていきたいと感じました。
会社/組織、他のメンバーに与えた影響・インパクトとして自分が感じたこと（観察された場合）	他の事業部にもその意見が伝わり、全社的な意思決定に影響を与えました。

図表 5-24　ネガティブ・フィードバック例：(上司からメンバーのAさんへ)

Situation　状況 いつ、どんなとき、どこで	おとといの営業部門会議で課題について、皆が話し合っていた時のことです。
Behavior　行動 発言、態度、動作	他の人はアイデアを出していましたが、Aさん（メンバー）は一度も発言しなかったですね。
Impact　インパクト そのときの自分の気持ち、行動	（上司の私は）Aさんのアイデアもぜひ聴きたかったので、残念に思いました。
会社/組織、他のメンバーに与えた影響・インパクトとして自分が感じたこと（観察された場合）	Aさんの意見が反映されず、限られた選択肢の中から部門としての意思決定がされました。

ふだん職場で「影響（自分の気持ちや組織への影響）」を伝えることに慣れていない人は、図表 5-25 のような表現例も参考にしてください。

図表 5-25　影響を伝える表現例

ポジティブな影響	ネガティブな影響
【そのときの自分の気持ち、行動】 うれしかった　熱意を感じた 落ち着いた　緊張が和らいだ 頼もしく思った　信頼感を感じた ありがたかった　感動した ○○という行動を起こすことができた	【そのときの自分の気持ち、行動】 もったいないと思った　戸惑った 寂しかった　動揺した 悲しかった　もどかしかった 不安になった　落ち着かなかった ○○という行動をしてしまった
【組織への影響】 意思決定がされた　意思決定が早まった 情報が共有された　議論が深まった 事業部に一体感が生まれた　場が和んだ	【組織への影響】 問題解決が先送りされた　沈黙してしまった 議論が偏った　議論が横道にそれた 結論がうやむやになった　混乱した

出典：Center for Creative Leadership:「Feedback That Works: How to Build and Deliver Your Message」Sloan R. Weitzel 著、『Looking Glass Experience』テキスト（日本能率協会マネジメントセンター）から要約

育成・指導はなかなか思ったようにはできないかもしれません。愛情をもって教えていても、メンバーには響かないということもあります。そんな時に思い出してほしいのが、失敗だと思う経験から人は多くを学ぶということです。次に指導をする時にその学びを生かしていきましょう。そして最後に、教えることから自分は何を学んだかをふりかえり、その学びをくれたメンバーに感謝し、自分の成長も実感してください。

問い

職場全体を成長させていくために、自分自身も成長させていこうとしていますか？　職場ぐるみで教えあう環境づくりに取り組んでいますか？

Column 15

感謝の気持ちで見守る上司：山本五十六の名言

「やってみせ、言って聞かせて、させてみて、褒めてやらねば人は動かじ」

この言葉を聞いたことがある人は多いのではないでしょうか。第二次世界大戦時の連合艦隊司令長官、山本五十六の言葉です。山本五十六は若い頃、アメリカ、ハーバード大学に留学し、多様な文化に触れる中で、人は人のために何をするべきかを深く考えていたと言われています。この言葉もどこかそのような、人を尊重する姿勢や、相手を思いやる姿勢がベースにあるのかもしれません。

この言葉はその後も、日本の「指導・育成研修」などで取り上げられてきましたが、続く言葉を知っている人は少ないようです。特に３行目に注目です。

「やってみせ、言って聞かせて、させてみて、褒めてやらねば人は動かじ。
話し合い、耳を傾け、承認し、任せてやらねば、人は育たず。
やっている姿を感謝で見守って、信頼せねば、人は実らず」

人材育成を長期的に捉えるとともに、まずは自分から真摯に、誠実に相手に向き合うことの重要性が伝わってきます。よく、「昔の人間は褒めない」と言う人がいますが、昔であっても人を育てる本質を知り、実践していた人がいるということを教えてくれる言葉です。

5-6 »持ち味・主体性を引き出す育成（コーチング）

1．コーチングとは

1）コーチングの定義

コーチ（Coach）とは、馬車のことを指しますが、ここから転じて、乗っている人を行きたいところに連れていくことを意味しています。コーチングは、**「メンバーの持ち味や可能性を引き出しながら、自ら目的・目標を達成するために、管理者が行う動機付けや支援」**であり、仕事・業務を教えるという「指導（ティーチング）」とは、関わり方の考え方が大きく異なります。

コーチングという言葉を聞くとスポーツ界での用語のように捉えて、監督やコーチが選手に口調厳しく指導したり、檄を飛ばすというイメージを持つ人も多いかもしれません。実際に過去においては指導者が選手に体や精神面にプレッシャーをかけていく指導方法は多々見られました。しかし、最近はこの考え方から大きく転換しています。

例えば青山学院の陸上部はお正月の箱根駅伝の強豪大学として名を連ねるようになりましたが、そのきっかけは原監督の就任でした。原監督は毎年、箱根駅伝での作戦名を決め、「ワクワク大作戦」「ハッピー大作戦」「サンキュー大作戦」「ハーモニー大作戦」「ゴーゴー大作戦」「やっぱり大作戦」というように、人の心を明るくするような言葉や、選手を信じて支援するアプローチで導いたのです。私たちが成果をあげられるのは、めざす姿にわくわくし、成功や成長を信じて寄り添う人がいてくれることを物語っています。

ビジネスの世界でもスポーツ界同様に、コーチングという概念は急速に管理者に身近になってきました。日本ではこれまで「メンバー育成」という言葉の中に、１人ひとりに愛情をもって接したり、メンバーを信じて任せるという育成の意味も入っていましたが、仕事を教えることに比較的焦点が当てられていました。そこにアメリカから入ってきたのが

図表 5-26　コーチングの定義と目的

コーチングです。

コーチングでは**「ある目的に向かって行うべきことを教えるのではなく、人は目的や目標をもち、それを自ら実現するために支援する」**ということが前提となります。人は社会や組織に対して価値を残したいという願いがあり、その達成によって人生をより豊かにしていくためにコーチングがあります。全ての中心はコーチングを受ける「本人」だと考えます。

2）コーチングとティーチング

管理者にコーチングの考え方を導入する組織が増えている背景には何があるのでしょうか。一番大きな背景は、変化が激しく、誰も先が読めず、従来のやり方も通用しない時代に突入したことが挙げられます。かつては上司には権威があり、目的・目標を設定し、答えをもち、指示、命令を出すという考え方でした。しかし、経営トップや管理者にも何が正解かわからない中、現場や顧客・お客様の近くにいるメンバーが状況を踏まえて、主体的に判断していくことが求められるようになったのです。

メンバー本人が目的・目標を決めて、答えを導き出すためには、管理者の役割も変わります。**「魚を与える、正解という名の知識を教える、**

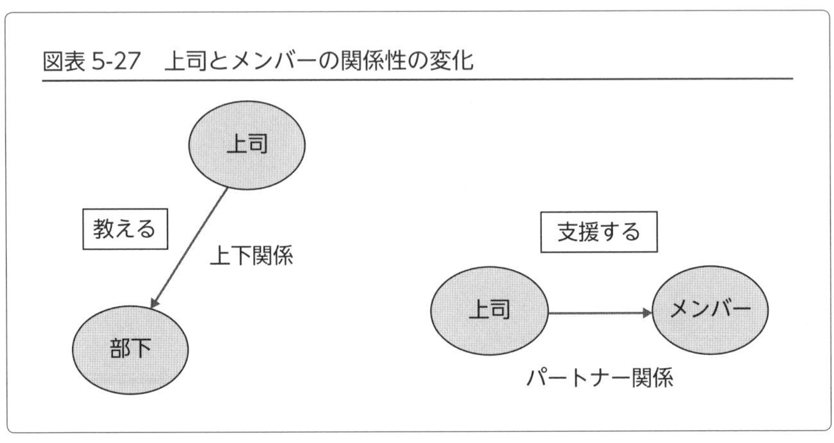

図表 5-27　上司とメンバーの関係性の変化

図表 5-28　ティーチングとコーチング比較

	教える（ティーチング）	可能性を引き出す・支援する（コーチング）
関係性	縦（階層）関係	横（フラット）関係
	一方向（上司からメンバーへ）	双方向
	指導・指示	支援・動機付け
主役	管理者 ・管理者が正解を持っている	本人 ・自分自身の持ち味や可能性を発揮するための解を持っている ・自分で解を導き出せる
管理者の役割	管理者は全員に対して同じ働きかけをする	管理者は１人ひとりの状態に応じた働きかけをする
	相手に知識・スキルを教える	１人ひとりの持ち味や可能性を引き出す。問いかけ、気づかせる
	相手を変える、動かす	・管理者自身が変わる ・相手の状態は自分に要因・責任がある ・目的・目標達成のために管理者が考え、動く
	相手よりスキルにおいて優位に立っている	その道の専門家である必要はなく、相手に対するスキルの優位性は問わない
	評価する	寄り添う
メンバー	受動的・従属的	主体的
	部「下」	パートナー
効果	・組織の合理化 ・効率的な業務遂行	・組織の活性化 ・動機付け、自発的な能力開発

指示を出す」ことから、メンバーが「自分で食べたい魚を決めて、自ら魚をとる能力や、とりたいという意欲を引き出し、高める支援をする」にシフトすることになります。それに伴い、関係性も上下関係から、対等なパートナー関係へと変わり、中には「部『下』」という言葉をあえてつかわず、「メンバー(上司もチームのメンバーであり、部下もメンバーという対等な意味合いを持つ)」に変える組織もでてきました。管理者はコーチとして、水がどの器にも形を合わせられるように、各メンバーに寄り添うパートナーになることが期待されています。

図表5-28を見ていると、ティーチングが古く、これからは通用しないと思う人がいますが、ティーチング、コーチングのどちらか1つを選ぶというものではありません。違いを理解した上で、メンバーの成熟度であったり、組織がめざすことによって使い分けをする必要があるということです。

業務が明確な仕事であったり、メンバーがまだ仕事を熟知していない新人であれば、「君はどう思う？」と問いかけても、知識や経験が乏しく、答えが出せる段階ではないこともあります。そういったメンバーに対しては「ティーチング」により、知識や技術を教えることが必要になってきます。

図表5-29　ティーチングとコーチングの活用場面

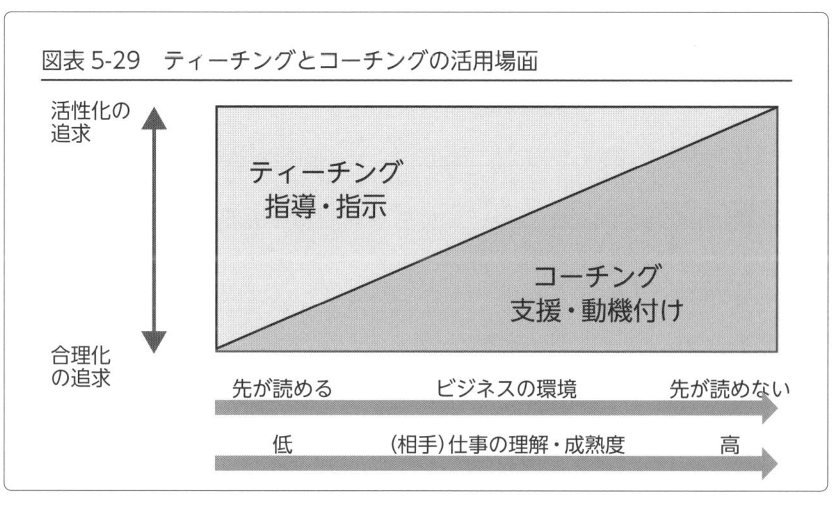

一方で、個々の主体性を求め、創造性や自ら考えることが期待される仕事であったり、メンバーが仕事を熟知しており、成熟度も高いようであれば、「コーチング」を増やすということが考えられます。

管理者の理解不足により、メンバー側にも不満が出てくることがあります。メンバーから寄せられる声として、「上司はコーチング研修を受けてきたら、『あなたはどう思う？』といって、放っておかれる」というものがあります。これは「解は本人が探す、本人の中にある」というのを「本人の好きなようにさせる」と歪めてしまっているのかもしれません。１人で自分が求めていることや、心の奥底にあるものを見つけることは難易度が高く、挫折しがちです。上司は馬車としての役割を果たし、「問いかけ」や「励まし」で見つける手助けをする必要があります。

それでは何でもかんでも助けてあげればよいのでしょうか？　日本語では「Support」と「Help」はどちらも「助けて！」と訳され、混同されがちですが、実は大きな違いがあります。例えば、穴に落ちた人が自分で穴から抜け出せない状態にあったとして、偶然通りかかった人が穴の上から手を伸ばして助けることが「Help」です。本人が無力でまずはその状態から救い出すというものです。「Support」は、柿の実をとろうとして手を伸ばす時に、はしごを下で押さえているという意味合いがあります。本人には目的があり、柿を○個とるという明確な目標に向かって、はしごがぐらつかないよう手助けするというものです。本人には柿を取る力があり、それを信じて一緒に柿をとることになります。

コーチングで大事なことは、メンバーには可能性があり、目的を達成する方法もわかっていて、管理者はそっと手を添えるパートナーになるということです。とはいえ、先ほどの例のように、スキルとしてのコーチングを学ぶことが目的化してしまい、あたかもコーチング万能主義のように捉えることも危険が伴います。

メンバー個々の状況や成熟度、成長段階、知識・経験のレベルなどを総合的に判断して、コーチングとティーチングを適切に使い分けることが大事なのです。

2．管理者によるコーチングのステップ

メンバーは最初から目的や目標、達成のための手段が明確ではないことが多々あります。目標が明確でも、手段が最適なものとは限りません。管理者がメンバー本人と一緒に見つけ出していくためにも、次のようなステップを踏みます。

Step 1　関係づくり（信頼関係を築く） ・相手の存在を受容する ・相手の話を傾聴する（笑顔や前傾姿勢、あいづち、うなずきなど）
Step 2　目標設定 ・仕事の目的や、組織目標、個人目標（何を・どれだけ（達成水準）・いつまでに（期限））を結びつける ・目標を達成した時のイメージを描く ・質問、フィードバック、承認をしながら進める
Step 3　自己決定（実践の支援） ・相手が実施する意思があるかの確認と行動する約束をする ・具体的に何をするのか、方法を選ぶ ・質問、励まし、要望、提案しながら進める

1）Step 1　関係づくり（信頼関係を築く）

〈1〉相手の存在を受容する

「はい、今からあなたの目的を確認しましょう」と唐突にはじめても相手は心を開くとは限りません。互いの信頼関係がベースであり、相手の存在を受け入れることが大前提でコーチングははじまります。日常から「この人は自分に寄り添ってくれる人、味方である」と思われる行動をしたり、いつでも誰にでも同じ姿勢で接する、相手に興味を持つなど当たり前のことを当たり前に行っている必要があります。ふだんメンバーが楽しそうにしている場面はどういう時なのか、報連相など一緒にいる時の相手の言葉や話の内容、行動を観察し、覚えておくことも重要です。例えば、「先週、○○さんが教えてくれたことを試したら、とて

も効果があったよ」といったように、覚えていることを話すと、相手との距離が縮まりやすくなります。

〈2〉相手の話を傾聴する（あいづち、うなずきなど）

これまで本章では、心理的安全性、傾聴、質問、承認する、褒めるなどについてお伝えしましたが、これらの要素はコーチングの品質に影響を与えることを理解しておきましょう。

メンバーの話しやすい内容から話しはじめるなど、相手がコーチ（上司）にしっかりと受け止められているという安心感やつながっている気持ちが感じられることが重要です。そのためにも相手の話し方や話すスピードに自分の話し方を合わせたり、自分の表情、しぐさなど非言語コミュニケーションも活用します。

2）Step 2　目標設定

〈1〉仕事の目的や、組織目標、個人目標を結びつける

仕事をはじめる際に、目標を設定しますが、ここが特にコーチの存在が求められるところです。1人では堂々巡りをしてしまったり、短絡的な目標になるかもしれません。相手の可能性を引き出すきっかけとして目標設定を支援していきましょう。

「何を」「どれだけ（達成水準）」「いつまでに（期限））」という目標の3要素を相手と一緒に確認しますが、単純に数値を決めるということではありません。本人が取り組みたいという気持ちを引き起こすためにも、改めて仕事の目的を確認したり、組織の目標や個人の目標とが重なりあうところを見出すことが重要です。何のためにこの仕事をするのか、組織の目標や個人の目標を達成することで、どういう状態が生まれるのか（イメージ）、自分はどう成長できるのかなどを言葉に出していくことで、本人にとって意味ある目標になります。

〈2〉目標を達成した時のイメージを描く

短絡的な目標設定にしないためにも、直近のことだけではなく、少し

遠い未来のことも描いていきます。「こんな風になっていたい」という未来の成長した自分を考え、その道のりを考え、目標につなげることで、秘められた可能性が引き出されるイメージもつかみやすくなります。

イメージを考える際に、「未来なんてわからないからこのくらいでいいや」とざっくりとしたものだと、めざしたいと心動かされる美しいイメージにはなりません。踏み出そうという気持ちをゆさぶるためにも、対話をし、質問をしながら、本人が気づいていないイメージの詳細を鮮明にしていきます。

〈3〉質問・フィードバック・承認をしながら進める

時間軸を行ったり来たりする中でイメージが明確になることもあります。「3年後はどうなっていたいですか？」という未来を見る質問や、「3年後の自分が今の自分を見るとどのように見えますか？　今何をしておけばよいと思うのでしょうか？」といった未来から今を見る質問もあります。あえて、過去に焦点を当てて、本人の成功体験を引っ張り出し、意欲に燃えていた時の気持ちや情景を思い出すことから、取り組みたいことをはっきりさせていくと、本人の意欲も高まっていきます。

イメージを描くことは1回やれば終わりではありません。テニスやゴルフでボールを打つたびごとに理想のスイングを思い浮かべることで

図表5-30　フィードバック

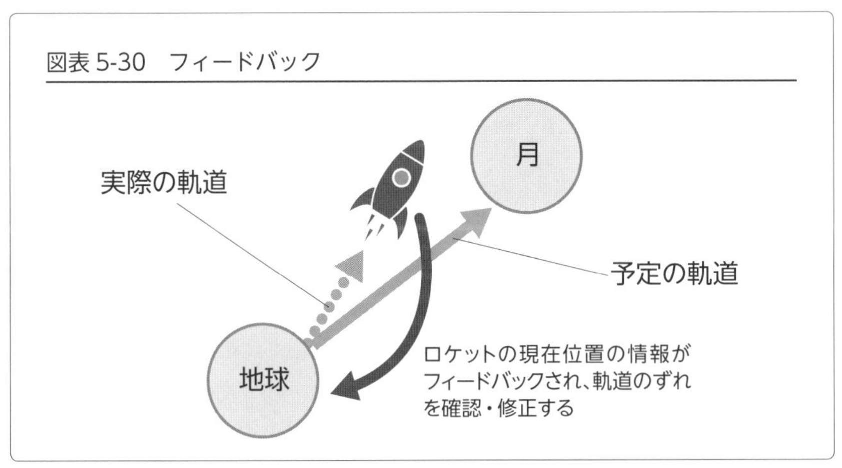

フォームがきれいになるように、途中で改めて問いかけます。到達できないのではという不安を払拭するためにも、再確認をしたり、今どこまでたどりついているのか、方向がずれていないかをフィードバックしたり、承認をしながら進めていきましょう。

3）Step 3　自己決定（実践の支援）

〈1〉相手が実施する意思があるかの確認と行動する約束をする

コーチングにおいては本当にやろうとするのか、やりたいのかなど本人の意思を重視します。本音では「無理かも」と思っているようであれば、途中であきらめてしまい、可能性は広がりません。不安について対話をしながら、本人が一歩踏み出し行動するという気持ちを高めます。

〈2〉具体的に何をするのか、方法を選ぶ

意思確認後は、具体的にどのように目標を達成するのかを考え、方法を挙げ、効果的と思われるものを選びます。管理者の中には、この場を引っ張ろうという責任感もあり、相手を「引き出そう、引き出そう」「自分の質問で気づきを与えたい」という焦りが生まれる人もいます。しかし、これでは矢継ぎ早に質問が繰り広げられるだけで詰問となりがちです。本人が具体的に何をするのか、選ぶことが重要で、無理やり選ばせることではありません。自分の焦りや働きかけは相手の状態・行動に影響を与えるということも覚えておきたいことです。

〈3〉質問、励まし、要望、提案しながら進める

１人では狭い範囲で考えてしまいがちなので、多様な選択肢からより良い方法を見つけるためにも、多面的な視点で問いかけることが効果的です。例えば「他のやり方はないですか？」「もし好きなだけ予算がかけられるとしたら、どのような方法が考えられますか？」「もし社外の人に助けてもらうとしたら、誰に相談するといいですか？」「将来の自分だったらどう思う？」など、仮定質問や未来を考える質問をすることで、本人は助けてもらえる人や使えるもの、手に入る情報などが他にも

たくさんあることに気づきはじめます。目的達成には様々な方法があることを知ると、達成意欲をさらに刺激することにもつながります。

質問は解の１つを見つけるということもありますが、コーチングでは「問いを共有する」ことを大事にします。「もっと良い方法って何だろう」という問いの大事さが共有されれば、本人は自然により良い方法を考え続けるということです。

例えば、T銀行の課長Uさんは、メンバーに対して「朝、シャッターを開ける時に、思いやりをもって、開店前から並んでいるお客様をお迎えする方法って何があるだろう」と問いかけました。メンバーも最初はきれいなお辞儀をするだけでしたが、「他にはないかな？」という問いかけを日々続けることで、個々に考え続け、「マットをきれいにする」「お待ちいただきありがとうございますと声をかける」などが挙がってくるようになったそうです。

これが**問いの共有化**です。主体的にメンバーが考え、行動するためにも、自分で自分に問いかけることの習慣化も支援していきましょう。

目標を達成することは様々な壁が押し寄せてくるかもしれません。支援者である管理者は励ましたり、要望を出したり、提案することも効果的です。

①要望：

要望とは、相手に「～してほしい」と率直に伝え、相手の「言葉にできない欲求」を引きだすことです。「その作業を３日以内に完了してほしい」「ぜひ、○○さんには来月の昇進試験を受けてほしい」「何か私に協力できることはないか？」などがコーチングにおける要望です。人は要望されることで、可能性に気づき、新しい行動をとることがあります。「人は成長する」という可能性を信じるからこそ、管理者は要望することができます。

②提案：

提案とは、自分の知識や経験、アイデア、方向性などを伝え、相手に新しい視点を提供し、自発的な行動を促すことです。指示や命令とは異なり、相手が受け入れやすい方法で伝えます。「こういうやり方もあるんだけど、やってみるのはどう？」「方法を20個挙げて、その中から選んでみない？」などが、コーチングにおける提案です。

要望、提案は、「思ったことをお伝えしてもいいですか？」というように、相手の了解を得てから伝えます。意見を押し付けるのではなく、取り入れるか否かは相手に選択権を委ね、取り入れない場合もその選択を尊重します。「Yes」か「No」もしくは「他の案」で意思表示をしてもらうことで相手の主体性を促します。

◆“報告・連絡・相談”にコーチングを適応しよう

コーチング（1．関係構築　2．目標設定　3．自己決定）を日々の報告・連絡・相談に適応することもできます。

1．報告に対する1分間コーチング

1）　報告内容を傾聴する
2）　承認のスキルを活用してメンバーの結果やプロセスを賞賛する
3）　次にどのような行動をとるべきかを問いかける
4）　メンバーが出した答えのゴールを設定する問いかけをする
5）　ゴールに至るためにどのような方法があるかを問いかける

＊3)以降でメンバーが出した答えが望ましいものでない場合は「他にどんなことが考えられるか」「他に方法はないか」といった問いかけをする

2．連絡に対する3分間コーチング

1）　連絡内容を傾聴する
2）　連絡内容で不明な点は質問する
3）　中間段階での成果や良かった点を問いかける
4）　承認のスキルを活用してメンバーの結果やプロセスを賞賛する
5）　次にどのような行動をとるべきかを問いかける

6） メンバーが出した答えのゴールを設定する問いかけをする

7） ゴールに至るためにどのような方法があるかを問いかける

＊5）以降でメンバーが出した答えが望ましいものでない場合は「他にどんなことが考えられるか」「他に方法はないか」といった問いかけをする

3．相談に対する15分間コーチング

1） 相談内容を積極的に傾聴する

2） ペーシングやあいづち・うなずきなどを活用する

3） キーワードやボディランゲージを見逃さない

4）「3）」を復唱して、それが相談の真髄であることを確認する

5）「4）」が達成できたかどうかを問いかける

6） 達成イメージを明らかにし、そのときの気持ちを問いかける

7）「6）」に対して、承認のスキルを活用してメンバーの自信を醸成する

8）「6）」を達成するための方法や活用すべきリソースを問いかける

9） 複数の方法のなかから、もっとも効果的と思われる方法を選択させる

10）支援してほしいことを確認し（約束し）、励ます

問い

メンバー個々の状況や成熟度、成長段階、知識・経験のレベルなどを総合的に判断して、コーチングとティーチングを適切に使い分けていますか？　ステップを意識したコーチングができていますか？

5-7 »中長期的なキャリア開発

1．キャリア開発の必要性

1）キャリア開発とは

コーチングには未来のイメージを描く支援があることに触れました。改めて、この未来の姿を追い求めるキャリア開発への支援についても考えておきたいと思います。

キャリアの語源は馬車が走った後の道に残る「わだち(轍)」と言われますが、**過去から未来へと「生涯にわたる仕事の経歴と獲得した能力」**と言えます。過去、未来、現在をあらわし、つなげることでもあります。

図表 5-31　キャリアとは

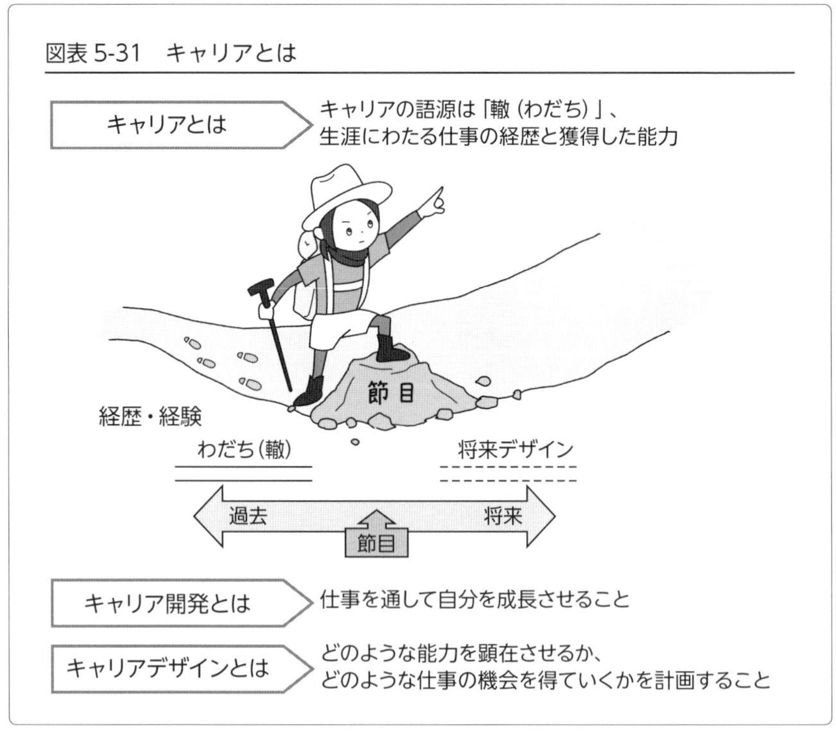

【過去】	どのような仕事を選び、どのような能力を獲得したのか、経験を意味づける
【未来】	どのような未来のイメージを抱いて、どのような仕事人生を送り、その経験を通じてどのような能力を獲得することになるのか
【現在】	自分は今どのような状態で、未来を実現するために今何をするのか

キャリア開発とは、仕事を通じて自分を成長させることであり、キャリアデザインとは、本人が主体的に計画することと言えます。具体的には、図表5-32のように、3つの観点から自分を見つめて、デザインすることになります。

仕事は自分がやりたいというだけでできるわけではありません。ビジネス環境が変わることで、今ある職業や仕事でも、社会や顧客のニーズに応えられず、数年後にはなくなるものも多々あります。また、仕事はあっても、能力がなければその仕事で成果をあげられず、社会や組織に貢献できません。キャリアデザインをしていくためには、**社会や組織が自分に期待していることは何か（MUST）、自分は何ができるのか（CAN）、**

図表5-32　キャリアデザインのための3つの観点

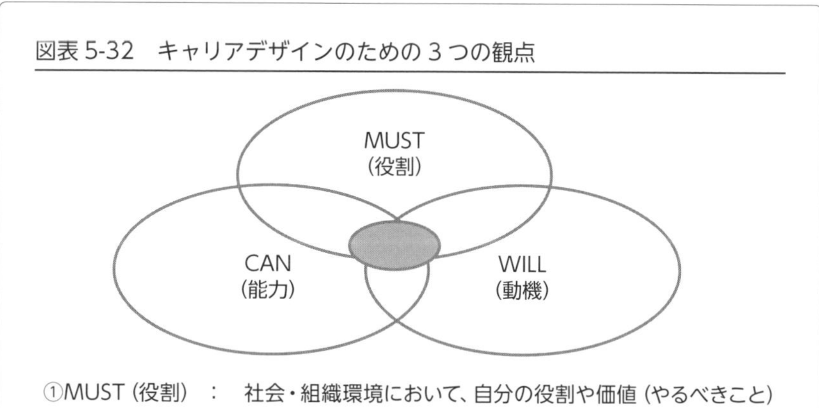

①MUST（役割）　：　社会・組織環境において、自分の役割や価値（やるべきこと）
②CAN（能力）　：　自分の能力や強み（できること）
③WILL（動機）　：　自分を動機付けすること（やりたい、成し遂げたいこと）

自分はそれを成し遂げたいのか（WILL）といった3つの視点を重ね合わせて、納得できる自分の姿を考えていくことが重要です。

そして、導きだされたMUST、CAN、WILLをもとに、未来の自分のイメージ（ありたい姿）を描き、実現させるための課題を設定し、行動計画を立てるのです。キャリアデザインは1回限りのことではありません。日々MUSTは変わり続けます。人生の節目節目で自分と向き合い、繰り返しデザインをしていく必要があります。自分はどういう人間で、そんな自分を社会や周囲との関係性の中でどう生かしていくのかを問い続けることがキャリア開発のプロセスそのものなのです。

2）キャリア開発への関心の高まり

キャリア開発への関心が高まっている背景としては、キャリアの選択肢や個人の価値観が多様化し、1人ひとりが主体的に考え、自ら選択する時代になったことが挙げられます。これまでの年功序列や終身雇用という前提がなくなり、また、人生100年時代と言われるように働く時間が長くなる中、1つの組織で仕事人生を終えるという考え方は大きく変化しています。これまで組織は従業員の雇用を守り、あるレールの中で働く意味や目標を提示してきました。しかし、環境変化の激しい中では、組織も働く1人ひとりの人生を保障したり、雇用を守ることが難しくなってきました。先人とは異なり、メンバーは自分の人生を他人任せや組織任せにするのではなく、主体的に未来を考えて働くことが求められているのです。

3）組織にキャリア開発支援が求められる理由

それでは、なぜ自己責任でキャリアを考える時代において、組織がメンバーのキャリア開発の支援をする必要があるのでしょうか。大きく3つの理由があります。1つめは、**メンバーが主体性を発揮して、自ら考え動く、自ら学び続ける人材へと成長する**必要性が高まっていることが挙げられます。変化の激しい中では、技術の変化も激しく、過去の知識、技術は陳腐化してしまい、管理者自身も正解が見つからなくなりました。

このような中で、指示待ち人間では対応することはできません。組織も生き残りをかけて、自律して考え、変化に対応し、自ら解を求めて動くメンバーへと育てていくことが急務となりました。

２つめは**人材の確保**が挙げられます。人材不足は深刻化の一途をたどっていますが、若手を中心に未来を考えて転職をするケースが目立ってきました。希望する部門に配属されなかったり、期待していたような仕事ではなかったり、処遇や勤務条件、職場環境に嫌気がさしたり、そして何よりも自分の成長に関心のない組織や管理者に対しての不信感で離職する傾向も顕著になってきました。特に若手人材は自分の未来とも言える先輩、上司が生き生きと働いているのか、めざしたいと思えるような存在かどうかにも大きな関心を寄せています。優秀で成長への意欲が高い人材ほど、市場価値も高く、条件の良い他の組織へと引き抜かれがちです。組織としてはせっかく育てた人材を定着させ、また他の組織の優秀な人材を惹きつけるためにも、組織・個人の目的とキャリア開発を結びつけることが必須となってきているのです。

３つめの理由は、**メンバーの働きがいを高め、モチベーションを高めるという組織の責任が問われている**ことが挙げられます。かつては金銭面の欲求を満たす、安全・安定の欲求を満たすということに組織の焦点は当たっていたかもしれません。これからの社会においては、メンバーは大事なステークホルダー（利害関係者）であり、幸せや健康を支援することも企業責任だという考え方が生まれてきました。メンバーの大事な時間をあずかる組織としては、メンバーの働きがいを感じるような支援が欠かせなくなったということです。

高齢化で働く時間が長くなる中で、シニア人材（50代後半以上）の活躍や貢献も期待されています。単に「働き続ける」のではなく、セカンドキャリアや、副業・ダブルワークを考える中で、メンバーが生き生きとモチベーション高く、「働き輝き続ける」ためにも、組織はキャリア開発に取り組むことが求められるようになったのです。

2．管理者のキャリア開発支援

1）組織と個人

キャリアについて考えることは決して簡単なことではありません。メンバーが１人で考えていても見つからないものです。そこで管理者は、メンバーに自分の未来は自分で創るという自覚を抱いてもらうとともに、メンバーの希望や要望を受けとめ、キャリア開発の視点を育成計画に盛り込むことが期待されています。また、能力をレベルアップさせるだけではなく、どのような仕事の機会を得て、価値提供や貢献につなげるのかも一緒に考えていく必要もあります。

キャリア開発の基本となるキャリア選択の着眼点を職場と仕事でまとめると図表5-33のようになります。人生観や職業観を理解し、本人のやりたいことと組織の発展と結びつける役割を果たすことは、管理者としての醍醐味を味わうことにもなります。

2）人生の段階ごとの解決すべき課題

メンバーは１人ひとり異なるキャリア開発が求められますが、メンバーの人生の段階に応じて、解決していく必要のある課題を押さえて、キャリアをデザインしていく必要があります。図表5-34の段階別の課題は全員に当てはまるものではなかったり、人によっては異なる年代か

図表5-33　キャリア選択の着眼点

		職場の選択	
		同じ職場	別の職場
仕事の選択	同じ仕事	・今までと同じ仕事でキャリア開発を行う ・同じ仕事を続けるというマンネリ化と戦う	・新しい環境で仕事をさらに深化させる ・新たな職場に柔軟に適応できるよう工夫する
	別の仕事	・同じ環境で新しい可能性を見出す ・今までの経験を細かくふりかえり、活かせることを明確にする	・新しい環境に適応しながら、新たな可能性を見出す ・従来の能力のレベルアップと、新たな能力を獲得する

図表 5-34　人生の段階別の課題

	課題
入社〜20代	・社会・組織と仕事についての理解を深める（学生からのシフト） ・仕事の経験（成功・失敗）を意味づけ、学びにすることを理解する ・組織の一員として、他者への配慮や協働を意識する ・組織内の人脈を広げ、人間関係をより良くする ・一人前になるための態度、知識、スキルを習得する
30代	・仕事とプライベートの変化を見据えてキャリアデザインを行う ・業務の量と質を拡大し、目標を挑戦的なものにすることを意識する ・報告・連絡・相談、提案・交渉などを通じて、上司との信頼関係を構築する ・働きかけの範囲を広げ、チームの活性化を意識する ・専門性を考え、新たな知識・技術・スキル習得をする
40代	・自身の専門領域、貢献領域の方向性を見据えてキャリアデザインを行う ・組織の大事な一員として、期待される存在となる ・主体性を発揮し、自律をし、責任ある立場であることを自覚する ・組織の中核人材として、問題解決・価値創造にあたる ・人生の午後（後半）に向けて、自分の心と体の状態と向き合う
50〜60代	・セカンドキャリアや今後の活躍を見据えてキャリアデザインを行う ・組織のみならず、社会にとって大事な一員として、役に立つ存在となる ・組織内における自分への期待と役割の変化を前向きに受け入れる ・後輩、後進のメンバーへの技術伝承、育成をする ・今後のキャリアを鑑みて、社外の人脈を広げる

ら解決しておくべき課題となるかもしれません。メンバーの状態を把握したり、面談の対話のテーマの切り口の1つとして活用してください。

3．キャリア面談

1）キャリア面談の必要性

キャリア開発の支援をするためにも、メンバーとの対話は必須です。上司はキャリア開発の一番の味方であり、支援者であることをメンバーに認識してもらいましょう。面談はメンバーの動機付けにも影響を及ぼします。上司として、将来のありたい姿を具体化する支援をしたり、ありたい姿に近づくためには現在の仕事を通じてどのように能力開発をするのかといったことについても語り合う時間を計画し、受容と共感の姿勢や傾聴、コーチングのステップを実践していきましょう。

2）キャリア面談のポイント

〈1〉キャリアを考える重要性を伝える

キャリアという言葉は人によって捉え方が様々で、中には昇進・昇格のことを意味していたり、仕事と同じ意味で使っている人もいます。そのような中で急に上司から「キャリア面談をします」と言われても、戸惑いが生まれます。そこで、キャリア面談をはじめる前に、なぜキャリア開発を考える必要があるのか、その背景や、本人にとってのメリットや意義、上司である自分は支援、協力をしていくことを丁寧に伝え、本人にも面談の重要性を認識してもらいましょう。

〈2〉キャリア関連の情報を収集する

キャリア開発を考える上で、MUST、CAN、WILL の情報収集は必須です。特に上司は外部環境の情報収集を積極的に行い、社会や顧客が求めていることをメンバーに伝えることも意識したいところです。将来を予測し、今後どのような能力が求められるのか、本人の興味、関心に関連した情報も含め、面談時に提供できることをふだんから収集しておきましょう。

〈3〉メンバーの自己理解を促進する

自分の顔が見えないように、自分のことも自分ひとりでは理解することはできません。ここが上司の腕の見せ所です。メンバーに関心をもち、本人の考えていることや、感じていることを引き出し、獲得してきた能力のたな卸しを手伝いましょう。

上司の立場から観察してきたことをフィードバックすることも重要です。メンバーが気づいていなかった強みや持ち味、社会や組織の中での存在価値を知り、めざしたい姿とのギャップを明確にすることができます。時にメンバーの自己理解と自分の観察したこととが異なっていることもあるかもしれません。その場合でも一方的に「違う」と決め付けたり、評価するような姿勢をとらず、本人の言動や仕事ぶりが、自分にはどのように見えているのかを伝えます。本人がそれをもとに考えることで自己理解を支援していきましょう。

3）キャリアビジョンの作成や目標設定を支援する

中長期的なキャリアビジョンや目標は明確になればなるほど、本人は達成の道筋が見え、取り組もうという気持ちが高まります。また、キャリアビジョンが組織や社会にとっても意味あるものになっているかも大事なポイントです。「本人の好きにさせよう」では、せっかくのビジョンも絵に描いた餅になってしまいます。管理者は具体化させたり、多面的な視点で問いかけながら、本人が納得する結論を出すサポートをしていきましょう。

4）目標に向けて、ベビーステップを決める

中長期的に考えているだけでは目的は達成しません。千里の道も一歩からというように、資格取得をするにしても、ベビーステップ（ヨチヨチ歩きの一歩目）を明確にする必要があります。管理者は「この辺はメンバーに任せよう」と思いがちですが、多くの人は忙しさに追われてしまい、何もしないまま、あっという間に月日が流れてしまうものです。目標設定で安心せず、資格取得のために1日20分本を読む、セミナーや朝活をWebで探すなど一歩目も話し合うとキャリア開発は大きく前進します。

5）フォローし、ふりかえりを続ける

キャリア開発は中長期的なプロセスであり、上司がフォローを続けるということは忘れてはならないことです。5年後の目的達成を考えると、「1日くらい……」という気持ちが沸き起こるものです。どのくらい進捗しているのか、ゴールまでどのくらいのところにいるのかなどを定期的に確認しあいましょう。

メンバーに「成長した」と思ったことを挙げてもらい、上司からも「今期はこんなに能力がレベルアップしました。次はこうしていきましょう」と伝え、ねぎらい、承認することで成長実感が生まれます。また、目標

達成が滞っているのであれば相談に乗ってあげたり、一緒に解決に向けて考えます。時には最初の目標設定が高すぎて、本人の意欲が下がっていれば、ふりだしに戻り、ビジョンや目標設定を修正することもあるかもしれません。いずれにせよ、人生の道のりのパートナーとしてフォローし、ふりかえりをし続けることで、メンバーは動機付けられ、必ず目的地にたどり着けるのです。

Column 16

ポータブルスキル

変化が激しい時代は、これまでの知識、技術、スキルの効力が一気に失われてしまうことがあります。例えば、所属する部署でのみ必要な専門知識などはこれにあたります。資格を持っていても社会変化によっては必要なくなる資格となるかもしれません。

一方でどのような時代においても、また、どのような職種であっても共通して求められる知識、技術、スキルなどもあります。対自分（セルフマネジメント）、対人関係スキル、人脈づくりのスキル、問題解決スキル、衣食住の調達スキルなどで、ポータブルスキルと言います。

もちろん専門知識などは当座、短期的に学び続けることは必要ですが、変動を乗り切るためにもポータブルスキルを今後、意識してレベルアップすることが求められています。

メンバーに対してもこのようなポータブルスキルの重要性を伝え、習得を促し、組織外の人たちとの人脈形成の場を増やすようアドバイスしていきましょう。

問い

メンバーの育成計画にはキャリア開発の視点を盛り込んでいますか？
メンバーの人生の段階に応じた解決していく必要のある課題を押さえて、キャリアをデザインする支援をしていますか？

5-8 ›› 個々の強みを活かしたチームワークと組織化

1．個々の強みを活かすチームワークの重要性

1）チームワークとは

第4章では組織化について考えていただきましたが、ここでは、実際に組織・チームづくりをするための働きかけについて触れていきます。

チームという言葉を聞くと、ラグビーワールドカップ2019、日本代表チームの「One Team」というスローガンを思い出す人も多いのではないでしょうか。チームが一体感をもち、「1人のリーダーに頼らないチーム」づくりをめざし、目的を共有しながらも1人ひとりが自分の持ち味を活かして戦い、ベスト8へ進む快挙を成し遂げました。まさに「One Team」として成果をあげたのです。そして、その後のテレビやイベントでは誰も彼らたちを「Group（グループ）」という言い方をする人はいませんでした。それではチームとは何なのでしょうか？

チームの語源は「馬車の馬をお互いに結び付けるときに使っていた鎖」の呼び名に由来があり、グループは本来「1つのまとまり」を意味しています。つまり、**チームとはある目的や理念（信念あるいは価値観）を抱き、互いに助け合い、共鳴・協働しあうメンバーをまとめあげた姿であり、グループは必ずしも目的や理念を必要としないまとまり**と言えます。

単に全員が同じ行動をとることではありません。真のチームでは、メンバー1人ひとりが相互の動きを感じあい、共鳴しあいながら、自分の強みや持ち味、専門性を活かして主体的に動きます。ラグビー日本代表チームであれば、目的は優勝であり、理念は「One Team」と言えるかもしれません。ゲーム中は互いに助け合うとともに、言葉を発していなくても仲間の動きを感じて反応しあっていました。主体的に自分の強みを発揮し、動くメンバーが共につながったことで「チーム」という姿になったのです。

組織においては、「チーム」という名前がない場合であっても「係」「課」

「部」「プロジェクト」といった名称に置きかえて考えることができます。最近では働き方の変化もあり、時間や空間、組織の枠を超えての協働がはじまっています。国を越えたり、組織外の人たちであっても同じ目的や理念を抱き、課題解決に向かい、一緒に行動をおこすのであれば「チーム」と呼べます。

そして、チームワークとは、**「目的を達成するために、メンバー個々の持ち味や力を十分に引き出し、協働しながら全員でプラスアルファの力を生み出す働きかけ」**であり、相乗効果を生み出すことが期待されています。チームメンバーが10人いて、それぞれが100の力を持っていたとしたら、協働することにより1000の力だけではなく、プラスアルファ100の力が引き出され、1100の力になるという考え方です。

2）強みを活かしたチームワークが求められる理由

変化が激しい時代においては、イノベーション（全く新しい何かを生み出すこと）が日々求められています。かつての管理者は先頭に立ち、メンバーを引っ張り、誰よりも困難を突破する力を持つ立場でした。しかし、今となってはどんなに優秀であったとしても１人の力に頼ること自体に無理があります。

日本の組織は他の国に比べて、阿吽の呼吸、連携するという意識は高いとされてきました。しかし、実際は「出る杭は打たれる」を気にしすぎてしまい、異なる意見をぶつけあうことがなく、そこそこのところで折り合いをつけてしまって、個々の強みや可能性が発揮されないことも多いのではないでしょうか。仲良しクラブのチームでは新しく、とんがった意見は否定されやすいものです。イノベーションを生み出すためには、これまでの前提を否定することも多く、様々な軋轢や摩擦が伴います。せっかく全員が良いものを持っていても相乗効果どころか、空中分解が起きてしまいます。それを乗り越えるためにも、**強みを生かしあうようなチームをつくり、チームワークを発揮していくことが組織の生き残りには欠かせなくなった**のです。

アメリカ、ハーバード・ビジネススクールのリンダ・A・ヒル教授は、イノベーションを生み出した組織を研究し、著書『コレクティブ・ジーニアス（集合天才)』の中で、「イノベーションとは、個人の努力を個人の努力以上のものにする『チームスポーツ』だといえる。ほんとうに創造的なグループは、たえず各メンバーの「天才の一片」を引き出して、１つにまとめ、『集合天才』にすることができる」とし、メンバーの才能を結集し､集団の力を最大化させるために背後から指揮するような｢羊飼い｣のような存在がリーダーに求められていることを提唱しています。メンバーの強みや持ち味（天才の一片）をつなぎ、助け合い、自ら進んで立ち向かえるような「チーム」と「場」づくりがされると、腰が引けるような大きな壁であっても乗り越えられるということです。

2．管理者によるチームづくり、組織化活動－職場がチームになっている状態をつくる

自職場を真のチームにするためには、メンバーが目的・理念・約束事を受け入れ、チームに所属している気持ちや誇りを生み出すことが欠かせません。管理者は目的や理念の共有化、仕組みづくりへの取り組みが求められます。

1）共通の目的に向かっている（目的の理解と受容）

自職場のメンバーは、「なぜ今ここにいるのか？」という問いかけにどのように答えるのでしょうか？　全員が共通の目的を互いに理解し受容しあっていることは必須です。文字面だけではなく、メンバーが個人の立場を離れて、チーム全体を意識し、めざすことを腹落ちしていなければなりません。「なぜこの目的なのか」「誰のためなのか」に納得し、この仕事の先には価値を提供する人がいることを感じられれば、そこに向かうパートナーとして協力しあおうという気持ちが生まれます。

ここで忘れないでほしいことは、**目的は環境変化に大きな影響を受ける**という点です。チームで取り組む道のりにおいて、変化は起き続けます。繰り返し、メンバーとなぜこの仕事をするのか、誰のための仕事なのかを対話し続けるチームにする必要があります。対話を通じて、組織

の目的と、メンバー個人の目的や成長も重なり合うところがあることを心の底から受け止めてもらうことで、共通の目的への納得は高まります。

2）共通の理念を礎とする

第４章で理念について説明していますが、チームも組織と考えると、短期的な存在であったとしても理念が必要です。「烏合の衆」にならないためにも、**共通の判断軸として、信念あるいは価値観と言える理念を礎にして、つながりながら主体的に動けるもの**が求められます。

自組織においても、メンバーと「判断し、行動する時に、何を大事にするのか、なぜ大事なのか」ということを語り合う時間はとれているでしょうか。行動した理由が理念にどのように紐づいているのかをふりかえり、共有し、確認しあうチームであるからこそ、他のメンバーが見えないところにいても、どのように判断し、動くかが想定でき、自分の行動をためらうことなく決められます。

3）発見、創造、協働を促進しあう約束事がある（約束、ルールを守る）

単に歩調を合わせて、互いの意見に同意すれば良いというわけではありません。多様な人材が集まれば集まるほど、利害が一致せず、緊張や対立は高まり、相手を否定したくなる感情も生まれます。

この緊張を緩和したり、発見や創造、協働を生み出すためには、明文化されているいないに関わらず、運営上の約束事が必要です。多様性を尊重すると言う一方で、約束事と聞くと、しばられるような矛盾を感じるかもしれません。しかし、約束事は個々の自分らしさや意見を封じ込めるものではありません。逆に本音での語り合いを促進するためのものです。

〈1〉コミュニケーションのとり方の約束事

ある人の意見がかなり突飛で、他のメンバー全員が無理と思っていたとします。その意見に対してどのように向き合うのでしょうか。「でもね…」「それはこの環境ではできない」「うちでは無理」といったような声が１回でも挙がれば、その後、多面的な意見は挙がりにくくなります。「突飛な意見は受け入れられない」という暗黙のルールがつくられた瞬間に、メンバーの強みを生かしたチームにはなりえなくなるのです。

心理的安全性を高めることを今一度思い出してください。尊重しあったり、思いやったり、相手の意見を否定するのではなく、取り入れてさらに良いものにしようとするチームであることが信じられれば、本音で話しやすくなります。

「相手の発言は最後まで聴く」「相手の意見を否定しない」「『でも…』と言わない」「個人的な批判をしない」「肩書きにとらわれず、自由に発言する」「楽しみながら意見を交わす」など、自分と異なる意見が出た時にどのように受け止めるのか、どのような姿勢、表情、立ち居振る舞いで異論を述べるのかなども配慮するということです。特に組織の中では背後にある「役職」という看板が無意識に影響を与えることもあります。その影響を抑えるためにも話し合いの約束事が必要です。

〈2〉意思決定の仕方の約束事

チーム内が膠着したり、ジレンマが起きるのは意思決定の場面でよく見られます。例えば、全体最適で判断するのか、部分最適で判断するのか、あるいは長期的に考えるのか、短期的に考えるのかといったように、相反する場合は結論が大きく異なり、一歩も引けなくなっていきます。そこで「ジレンマが起きたら目的に立ち戻って議論する」「対立する意見が出たら、両方を融合させた第三案を導く」など、意思決定する時の決め事があると、一緒に前に進めます。

時にその場のひらめきで大きく舵取りされることもありますが、事実・データの活用の仕方や意思決定における重みづけも確認する必要があります。その場の意見に流されず、調査で裏づけをとるといったことで納得感が高められます。

Column 17

日常の行動と理念を紐付ける管理者に

理念に共鳴するチームづくりは、１つの別の仕事と思うと後回しになりがちです。そこで、日常の仕事の中に、理念を考える場・時間を組み込むことが、共鳴を促進させます。

流通Ｖ社では社会に貢献し、そこで生きる人を尊重し、お客様を大事にするというように、相手を思いやる心を重視した経営がされています。日々の朝礼や研修の場での理念唱和もしていますが、それ以上に、なぜ大事なのかをその場、その場で問いかけあうことを重視しています。例えば、唱和する文言に感謝や信頼といった言葉があるのに、下を向きながら笑顔もなく、小さな声で唱和していれば、「今「感謝」という言葉を唱和しましたが、先ほどのだるそうな表情は感謝の表情ですか？」「今の行動を理念に照らし合わせるとどうですか？」という問いかけが上司・先輩からなされるのです。

現場の具体的な行動やエピソードがあるからこそメンバーの頭に理念の具現化のイメージが浮かび、共感が生まれているのです。理念を押し付けるというよりは、個々人の価値観と照らし合わせながら、根っこになっていく様子を感じました。みな、違う木として成長するものの、その根っこには大事な言葉と考え方があり、災害など緊急事態が起きた時であっても一致団結し、プラスアルファを生み出すのです。

理念共鳴においては、他にも以下のような組織の取り組みが見られますが、大事なことは、ツールをつくったり、仕組みをつくることではありません。メンバーの経験や行動と理念とを本人自らが紐づけたり、意味付けたり、共感しあったり、それを実直に繰り返し、習慣化していくことなのです。

1．知る

（1）カードを携帯する

（2）書籍・ビデオ（現場での具現化事例）を作成する

（3）理念を象徴する部署や歴史館、資料館を設置する

2．理解する

（1）朝礼、会議、懇親会での理念唱和、具現化した経験談の紹介を行う

（2）作文、詩、芝居の作成を通じて、深く考える時間をとる

（3）理念共鳴研修（社内講師、社外講師）を実施する

（4）社内講師（幹部・管理者）の育成を行う（育成することで幹部の教育にもなる）

3．仕組みをつくる

（1）価値観に共鳴する人材を採用する

（2）評価・給与制度と連動させる

3．強みを生かしてイノベーションを起こすチームへ

お互いの強みや違いを受け止め、問題を共有する場をつくることが重要です。お互いに啓発しあい、相互に自律して支援しあう姿勢が望まれます。

1）大量で多様な強みやアイデアを結びつける

ある課題を解決すると、異なる課題を生み出すというように、ものごとは複雑に連動しています。このような中で新しいものを生むには、より高い視点から、全体像を捉えて、多様な強みやアイデアを結びつけて考えることを習慣化していくことが有効です。異質なものと、異質なものを結びつけると、最初は「相いれないのではないか」「無理じゃないか」という不安や、「こんなことをしても意味がない」という不満は噴出します。ここで、管理者がやりがちなのが短絡的な意思決定です。しかし、

ものごとは連動しあっていることを考えると、できる限り高い視座で全体像を広げ、完全ではなくても複合する課題を解決するためにより良いものをめざしましょう。大量で多様なアイデアを複合・統合させて、磨き、発展させるからこそイノベーションは起きるのです。

2）対立と創造を起こす

集合天才というチームづくりをしていくためにも、多面的なアイデアを大量に出しあい、本音でそのアイデアへの意見を述べたり、反論したりというように、健全な対立や摩擦を起こすことに執念をもつことが重要です。これまで「忖度」が過剰であった組織ほど、執念を抱くほど徹底しなければ、立ち向かえないからです。そこそこの調和を保とうとして、「このへんで、落としどころ」と考える管理者に、イノベーションを起こすチームはつくれません。

管理者は対立を生み出すことを奨励するとともに、対立した時にお互いを配慮する約束事をメンバーに思い出させる働きかけが期待されます。感情が噴出した時に「相手のアイデアを否定しても、相手の人格を否定しない」「アイデア・意見と人を分離するために、ホワイトボードに見える化する（文字になった瞬間、その意見は意見を出したＡさんから放され、他のメンバーがアイデアを付け加えることでみんなの意見になる）」「本音を出して、徹底的に語り尽くすことに意味があることを伝え続ける」など、対立と創造を生み出す場をつくることが重要です。

3）試しながら、素早く、不完全で一歩前へ

つくるものが最初からわかっていれば､そんな簡単な話はありません。計画を立てて、実行していけば済むのかもしれません。一番やっかいなのが、これまでの延長戦ではないものがイノベーションであるということです。誰も見たことも聞いたことも、考えたこともないことは、最初からつくるものがわからないということです。それを考えると、ヨチヨチ歩きだとしても、早い段階で小まめに試してみたり、誰かの意見を聞いてみたりすることが効果的です。失敗し続けること、そして失敗を失

敗のままにせず生かすよう、メンバーを勇気付けしていくことが、プラスアルファを生み出します。

「ヒト・モノ・カネ・時間・情報」といったリソースには限界があり、自由に創造性あふれるチームを創りたくても創れないという人も少なくありません。しかし、本当にそうでしょうか。制約があるからこそ、自由に考えられることもあります。制約の中で強制的にアイデアを出すからこそ、突飛なものも生まれたり、組み合わせようというチームワークが育まれ、イノベーションが生まれるのかもしれません。

Column 18

タックマン・モデル

アメリカの心理学者、ブルース．W. タックマンは、チームになっていくプロセスとして4段階を提唱しました（タックマンはのちに第5段階目としてチームの目的が達成され、解散し、別の目的に向かって動き出すという段階を設定しています）。そして、Stormingという嵐のように混乱が生まれる段階を避けずに向き合う重要性を説いています。

チームという状態は目に見える仕切りがあるわけではありません。相互に影響を与えながらも、それが見えないまま仕事をしています。どのような状態かが100％正確につかめないものの、何の疑いもなく「チームとなっている」と思わず、段階にあった働きかけを意識していきましょう。

1）Forming（フォーミング：チームが結成される段階）

メンバーが決まり、チームが編成されたばかりの時はお互いのことを知らず、緊張感や遠慮が生まれます。本音で話すこともなく、様子見します。お互い和やかなムードが漂うかもしれませんが、チームがつくられているとは限りません。この段階ではチームの目的や理念、約束事を丁寧に説明、確認しあいながら仕事を進めていく必要があります。

2）Storming（ストーミング：混乱が生まれる段階）

メンバー同士の対話がはじまり、主張や考え方も多様なことから、ぶつかり合いが起きて、混乱する段階です。メンバーは互いの言動や考え方、価値観、方法の違いが気になり、時にはゴールイメージも食い違い、対立が生まれます。この段階では、互いの強みや持ち味、価値観などを理解する対話の場を短くても頻繁につくることが効果的です。

3）Norming（ノーミング：共通の規範や自分の役割が明確になる段階）

嵐のようなストーミング段階から脱して、チームの目的や役割、規範などが明確化し、チームが安定する状態です。お互いの強みや違いも受けとめ、チームが安定し、まとまりを見せはじめます。この段階では互いの仕事の状況や抱えている問題などを共有していくような場をつくることも重要です。

4）Performing（パフォーミング：チームとして成果を出す段階）

チームが真のチームとなり、一体感をもって、協働しあう段階です。お互いに感知しあい、信じて、主体的に動きだします。個々の力が最大限に発揮され、チームとして成果を出す状態です。個々に自律しており、細かな指示を出しあうよりも、信じて支援しあう姿勢をとることが重要です。

対立を避けたい気持ちから、ストーミング段階へとあえて移行しないようにするチームもあるかもしれませんが、タックマンはストーミング、ノーミングを経験することで、パフォーミングへ進めるとしています。対立や摩擦をおこす意味は大きいということです。

図表5-35は、チームワーク強化に向けた管理者の取り組みを見るチェックリストです。自分について、以下で示される内容にどの程度当てはまるかを判断し、○印をつけてください。

図表 5-35　チームワーク強化への管理者の取り組みチェックリスト

評価点：１当てはまらない－どちらともいえない－５当てはまる

	項目	チェック
1	メンバーに目的や背景を丁寧に説明し、理解してもらえるよう努力している	1　2　3　4　5
2	共通の判断軸となる価値観や理念を明確にし、なぜ大事なのかを語り合うようにしている	1　2　3　4　5
3	メンバーの強みや持ち味を理解し、活かすようにしている	1　2　3　4　5
4	チーム全体の成果と、メンバー個々人の成長・成果がつながるよう努力している	1　2　3　4　5
5	チーム内での発見や創造、協働を生み出すための約束事を決めている（コミュニケーションのとり方、意思決定の仕方など）	1　2　3　4　5
6	チームメンバーが本音で話し合える場づくりを意識している	1　2　3　4　5
7	多様な意見やアイデアを引き出すために、問いかけるようにしている	1　2　3　4　5
8	メンバーに対して健全な対立を生み出すことを奨励している	1　2　3　4　5
9	メンバー１人ひとりのアイデアや意見を具体化・見える化するようにしている（ホワイトボードやパワーポイントの活用など）	1　2　3　4　5
10	経験や実践をふりかえり、フィードバックし、次へ活かすようメンバーを勇気付けしている	1　2　3　4　5

問い

メンバーとチームの目的や理念について対話をしていますか？　なぜそれが必要なのでしょうか？　メンバーの仕事の節目や PDCA の CA の段階で、改めて、目的・理念と実際の行動とを照らし合わせ、向き合うことも考えてみましょう。

Column 19

集団天才を導く働きかけ：コレクティブインパクト・リーダーシップ©の要素

日本能率協会マネジメントセンターでは創業から時代を超えて、「集団天才」という言葉を大事にし、行動する上での価値観にもなっています。そのような中で、社会課題と組織利潤を同時に追求し、社会の様々な利害関係者と「集団天才」（チーム）になって、新たな価値、イノベーションを生み出すリーダーの要素として以下を挙げています。

従来の管理者に求められてきたものから、新たな価値を生み出す管理者に求められるものには大きな変化が起きていることがわかります。

大分類	小分類		領域	内容	要素
コレクティブインパクトを起こす場を創る働きかけ	1. 人による働きかけ	1	人を刺激する	社内外の必要な情報を人と人とを直接やり取りさせることで、刺激を与える	情報量を増やしあう
					社会との関わりを広げ続ける
					相互のやり取りを増やしあう
		2	考えを統（す）べる	考えや思いを語り尽くすことで共感を生み、本質的な価値観を共有し大切にできることを再確認する	語り尽くして変化を生み出しあう
					お互いが変化することを認めあう
					未来に残すことを見極めあう
		3	常識化する	自分たちの本質的価値観を伝承し続け、情報を探り続け、お互いに情報をやり取りし続ける	見極めたものを残すことにこだわる
					情報を探り続けることを習慣化する
					相互のやり取りを習慣化する

	2.枠組みによる働きかけ	4	共有する	考え方の枠組みを示しながら多様性を認め、組織の経営スタイルと独自性を追求することを共有する	経営スタイルや風土の理解を促しあう
					社会観やものごとの良し悪しを伝えあう
					多様性を認めあう
		5	指し示す	自社の強みをメンバー全員に強く認識させ、将来のありようを語り尽くした上で、これからの白組織のありようを方向性として指し示す	自分たちの強みを明確に示しあう
					将来のありようを語り尽くす(描き続ける)
					社会へのインパクトを見つけ続ける
		6	基盤を変える	メンバー自身が主体的に動けていると感じ、自主性の発揮を奨励できる組織になるように、指揮・命令系統、情報の流通経路や風土、制度、規定を変える	組織の形態や仕事のモデルを変える
					情報の流れの構造を変える
					職場のルールを変える

出典：「コレクティブインパクト・リーダーシップ©」テキスト、CIL360診断項目（日本能率協会マネジメントセンター）を参考に作成

Journey Map
さらなる高みへ
成長し続ける
管理者
第6章 マネジメントの実践
第5章 メンバー個々人の主体性を活かす
第4章 組織を活かす
第3章 自分(=管理者)を活かす
第1章 マネジメントの基本知識
第2章 管理者の役割
組織
社会

最後に…

第6章

マネジメントの実践

この章では、これまで第３章「自分（＝管理者）を活かす」、第４章「組織を活かす」、第５章「メンバー個々人の主体性を活かす」で解説してきた内容を踏まえ、昨今耳にする新しい概念や激変する社会環境変化などを背景に、どのようにマネジメントの実践を図っていくかをまとめました。「管理者への旅」の総仕上げとして実践していきましょう。

6-1 »「自分（=管理者）を活かす」マネジメントの実践

1．レジリエンス（逆境に順応する力）

レジリエンスとは、**「様々な逆境に直面しても順応するプロセス、回復力、立ち直る力、再起力」**という意味合いがあります。

レジリエンスは生まれつき備わっているものではなく、誰もが学べる行動や考え方でもあります。筋肉トレーニングと同様に、日々鍛えていきましょう。

1）管理者として折れない心をつくる

働き、生きる中でストレスを感じない人はいないものです。特に管理者は限られた情報の中で判断をしたり、多様な人々の間の対立に向き合ったり、情報や技術の発展に追いつけない自分を感じたり、上から下からもっと早く、もっとたくさん、もっと安全にと高い理想を突きつけられます。しかし、なかなか思うようにいかないことも多く、ストレスを感じる毎日ではないでしょうか。管理者になって特に身にこたえるのが、売上拡大、生産性向上、事業の成長といった数字や財務面の追求です。自分の能力をはっきりと数値で示されることで比較しやすく、大きなプレッシャーとなります。プレイヤーの時には優秀だったからこそ管理者になったという自負があり、成果が生み出せないとジレンマを感じるものです。最近では管理者になりたくないという若手人材が増えていますが、その理由の１つに、身近な管理者が心身ともに疲れ果てていて、「あの給与、手当てで、苦しそうに働く自分にはなりたくない」ということがあります。

管理者にとってストレスは避けて通れないものです。しかし、これは自然なことであり、人は理想をめざして生きる中、現実とのギャップを認識するとストレスを感じます。

つらいことが起きたとしてもこれで人生が終わったり、悪い結末となるわけではありません。変化の激しい中で次々に押し寄せるストレスの波に「負けないぞ」と立ち向かおうとすると、逆にぽきっと折れてしまいます。絶対無理だと思っても、自分でコントロールできたり、修正できたり、しなやかに自分を立ち直らせる方法は多々あります。

立ち向かうよりも、「折れない心」をつくることが大切です。

2）自分のレジリエンスチェック

自分について、図表6-1で示される内容にどの程度当てはまるかを判断し、○印をつけてください。

図表6-1　レジリエンスチェックリスト

評価点：1当てはまらない－どちらともいえない－5当てはまる

	項目	チェック
1	職場のメンバーや関係者と良好な、助け合える関係を築いている	1　2　3　4　5
2	逆境やストレスの高い状況下でも、「乗り越えられない」とは捉えない	1　2　3　4　5
3	変化は生活の一部と考え、受けとめている	1　2　3　4　5
4	現実的な目標を立て、毎日一歩ずつでも進もうとする	1　2　3　4　5
5	不利な状況におかれても、問題が消えてなくなるのを待つのではなく、決断し行動しようとする	1　2　3　4　5
6	葛藤した経験を通じて自分の成長を実感したり、新たな強みや可能性を発見しようとする	1　2　3　4　5
7	自分の問題解決力に自信をもち、自分には乗り越える力があることを信じられる	1　2　3　4　5
8	ストレスのかかる出来事を長期的な視点で考え、多面的に捉えるようにしている	1　2　3　4　5
9	人生には良いことが起こると楽観的な考え方をし、希望を抱いている	1　2　3　4　5
10	自分の心と体を大切にし、自分の欲しいものと気持ちに注意を払う	1　2　3　4　5

出典："The Road to Resilience：10 ways to build Resilience" American Psychological Associationを参考に作成

これら10項目は大きく4つに分かれます。

①良い人間関係を築き、保つこと ②心身ともに健康であること ③目的や目標をもって確実に進むこと ④健全な考え方（変化を受け入れ、ものの見方を変える）を心がけること

中でも互いに信頼や尊敬、愛情を育み、励まし、勇気付けしあったり、情報を共有しあったり、アドバイスしあったりする人間関係づくりは重要な要素となっています。

3）レジリエンスを高める方法

チェックリストの点数が高い、低いを気にするよりも、今の自分の状態をふりかえる時間をとることが重要です。また、10項目の中で点数が低いものに関しては、以下を参考に、1つの項目だけでも高める一歩を踏み出してみましょう。

〈1〉良好な人間関係

困難が起きた時ほど孤独感は募ります。日ごろから職場のメンバーや関係者、家族、友人との関係性を良くしていきましょう。社会とのつながりをもち、自ら支援の行動をとり、相互に助け合う仲間だと信じあえる状態を保てるとレジリエンスは高まります。

〈2〉逆境やストレスは乗り越えられるもの

ストレスのかかることが起きたという事実は変えられないものです。そこに着目するよりは、しなやかにそのストレスを受け入れ、好転しそうなことや、少しでも良くなるための方法に注力してみてください。大きな壁と思っていても必ず穴が見つかり、小さな力でこじあけられます。

〈3〉変化は生活の一部

変えられない環境や状況があることをまずは受け入れることも重要です。「変えよう」と思うこと自体がストレスになります。それよりも、変化は生活の一部、自然なことであり、自分が受け入れられれば一緒に変われることにも目を向けていきましょう。

〈4〉現実的な目標と行動

目標に到達できないと思うと人は打ちひしがれ、現実と理想のギャップから、さらにストレスが増すものです。現実的な目標を立て、それに向かって定期的に、少しずつでも進み、その足跡を目に見えるようにすることが重要です。どのような小さな一歩であったとしても、必ずゴールに向かっていることが実感できます。

〈5〉決断と実行

逆境においても、一歩でも動くと状況は変わります。南アメリカで蝶が羽ばたくと、北アメリカに竜巻が起きるということを例えた「バタフライ効果」という言葉があります。どんなに小さなことも様々な影響を引き起こし、大きなインパクトにつながることを示しています。嫌なことや問題を見て見ぬふりをしたり、なくなることをじっと待つよりも、自分が決断し、行動を起こす方がはるかにレジリエンスは高まります。

〈6〉自分の可能性の発見

悩んだり、葛藤したりという経験をそのままにしておくのはもったいないことです。全ての経験は意味があり、自分を成長させてくれます。その経験を通じて、どのように成長したのかを感じたり、新たな強みや可能性を発見する機会にすることも重要です。

〈7〉自信

困難に直面しても解決できる力を持ちながら、それを信じられない人は少なくありません。ものごとを分解してみると、一部であっても自分に解決できることはあるはずです。「自分には無理」と思わず、「自分にできることは何があるだろう」と考えることからはじめると、困難を受け入れる勇気がわいてきます。

〈8〉長期的・多面的・全体的な考え方

ストレスのかかる出来事を短絡的に捉えたり、断片的に捉えるだけでは、かえって自分の道をふさいでしまいます。今はつらいできごとも長期的に捉えると良い経験になるのかもしれません。また、多面的に捉えたり、全体像を押さえようとしながら考えると、全ての出来事は意味ある出来事に思えてくるものです。

〈9〉楽観的な考え方

「人生には良いことが起きる」と楽観的な考え方をすることで、見落としていた突破口が見えてきます。日々、前向きで明るい言葉、「できる」「やれる」を口癖にしたり、自分の欲しいものは何か、そしてそれが必ず手に入れられると希望を抱くことが、楽観的な自分をつくります。

〈10〉自分を大切に扱う

管理者はメンバーへの配慮も大事ですが、自分の心と体も大切にしましょう。自分が健康であったり、自分自身を助けられないと、他の人を助けることはできません。定期的な運動をしたり、楽しんだり、リラックスするようなことを探しましょう。最近では瞑想やヨガ、呼吸法、茶道、音楽活動などに取り組む管理者も増えました。いろいろ試すうちに自分に合うものが必ず見つかります。

アメリカの心理学者でポジティブ心理学の大家であるマーティン・セリグマンは、長年、楽観主義者と悲観主義者の研究を続けてきました。著書『オプティミストはなぜ成功するか』の中で、悲観論者は「悪いことは長く続き、自分は何をやっても上手くいかないだろうし、それは自分が悪いからだと思い込む」としています。一方、楽観主義者は同じような不運に見舞われても反対の見方をします。「敗北は一時的なもので、その原因もこの場合だけだと考える。そして、挫折は自分のせいだけではなく、そのときの状況とか、不運とか、他の人々によるものだ」と信じて、敗北してもめげずに、これは試練だと考えて、もっと努力をするそうです。

結果として、楽観主義者のほうがものごとは好転しやすく、成果もあがります。自分がどのような考え方をするかをふりかえる上で参考にしてください。

4）自分にあったレジリエンスの高め方

人はみな異なる方法で逆境から立ち直ることができます。ぜひ、自分にあったレジリエンスの高め方も考えてみましょう。

〈1〉過去の経験から見つける

自分がかつて逆境から立ち上がった経験などを思い出してみると、自分らしいレジリエンスの高め方が見つかることもあります。どのようにストレスを感じたのか、誰に助けを求めようとしたのか、その経験から自分について理解したことは何か、他の人を助けたことはあるのか、逆境に打ち勝てたのはなぜか、未来に向けて希望を持てたのは何か理由があるのかなど、自分に問いかけてみると自分を立ち直らせて、前へと進ませた要因が見えてきます。

〈2〉「考え方のクセ」から生じる思い込み・感情・口癖

自分の考え方のクセを把握しておくことも、落ち込んだ感情をコントロールする上で有効です。**起きたことに良い悪いはありません。起きたことをどう捉えて、解釈するかによって、感情が生まれ、感情は行動を生み出します。考え方のクセはこの解釈に影響を及ぼすことになります。**

ポジティブ心理学者のイローナ・ボニウェルはマイナスの思い込みを７種類に分類しています。思い込みは生まれつきのものではなく、育った環境や経験を通じて身についた考え方のクセと言えます。自分にはどのようなクセがあるのでしょうか？　図表6-2に示した思い込みと口癖を読み、当てはまるものにレをつけてみてください。

図表6-2　考えかたのクセチェックリスト

考え方のクセ	思い込み	口癖チェック ☑をつけてみましょう
べき思考	「こうあるべきだ」という強い考えをもち、その期待に沿わない人の態度にイライラしてしまう	□「(それは) ～べきだ」 □「不公平だ」 □「その考え方は間違っている」
減点思考	自分のできないことや足りない点が気になって自信をなくし、ネガティブな感情を生んでしまう	□「自分は役に立たないダメな人間だ」 □「他の人は自分よりよくできる」 □「こんなこともできない自分が情けない」
悲観思考	将来のことを憂い、今後も上手くいかないのではないかと心配させてしまう	□「どうせ上手くいかない」 □「きっと問題は他にも広がる」 □「本当に大丈夫だろうか」
無力思考	問題に直面すると「自分はこの問題をコントロールできない」と決めつけてしまう	□「きっと上手くいかないから、やめたほうがいい」 □「自分の手には負えない」 □「諦めるなら早いほうがいい」
自責思考	自分に自信がなく失敗すると、その原因を自己関連付けして、過剰に自分を責めてしまう	□「失敗したのは私のせいだ」 □「あの人に迷惑をかけたのは私のせいだ」 □「これではビジネスパーソンとして失格だ」
他責思考	問題の原因は他人にあると捉え、非難、批判してしまう。批判の矛先が自分に向けられ、自分にイライラしてしまうケースもある	□「私は悪くない」 □「上手くいかないのは相手のせいだ」 □「もっと注意深く行動しなければならない」
無責思考	トラブルが起きても「我関せず」の立場をとり、「この問題は自分に関係ない」と考える	□「焦ってもしかたない」 □「なんとかなるんじゃないか」 □「自分には関係ないから勝手にしたら？」

出典：『マンガでやさしくわかるレジリエンス』久世浩司著、松尾陽子、朝戸ころも（日本能率協会マネジメントセンター）を参考に作成

人は何かしらの思い込みを持っているものです。自分の思い込みを理解し、自分を苦しくするのであれば、時にはそれを手放すことも重要です。状況のポジティブな側面に目を向けることでマイナスの思い込みも転換できます。「コップに水が半分ある」という状況を「半分しかない」と解釈するのと、「半分もある」と解釈するのとでは、その後の感情と行動は大きく変わります。

例えば、課長のAさんは「こうあるべきだ」という「べき思考」の思い込みがあるとします。メンバーのBさんに指示を出したところ、なかなか行動に移してくれません。Aさんは「自分が指示したことは重要なので、すぐに実行すべきだ」と思っており、イライラは募ります。この状態が続けば、「Bさん、早くとりかかってくれないと間に合わないよ」と怒りの口調になりそうです。そこで、「べき思考」から離れて、別の視点から捉えてみることにしました。Bさんが取り組まない理由は、「重要だということや背景理由を伝わるように伝えていなかったのかもしれない」「反抗しているというよりは、目的が腹落ちしていないのかもしれない。あるいは何から取りかかればいいのか考えているのかもしれない」「Bさんの仕事の状況について確認をしていなかったので、優先順位の考え方が自分とずれが生じてしまったのかもしれない」。このように考えてみると、AさんがBさんの様子にイラつき、叱ろうとしていたことが、話し合いを持つという行動に変わり、状況が改善する可能性が高まります。

思い込みの罠にはまらず、ものの見方を少しだけ変えてみると、膠着状態から突破できるのかもしれません。

2．エモーショナル・インテリジェンス（EI、EQ）

エモーショナル・インテリジェンスとは、社会生活を営む際に必要となる知能の部分集合です。具体的には、**自分自身や他人の気持ちや感情がどのようであるか観察し、識別した上で、そこから得られた情報を用いて、自分の思考や行動を決定する能力**とされています。

1）組織の中の感情

「この人は頭が良いが一緒に働きたくない」という人は近くにいませんか？　逆に、「この人となら乗り越えていける。頑張れる」「一緒にいると楽しい」と思う人はどのような人でしょうか？　自分はそのような自分でしょうか？　信頼できる上司であれば困難に直面しても楽しく感じたり、がんばり続けられますが、一緒に働きたくない上司であれば、イライラしてミスが増えるのかもしれません。ぽろっと感情的な反応をしたり、ため息がこぼれ、信頼を崩してしまうということもあります。

このように、組織の中には「情」と「理」がありますが、多くの場合「感情」に関することは議論にあがってこないまま、意思決定が行われています。職場での感情は仕事に大きな影響を与えるにも関わらず、軽視されたり、後回しにされがちです。

そこでヒントになるのが、エモーショナル・インテリジェンスです。**感情知能**と訳され、**感情を上手く活用する力**と言われています。自分が一緒に働く人たちの感情を理解し、より良い職場づくりにどのように生かしているのかを考えてみましょう。

2）IQとEIあるいはEQ（エモーショナル・インテリジェンス）

IQ（Intelligence quotient: 知能指数）という言葉はなじみがあり、知っている人も多いのではないでしょうか。IQが高いほど知能が高いことを示します。それに対してEQ（Emotional quotient：感情の知能指数）は、Emotional Intelligence（感情知能：自分と他者の感情を知り、コントロールし、活用する知能）を測定する指数として、アメリカの社会心理学者、ピーター・サロベイとジョン・メイヤーによって提唱されました。今ではEIとEQはほぼ同様に扱われています。

これまではIQの高い人がビジネスパーソンとしても成功すると考えられていましたが、２人の調査結果では職場で活躍し、成功する人は対人関係能力に優れていることが明らかになりました。そして、自分や他者の感情を知るだけではなく、感情が与える影響（対自分、対他者）を利用することができれば、人と人はより良く関わりあえると唱えています。

例えば、管理者は多くの人に働きかけるため、ストレスがかかり、感情のアップダウンも起きます。役員から売上について指摘を受け、つらい気持ちでいる時に、「業績をあげないと」と業務面に視点が行き、つらい感情が把握できないとコントロールできなくなります。コントロールできないということは、感情が表情、しぐさ、アイコンタクト、声の出し方などで無意識に表現されてしまい、暗い顔で打ち合わせに出席し、メンバーの目を見ないで会話をしているかもしれません。

反対に、自分のつらい気持ちに気づけば、メンバーに正直に伝え、今後のことを一緒に話し合うことができます。つらく笑えない状況でも、ミスで落ち込んでいるメンバーに気がつけば、意図しておだやかな表情をつくり、「ここを乗り越えたら、おいしいものでも食べにいこう」と声をかけられます。これによりメンバーは落ち着きを取り戻せるかもしれません。このように、感情を理解するからこそ、打てる手が多々見つかります。

3）自分のエモーショナル・インテリジェンスチェック

日々の生活の中で、自分が今、何をどう感じているのかを具体的につかむことは重要です。わかるからこそ感情をコントロールできるのです。まずは自分のEQの状態をセルフチェックで確認しましょう。

メンバーや関係者と対話や打ち合わせをしている時の自分をふりかえり、図表6-3で示される内容にどの程度当てはまるかを判断し、○印をつけてください。

図表 6-3　エモーショナル・インテリジェンスチェックリスト

評価点：１当てはまらないーどちらともいえないー５当てはまる

◎	No	項目	チェック
①	1	自分が言いたいことややりたいことを自分に問いかけ、整理している	1　2　3　4　5
①	2	自分の気持ちを感じて、大切にしている	1　2　3　4　5
②	3	自分の気持ちを細やかに表現するようにしている	1　2　3　4　5
②	4	自分の意見を率直に伝えている	1　2　3　4　5
③	5	メンバーの発言の背景・理由を理解しようと努めている	1　2　3　4　5
③	6	メンバーの非言語コミュニケーション（表情、しぐさ、声など）も観察し理解しようとしている	1　2　3　4　5
④	7	メンバーの様子を察知し、自分にできることを考えるようにしている	1　2　3　4　5
④	8	場の雰囲気や全体の様子にも配慮している	1　2　3　4　5
⑤	9	自分の間違いを素直に認めることができる	1　2　3　4　5
⑤	10	予想外の意見や自分へのアドバイスを素直に受け入れられる	1　2　3　4　5
⑥	11	多様な意見を取り入れ、より良いものを生み出そうとしている	1　2　3　4　5
⑥	12	予想外のことが起きても、戸惑わず柔軟に対応している	1　2　3　4　5
⑦	13	対話や議論を前向きに捉え、楽しんでいる	1　2　3　4　5
⑦	14	対立が起きると、新たなものを生み出すチャンスと捉えている	1　2　3　4　5
⑧	15	重要な意思決定であっても、自責で判断している	1　2　3　4　5
⑧	16	メンバー全員の可能性を引き出す行動をとっている	1　2　3　4　5

出典：「EI Gate ラーニングガイド」（日本能率協会マネジメントセンター）を参考に作成

チェックリストの一番左の「◎」の欄の数字（①～⑧）を見ると、同じ数字の項目が２つずつあります。この２つの項目のスコアを足して図表 6-4 の集計票に記入してください。

図表 6-4　エモーショナル・インテリジェンス集計票

◎	①	②	③	④	⑤	⑥	⑦	⑧	合計
スコア	／10	／10	／10	／10	／10	／10	／10	／10	／80

エモーショナル・インテリジェンスは自己理解（自分の気持ちを理解し、率直に表現できる）、他者理解（他者の気持ちを理解し、思いやりのある行動をとる）、自他受容（相互に尊重し、アドバイスを受け入れ、新たな行動をとろうとする）、主体的関与（今の状況をポジティブに捉えて、自ら行動を起こそうとする）の４次元で捉えることができます。そして、各次元を２つに分けると①自分の感情を知る、②自分の感情を表現する、③他者の感情を尊重する、④自分の役割を把握する、⑤自分に対する、また他者に対する許容範囲が広い、⑥行動の選択肢が多い、⑦どんな状況にも楽しみを見出す、⑧問題解決に自ら携わる、となります。

上記のセルフチェックリストの番号①〜⑧と照らし合わせると、自分のEQを８つの視点から確認できます。どこが高くて、どこが低いのかという凸凹を確認し、自分の特徴を見てみましょう。また、どのような場面で、誰といるとどのような反応になっているのかなど、日常の行動

図表 6-5　エモーショナル・インテリジェンスの次元

次元	自己理解	他者理解	自他受容	主体的関与
内容	■自分がいま何をしたいのか素直に認めることができる	■場を読み、自分が何をできるのかがわかる	■柔軟に状況対応ができる	■自分を動機付け、周囲にも働きかけることができる
	①自分の感情を知る ②自分の感情を表現する	③他者の感情を尊重する ④自分の役割を把握する	⑤自分に対する、また他者に対する許容範囲が広い ⑥行動の選択肢が多い	⑦どんな状況にも楽しみを見出す ⑧問題解決に自ら携わる

と紐付けることも重要です。ふだん意識していなかったものもあるかもしれません。バランスよく発揮できるようになるためにもふりかえりを心がけていきましょう。

4）エモーショナル・インテリジェンスの高め方

〈1〉自己理解を深める

自分が何にうれしさや悲しさを感じているのかがわからないとコントロールはできません。今の自分はどういう気持ちなのか、なぜこう感じるのか、どういう時だとリラックスしているのかなどを確認することは重要です。メンバーとのやり取りでイライラした時こそ、背景、理由を考えてみましょう。業務に追われていると、自分の感情のアップダウンに疎くなりがちです。意識して自分の感情の動きに敏感になることが大切です。

自分の感情を理解し、表現できると自己理解は深まります。例えば、「つらい」という表現をさらに深掘りすると、「痛いほどつらい」、「つらいではなく寂しい」など、違う言葉が出てくるかもしれません。細かいニュアンスを適切な言葉で言い表すためには語彙力も必要です。適切な言葉が見つかると、人は冷静な自分を取り戻しやすくなります。辞書を見たり、小説や歌に出てくる言葉を確認したり、お笑い芸人や落語家などの言い回しを参考に、多様な感情の言葉をストックしておくこともお勧めです。

〈2〉他者理解をする

行動の背景には必ず感情があるものです。メンバーと対話をする時は、相手が何を感じているのか、その背景は何なのかを理解する努力が求められます。特に、感情は非言語コミュニケーションを通じて伝わる部分が多いものです。相手が言葉にできなくても、不安であれば目や口元がゆがんでいるかもしれません。あるいは、話す声のトーンや大きさにも現れます。報告・連絡・相談の時に、言葉や中味とともに、五感でも相手の感情をつかみ、尊重しましょう。

日本語には空気を読むという言葉がありますが、その場の様子を察知して、他の人たちからの期待を把握できると、相手の立場に立った行動ができるようになります。これをレベルアップするためにも、今いる空間で感じることを言葉にしてみてください。どんよりしているのか、うれしそうにしているのか、明るいのか、暗いのか、メンバーからはどのような期待が自分に向けられているのかが明確になると、自分にできることが見えてきます。

〈3〉自他受容をする

メンバーから自分の非を指摘されたり、不満をぶつけられた時に見栄やプライドから、唐突な反応をしたり、恥ずかしくて目を反らしたり、うやむやに終わらせてしまうことはありませんか。素直に認めることは気持ちが落ち着かないかもしれませんが、他者に対する許容範囲を広げます。1つ、2つ非を認めても自分への評価は変わるものではありません。臨機応変に合わせていくことで、受け入れられる幅は広がります。

また、自分の考えにこだわりすぎると、新しい環境や変化に対応することはできません。別の方法を考える中で柔軟性は高まります。決まった時間に行っていることを、あえて違う時間に行ってみたり、いつも使う道とは異なる道を歩いてみたり、朝礼のやり方を変えてみるなど、すぐにできることは色々あります。「変えよう、新しいことを見つけよう、別のやり方を考えよう」という意識が対応の幅を広げます。

〈4〉主体的関与をする

問題が起きたとしても、まずは前向きに何とかしようとする気持ちがあれば、突破できることは多々あります。逆に主体的に取り組もうとしなければ、やらされ感も高まります。「忙しい」ということは「多くの人から期待されている」という捉え方もあります。大きな壁に阻まれた時には「もうだめだ」と落ち込まず、「成長するチャンス」「楽しそう」と考えることで、未来に大きな影響を与えます。

管理者の仕事は影響力も大きいことから、失敗を恐れる気持ちが生まれやすいものです。ネガティブな感情は悪いことではありません。まずはその感情を受け止め、自分には解決できる力があると信じて、やり抜きましょう。自責は自分が背負い込むことではなく、自分に何ができるのかを考えることです。解決に向けて、1人で抱え込まず、メンバーや関係者に相談しながら、「1ミリでも前へ」と動きましょう。

管理者はまずは自分のEQを高めるとともに、メンバーのEQを高めていくことも心がけていきましょう。メンバーの感情も観察し、ポジティブな感情なのか、ネガティブな感情なのかを尋ねて、言葉に出すよう働きかけてください。上司が問いかけ、受容、共感することで、メンバーは自分の感情とも向き合うことになります。感情を場面や状況に応じて使いこなすようになるためにも、日々の仕事を通じて一緒に高めていきましょう。

問い

日々、自分の気持ちを捉えようとしていますか？　自分の今の気持ちを言葉にしてみてください。

3．ボス・マネジメント

ボス・マネジメントとは、**自分の仕事や組織・顧客、社会に高い価値を生み出すために、上司が持つ強みとリソースを引き出すこと**です。自分の成し遂げたいことに対して、上司から支援・協働を引き出すことといえます。

1）ボス・マネジメントとは

管理者の立場になると、メンバーを育成することや関係者に働きかけるということには意識が向きますが、上司・あるいは上司の上司（上位者）との関係性については考えない人も少なくありません。上司の考えに妥協してしまったり、メンバーのために上司と戦ううちに、上司との関係性が築けなくなり、悩んだり、結果的に損をしてしまうという人もいます。「上司とは仲が良い」「協調しながらやっています」「組織だからそこそこのところで落としどころがあり、不満はない」という人も改めて考えてみてください。協調しているつもりでも、自分が一歩引いて、上司の意向を汲んで平穏に進めようとしている意識があるのであれば、それは妥協です。

上司は完璧ではないので、「上司は傾聴ができない。自分が正しいと思っている」「否定から入る」「褒めない」「考え方が違うので、理解してもらえない」「どうせ変わらない。こんなもんだろう」「今更言っても……」と心の中でつぶやくこともあると思います。上司に対する不満は多かれ、少なかれあるものですが、望ましい関係は**自分も言いたいことが主張でき、上司の意向も受け入れる「協調」の関係性**です。そこで必要となるのがボス・マネジメントです。

「ボス（上司）をマネジメントする」ときくと、上司を操ったり、上から目線のように聞こえるかもしれませんが、決して悪い働きかけではありません。

図表 6-6　上司と協働し、価値を生み出す

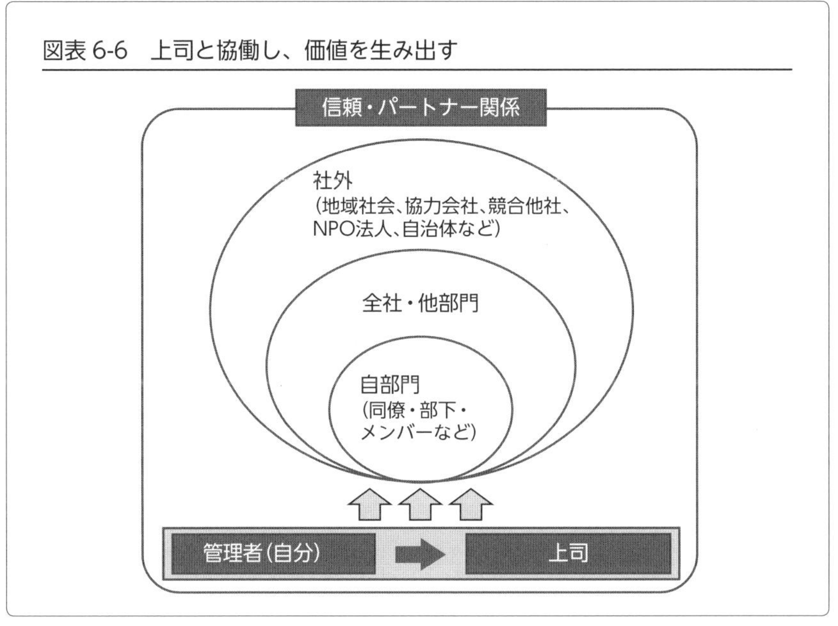

管理者は管理のみならず改革をしていく立場ですが、改革はそれほど簡単にできるものではありません。利害関係もからみ、働きかけの範囲は広がり、難易度も高まります。そんな時に1つ上の役職が持つ権限やリソース、影響力は強い味方になり、協力をあおぐことは必須です。ネットワークが広く、自由に使えるお金も多く、社内外の情報も広く収集しています。価値を生み出すためには、上司こそが第一に働きかけるべき対象なのです。

2）上司と自分を知る

〈1〉上司と自分の現在地：セルフチェック

上司との関係性を考える機会はふだん少ないものです。まずは図表6-7～6-9の3つのチェックをもとに現状を確認し、協調に向かう行動を考えるヒントにしてください。上司と自分の現在の状態をふりかえり、チェック1からチェック3の関係図の当てはまる位置に印を付けてください。精緻にプロットするというよりも、関係性を考える時間をとることが重要です。

図表6-7　チェック1：　関係性と成果

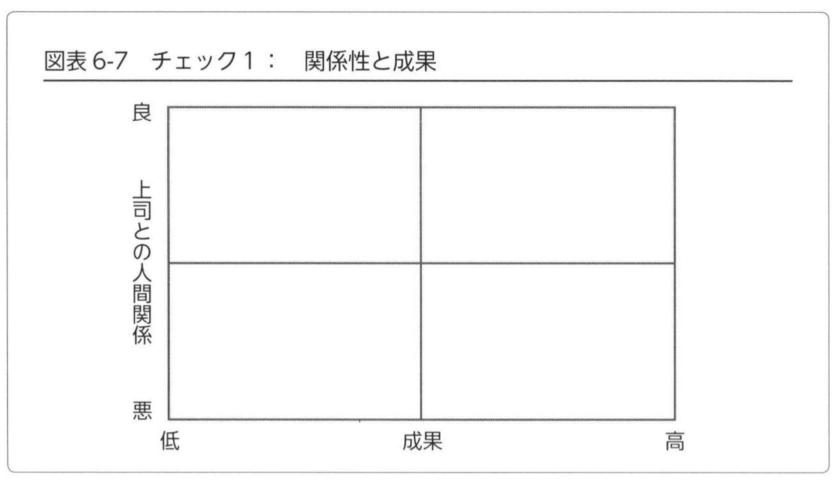

図表 6-8　チェック2：コミュニケーションの量

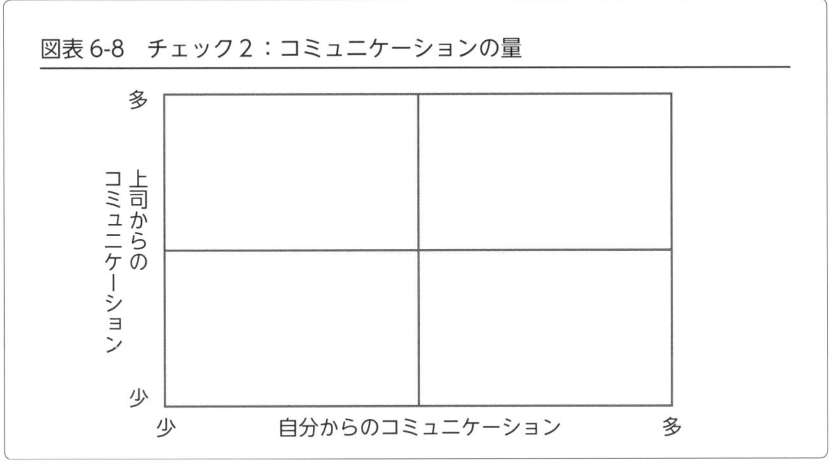

図表 6-9　チェック3：相互に尊重しあう関係

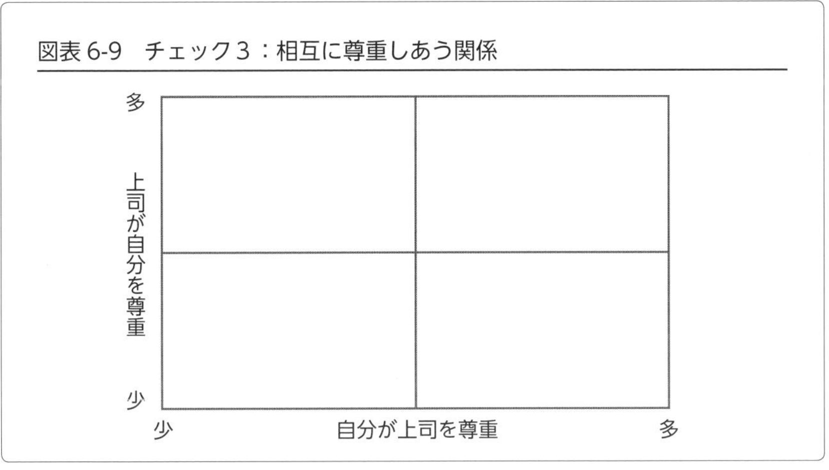

実際にチェックしてみて感じたことは書きとめておきましょう。それができたら、次の図表 6-10 ～ 6-12 の問いかけを確認してみてください。

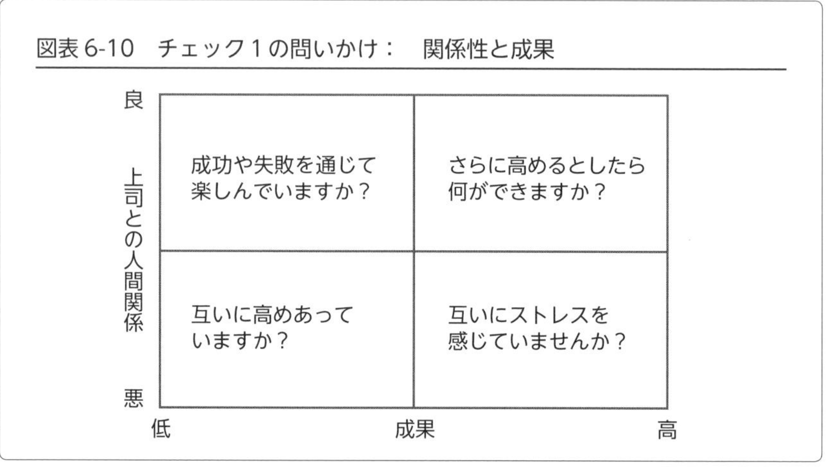

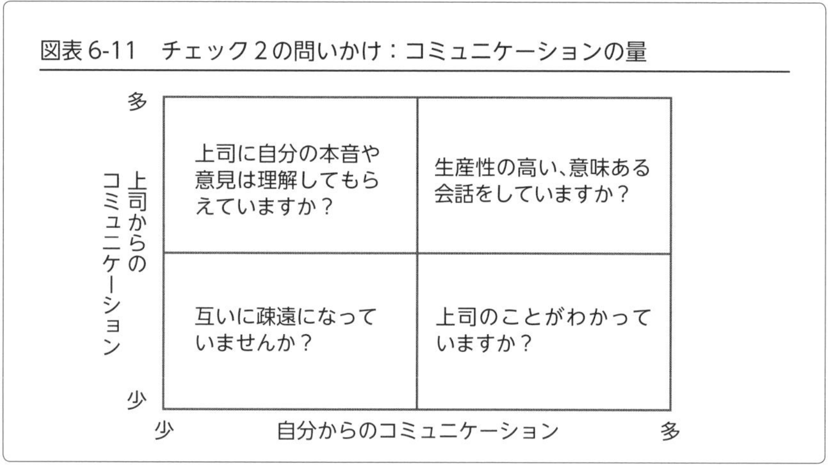

上司とは、サーカスの空中ブランコで、常に呼吸を合わせて、互いに頼りながら活動を続けていくような関係で成り立っています。そこには、どちらかが、Win（勝ち）でどちらかがLose（負け）という関係はありません。一緒に協力しあう関係なのです。

「あなたの成功は上司の成功であり、上司の成功はあなたの成功であり、それが組織の成功へとつながる」といった相互依存関係にあることを忘れないでください。

図表6-12　チェック3の問いかけ：相互に尊重しあう関係

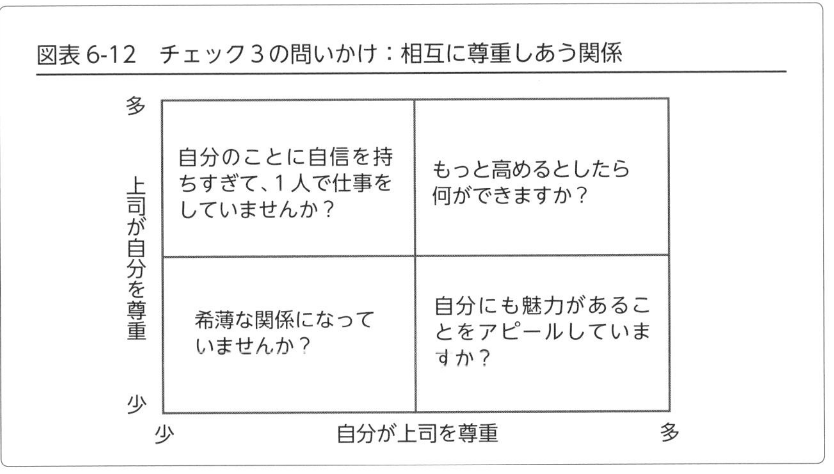

出典：『Manage Your Boss』（Jonathan Vehar著／Center for Creative Leadership）を参考に作成

〈2〉自分と上司の違いを知る

上司に働きかけ、巻き込むためには相手を理解し、自分との違いを知ることが重要です。中には、「長年の付き合いがありわかっている」「自分と似たところがある」という人もいるかもしれません。しかし、本当にそうでしょうか。私たちは思っているほど相手のことを理解できていないものです。生い立ちも、今までのキャリアも異なる人とは、考え方も違っていて当たり前です。完全には理解できなくても、歩み寄る努力を続けることで誤解は減り、良い関係が築けます。

図表6-13は、自分は上司をどのくらい知っているのか、そして、上司が自分をどのくらい知っているのかを確認するチェックリストです。チェックしてみると課題が見えてきます。例えば、ほとんどの欄が書けなければ、もっと相手に興味を持つことが課題になるかもしれません。自分も相手に開示していない情報があれば、伝わるようにする必要があります。

これらに気づくことで、上司の行動の意味がつかみやすくなったり、おのずと相手の立場に立った行動もできるようになります。

図表 6-13 「自分が上司を／上司が自分を」知っていることリスト

	上司の　　　　さんについて 自分が知っていること	上司の　　　　さんが 自分について知っていること （自分の想像範囲で構いません）
価値観		
気になる言葉		
仕事の仕方 （報・連・相の習慣）		
組織への働きかけの 仕方		
仕事上の強み （得意分野など）		
仕事上の弱み （不得意分野など）		
持ち味、特徴		
クセ・習慣		
報連相の仕方・特徴		
笑顔になる時		
悩んでいること		
気にかけていること		
期待していること	上司が自分に期待していること	自分が上司に期待していること
相手と根本的に違う と思っているところ	上司と自分は が違う	上司は、自分とは が違うと思っている
その他		

※その他の欄は、自分が思うことを記載して比較してみてください。

〈3〉上司と良い関係を築く視点

ボス・マネジメントを効果的に行うために、2つの視点から考えます。

> ◆日常の信頼関係・相互理解
>
> 2人の関係性を良くし、理解しあうことで、社会・組織に大きな影響を与えることを互いに認識する
>
> ◆課題解決における協働
>
> 未知なる課題に、互いがもつリソースを一体化させて、ダイナミックに解決をする責任を認識する

ゼロベースでお互いの関係と責任を見直し、単に楽観的に考えるのではなく、「今よりも必ずベターな関係がある」と信じて、めざしていくその努力がボス・マネジメントです。

〈4〉上司と良い関係を築くポイント

◆日常の信頼関係・相互理解

①日常の信頼関係づくり

第5章で記載した笑顔や挨拶など、日々の関わり行動や傾聴は上司に対しても効果的です。これを「いまさら」と言う人ほど注意が必要です。最近はオンライン上でのやり取りが上位階層との間にも広がっていますが、画面は通常よりも人間性が見えてきます。非言語コミュニケーション1つひとつがクローズアップされて、変な誤解が生まれます。「そんなつもりではない」というのは管理者として自分の存在を認識できていない言葉です。自分の影響力を認識しましょう。

②報告・連絡・相談（ほうれんそう）

「ほうれんそう」という言葉はどこから生まれたのかご存知ですか。これは、組織を人間にたとえて、動脈硬化を防ぎ、活性化させるために、「報告」「連絡」「相談」を重視する「ほうれんそう経営」を打ち出した元山種証券会長の山崎富治氏がつくった言葉です。「ほうれん草は酸性の土壌（みんなが賛成する土壌）では育たない」「“ほう”が欠けると“れ

んそう（連想）ばかりで勝手に思い込む」「食（職）前・食（職）後のほうれんそう」といったように、ダジャレをつかいながら、しつこいように徹底を心がけていたそうです。経営の目標や哲学は誰にでもわかる言葉で語ろうとし、人は飽きることを前提に工夫をし続けるその姿勢は、情報伝達の重要性を教えてくれます。

管理者は組織の連結ピンであり、下からの情報が詰まれば、その責任は果たせません。ほうれん草が腐れば組織も腐ります。経営者が管理者に対して感じる不満の１つに、報告・連絡・相談をしてこない（回数が少ない、内容が不十分）ということが挙げられます。上位のポジションになるほど、現場の情報が見えにくくなるからです。また、メンバーの目から見ても、上司である管理者が報連相を行っていないことは不満の対象となります。せっかくあなたに伝えた現場の情報や、問題、不満が、上位者に伝わっていないことがわかれば、「この上司に言っても何も変わらない」と情けなく思います。

管理者が孤独になるのはとても簡単です。「報連相」の輪から外れやすい存在だからです。自ら「ほうれんそう」の工夫を行い、上下のパイプラインをつなぎ、アルカリ性の土壌をつくることは自分の仕事をより良いものにします。報連相をこまめにする意識を持ちましょう。

③上司の成功のために動く

ふだんから、上司の課題を解決し、成功させるために動くからこそ、いざという時に支援してもらえます。上司の課題は、当然自分の部門の課題と直接的につながっています。上司の成果は、自分が所属する組織の成果そのものです。「ヒラメのように上ばかり見て、ヨイショするのでは酸性（賛成）の土壌ではないか」という人は、そもそも仕事が何かがわかっていないかもしれません。「自分は昇進、昇格に興味はない」ということを言いたいのかもしれませんが、仕事の目的は社会や組織に価値を生み出すことです。その目的を達成するための手段として上司との関係性があることを忘れないでください。

上司の課題は難易度が高いものですが、そういう時に意識したいことは２つです。１つめは**経営の視座、長期的視点、全体最適で考える**ということです。自職場のことを中心に考えず、社会や組織全体の発展を考えた発言をすることで「右腕」としての信頼度は増します。２つめは**ポジティブな感情を意識し、「肯定語」を使う**ということです。人は先が見えないと不安を感じ、つい「(嫌そうな顔で) えっ！」「それは難しいです」「いまはちょっと……」など、否定的な表現で回答してしまい、相手を嫌な気分にさせてしまいます。

解決が困難なことは相手もわかっているはずです。そのようなときは、「なるほど」「現状はこういうことですね」という確認の言葉に続けて、「これは取り組みがいがありますね」「現場やメンバーの状況を見ると、ここから手をつけるのでいかがでしょうか」と少しでも前に進めようとする言葉で反応することが大切です。現場の大変さや悩みをしっかりと伝えながらも、目的達成に挑む姿勢そのものが上司の反応を変えていきます。

困難な仕事を乗り越えた共通の経験は､印象にも残りやすいものです。５年、10年経って思い出した時に何度でも話があがるような成功体験を上司とつくりましょう。

◆課題解決における協働

①成し遂げたいこと（課題）の目的を明確にする

上司を自分の課題解決に巻き込む上で一番大事なことは「目的」「誰のために」に共感してもらうことです。

アメリカの政治･社会思想家メアリー・パーカー・フォレットは､「状況の法則」を唱えています。背景となる状況を伝えることで、指示した人からやらされているという感情よりも、今の状況・背景が自分の仕事を決めているという気持ちになりやすいというものです。これにより、２人の関係は、状況がもたらした関係、あるいは目的達成のためのパートナー関係へとシフトし、上司は与えられた役割を受け入れやすくなります。

特に下から頼まれたり、提案されることで動くときは、相手に動かされていると感じる人もいます。上司が目的を認識し、組織全体に影響を与える大切な課題であることに腹落ちしてもらえれば、「自分が動こう」という気持ちになる可能性は高まります。

Column 20

上機嫌が上機嫌を生み出す

「工場長の心を動かしたWさんの事例」

Wさんは上司の工場長が苦手で、用件のあるときだけ話しかけていました。しかし、ある日の通勤時、前を見ると工場長が歩いており、「少し意識を変えて、声をかけてみよう」と挨拶をしました。すると、工場長もにっこりと、上機嫌で、挨拶を返してくれました。

7分間一緒に歩く中で、気持ちが緩み、Wさんは報告する程度ではないものの、少し気になっていることをぽろっと口に出しました。すると、工場長は、「今日、昼前だったら、30分時間があるので、少し話を聞こう」と声をかけてくれたのです。Wさんは驚きながらも、せっかくの機会を生かして、相談に行きました。結果として、この数週間気になり、もやもやしたことが解消され、やる気も高まりました。その影響は部門全体にも広がっていくことになりました。

Wさんは改めて、挨拶が悩み解消のとっかかりになることに気づくとともに、自分が上機嫌になると、上司も上機嫌になり、何かが変わっていくことを実感したのです。

②課題の全体像を絵にする

上司に自分の課題を提案する時に、自分の役割と上司の役割はどういうもので、どのようなタイミングで、どのように力を発揮してほしいのかを明確にしている人は案外少ないものです。その役割を明確にするためにも、課題解決において、誰の力・強み、支援が必要なのかを整理し

図表 6-14　課題の全体像を絵にしてみる

トップ、上司、部下・後輩、他部門、社内関係者の強み、活躍してほしいこと、役割を絵や言葉で表してみましょう

図にまとめておくことで、上司に「自分が動くときだ」「ここで動こう」と思ってもらいやすくなります。

③上司に「自分が動くときだ」と思わせる

協働してもらう際には、上司に配慮してもらいたい条件や、上司を巻き込まないと起こりうること（リスク）、上司にとってのメリットも具体的に抽出しておきます。上司の関心や優先順位を高めるためには、上司の立場になって心に響く表現にする必要があります。普段上司が大事にしている言葉や方針などとも融合させることで、積極的に関わりたいという気持ちも生まれます。

上司を巻き込みたい場面では、図表6-15を用いて整理してみましょう。

ほんの少しの働きかけが実は上司への影響力を高めていくことにつながります。上司の持つ影響力を自分の影響力とする、一体化させていくこと、それをやりくりして目的達成に向けて協働することがボス・マネジメントです。

図表 6-15　上司巻き込み整理シート

上司にお願いしたいこと	
力を借りたいこと	
どのタイミングで何をしてほしいのか	
上司に配慮してほしい条件	
上司を巻き込まないと起こりうること（リスク）	
上司にとってのメリット	

問い

あなたがボス・マネジメントをする理由は何でしょうか？　それによって、どのようなことが得られるでしょうか？

4．タイムマネジメント

タイムマネジメントは、**目的を達成するために、有限の時間を創造的にやりくりし、成果を最大限にあげる**ということになります。

1）管理者にとってのタイムマネジメント

管理者のマネジメントするリソースには「ヒト・モノ・カネ・時間・情報」がありますが、時間は幾分特殊な存在です。増やすことも、貯めることもできず、戻ってくることもありません。誰かから借りることもできません。そして、管理者のように立場があがると、仕事の量は増え、自分のみならずメンバーの時間もマネジメントが要求されることになり、「忙しい」「時間がない」という言葉へとつながっていきます。

マネジメントの世界では著名なオーストリアの経営学者、ピーター・

ドラッカーは、著書『経営者の条件』(ダイヤモンド社)において、「成果をあげる者は仕事からスタートしない。時間からスタートする。計画からもスタートしない。時間が何にとられているかを明らかにすることからスタートする」とし、タイムマネジメントにおいては、時間をどのように使っているのかを記録し、明確にすることからはじめるよう説いています。

働き方改革や世界的な社会環境変化によって在宅勤務が増えており、ワークスタイルも劇的な変化が起きました。変化が激しい中でイノベーションを起こす時間が必要になっている一方で、仕事の生産性を高めて、プライベートの時間を確保することも期待されており、管理者が成果をあげる上でタイムマネジメントはとても重要な要素になったことは間違いありません。

有限である時間でありながら、人は無限のように感じがちで、やらなくてもいいことに時間を使ってみたり、意図せず飛び込んできた仕事に時間を奪われてしまったりということがあります。しかし、**「命=時間」であり、自分自身、そしてメンバーの大事な時間をあずかる立場としては、価値の高い仕事に時間をかけることに執着する**必要があります。

2) 自分のタイムマネジメントチェック

自分について、図表6-16で示される内容にどの程度当てはまるかを判断し、〇印をつけてください。

図表6-16　タイムマネジメントチェックリスト

評価点:1当てはまらない－どちらともいえない－5当てはまる

	項目	チェック
1	「命=時間」であり、有限であることをメンバーと共有している	1　2　3　4　5
2	社会と組織(メンバー)に貢献すること、価値を生み出すことが仕事であることをメンバーと共有している	1　2　3　4　5
3	社会と組織(メンバー)に貢献すること、価値を生み出すことに自分とメンバーの時間を振り分けている	1　2　3　4　5

4	自分の時間の使い方の記録（目的、内容、所要時間）を、日々その場でつけている	1　2　3　4　5
5	時間の使い方の記録をふりかえり、少なくとも1ヶ月に1回は下記を確認している ①目的が明確ではない仕事 ②この仕事をやめたらどうなるか、やめるリスクについて ③他の人でもやれること/やるべきこと、自分がすべきではないこと	 1　2　3　4　5 1　2　3　4　5 1　2　3　4　5
6	時間の使い方の記録をメンバーとも共有し、自分の仕事や仕事の仕方が相手に悪影響を与えていないか（必要のない資料をつくらせるなど、ムダな時間を使わせていないか）を確認している	1　2　3　4　5
7	自職場の仕事の進め方をメンバーとふりかえり、少なくとも1ヶ月に1回は下記を確認している ①定型業務（繰り返す可能性が高いルーティン業務）にできるもの ②メンバー同士の相乗効果が出せていない業務（逆に、一緒に仕事をすることがマイナス効果になっていること、チームで行う必要のないこと） ③価値を生み出していない会議・打ち合わせ ④価値を生み出していない報告・連絡・相談の習慣	 1　2　3　4　5 1　2　3　4　5 1　2　3　4　5 1　2　3　4　5
8	5、6、7を踏まえて、やめることを決めたり、続ける場合でもレベルアップさせること、工夫を必ず決めている	1　2　3　4　5
9	価値を生み出す「創造」に集中するため、まとまった時間を事前に確保している（突発的な仕事や割り込み仕事を決して入れない時間）	1　2　3　4　5
10	自分とメンバーは社会や組織（メンバー）に貢献する、意味ある時間を過ごしていると感じて、満足している	1　2　3　4　5

これらの項目の背景にあるのは、1つめの項目にある「命＝時間」という考え方です。人が生きている意味は自分の存在価値を見出すことかもしれません。自分にとって意味ある時間を過ごすことを大切にしてほしいと思います。

3）タイムマネジメントのポイント

〈1〉価値にこだわる立場の自覚

タイムマネジメントは時間とともに、社会・組織（メンバー）への価値提供にこだわることが大切です。**管理者は働くために働くのではなく、プレイヤーの時よりも大きな価値を生み出すために働きます。**しかし、押し寄せるような管理業務や、前任者から引き継がれたことを言われるがままに行っていることもあるのではないでしょうか。特に管理者は思考したり、人との関係性に関する仕事が増え、時間測定がしにくいものです。しかし、見えないからといって、その波に流されず、自分とメンバーの時間は何のために、誰のために使っているのか、意味ある時間にできているのかにこだわり、そしてそれをメンバーにも問いかけていきましょう。

〈2〉価値提供につながる仕事の流れと循環

ほんの5分で構いません。「仕事の流れ→価値を提供する社会や組織（メンバー）の変化→その変化をさらに支える価値の期待→仕事の流れ（レベルアップ）」の循環図を書いてみることです。何につながっているのかを見える化することで、短期的な価値提供から長期的な価値提供へと、意味ある時間の使い方が見えてきます。

例えば、あるトイレメーカーのX社では、トイレをお客様に届ける時の梱包材を日々研究し続けています。トイレは形も丸かったり、大きかっ

図表6-17　仕事の流れの循環図

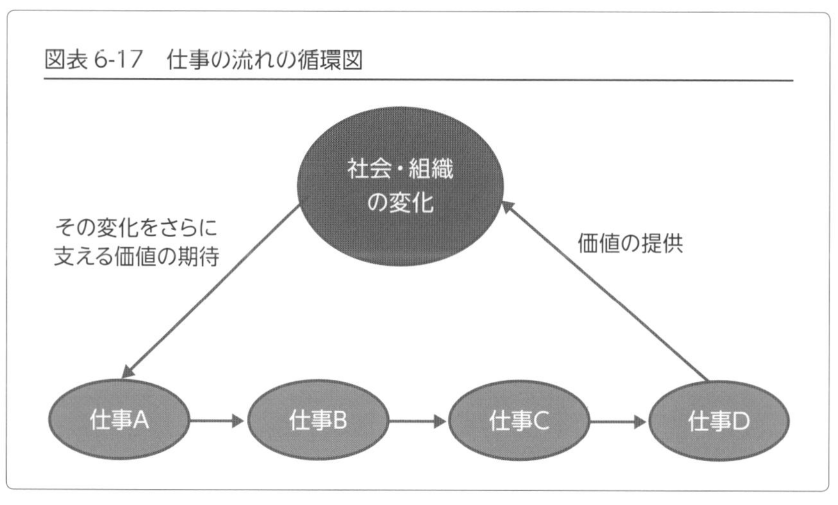

たり、電子部品も多いことから、以前は念には念をと大きな梱包材が使われていました。しかし、マンション建設時に大量のトイレを納品した際に見たのは、大量の梱包材の廃棄に困る現場の人と住民でした。そこで梱包材の素材やつくり方を工夫しながら、強度が高く、材料を少なく、なおかつ梱包時間を短くする梱包材の開発にたどり着いたのです。メイン商品の開発ではなかったことから、以前は梱包材開発者も自分の仕事の意味がわかりませんでした。しかし、社会にインパクトを与える仕事であることがわかり、モチベーションも高まったそうです。

時間軸を変えて、何につながっているかが見える化されたときに、意味ある仕事と必要な時間が見えてきます。

〈3〉手を打つ時間の確保

目に見えない時間だからこそ、「意識して時間の使い方を変えよう」というのには無理があります。「意識します」と言って、実際にできている人はほとんどいません。

ここで大事なことは、「意識する」レベルから**「タイムマネジメントは管理者の責任として、手を打つ時間を決める」**へとシフトするということです。図表6-16の「タイムマネジメントチェックリスト」にも、「自分の時間の使い方の記録をつける→ふりかえる→社会・組織（メンバー）のための使い方に変える」、というステップを組み込んでいます。あえて手を打つ時間を決めなければ、1年たっても同じことを繰り返す自分がいます。

〈4〉発想力の向上

目的に焦点を当てると、今の仕事を無くしたり、仕事の進め方を工夫したりと次に進めます。この工夫がマネジメント、まさに「やりくり」であり、発想力が問われます。

ふだんから他の管理者や他の組織の時間の使い方に関心を抱いて、調べてみたり、試したりすることで、新たな時間の使い方が見えてきます。また、強制的に発想を促すために、次の4点から考えてみると思わぬ工夫が見つかります。

- 排除－無くしたら…………「この仕事を無くしたら……」
- 交換－入れ替えたら………「仕事の順番を入れ替えたら……」
- 結合－組み合わせたら……「他の組織の人材の強みを活用したら……」
- 単純化－簡単にしたら……「誰もができるようにしたら……」

〈5〉意味ある仕事への特化と権限委譲

「メンバーへの権限委譲ができない」「自分がやった方が早い」という言葉は管理者の悩みベスト3に入るのではないでしょうか。そこでよくアドバイスに挙がるのが、「信じて任せる」ということです。もちろん、この考え方は大事なことですが、単に自分のやっていたことをメンバーにわたすことが権限委譲ではありません。**社会と組織の価値を生み出すために、相乗効果を起こす仕事の分配が権限委譲**です。管理者として今までの仕事を続けていては、自分がすべき新しい仕事は誰が行うのでしょうか。誰もが意味ある仕事をする必要があります。管理者の仕事をメンバーが行う方が全体として意味があり、目的を達成できるのであれば、権限委譲が行われるということです。

また、「組織」の価値の中にはメンバーの成長も含まれています。上司の仕事は難易度も高く、権限委譲をされても、メンバーは戸惑い、時間がかかるかもしれません。丸投げするのではなく、仕事の方向性やアウトプットイメージを最初の段階でメンバーに口頭で説明してもらったり、事前に中間報告のタイミングを決めておき、5～6割の完成度で確認したりと、ポイントをついた支援をしていくことが重要です。

問い

チームメンバーと自分の時間（人生の一部）を大切にしていますか？
管理者として「時間」というリソースを意味あるものにする工夫をしていますか？

6-2 »「組織を活かす」マネジメントの実践

1．ダイバーシティとマネジメント

ダイバーシティとは**「人のもつ属性が幅広く存在すること＝多様性」**を指します。そもそもは、1960～70年代のアメリカで起こった、有色人種などマイノリティの機会均等を求める公民権運動に端を発するといわれています。日本でも2000年代初頭からこの言葉が使われるようになり、次第に組織にとって欠かせないテーマとして定着してきました。

1）ダイバーシティの捉え方

ダイバーシティの考え方が広まった当初は、女性活躍や外国人・高齢者の活用といったことと、ほぼ同義に捉えられる傾向が見られました。その背景としては、女性の社会進出の割合が低いことへの懸念や、人口減少のトレンドの中での労働力確保の機運などが挙げられます。このため、例えば女性管理職比率の目標値などが一人歩きしてしまうなど、量的な側面がクローズアップされる状況も少なからず見られました。

ダイバーシティの研究者の間では、ダイバーシティを「表層的ダイバーシティ」と「深層的ダイバーシティ」に分けて議論されることが多くあります。**「表層的ダイバーシティ」とは年齢、性別、人種など、外から見てわかりやすい多様性**を指します。一方、**「深層的ダイバーシティ」とは、価値観や仕事観、パーソナリティなど外からでは識別しづらい多様性**を指します。

先ほどの女性や外国人・高齢者に目が向いた状況は、この分け方では「表層的ダイバーシティ」への関心と言えます。これらは、その表層的な「違い」によって生じる差別や区別を無くすことが重視されます。一方で、価値観やパーソナリティを対象とする「深層的ダイバーシティ」は、組織に複雑な問題を生じさせる背景になっていることが多いので、管理者として特に意識し、マネジメント上の配慮が必要になってきます。

図表 6-18　表層的ダイバーシティと深層的ダイバーシティ

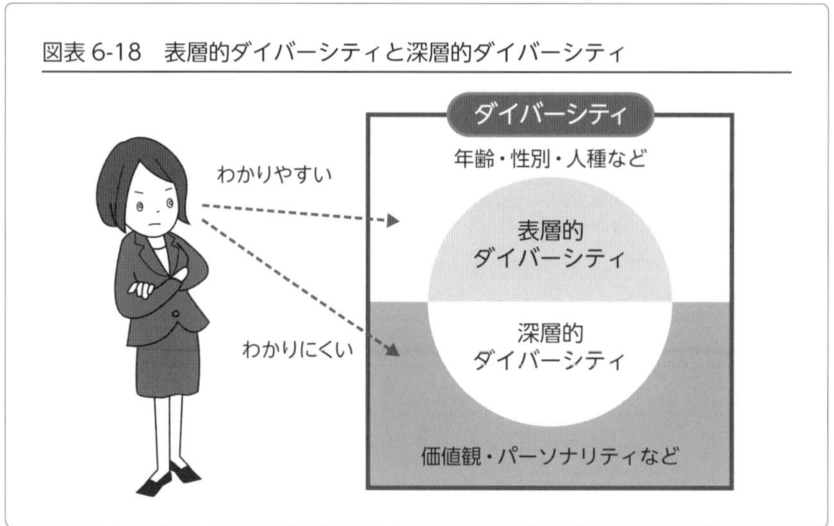

この「深層的ダイバーシティ」を活かすことができれば、様々な考え方や個々人の特性が融合し、新たな組織の価値創出につながります。年齢や性別など多様な人材が「存在する（存在できる）」だけにとどまらず、１人ひとりがそれぞれの強みを活かし、新しい価値を生み出している状態こそが本来のダイバーシティがめざす姿です。メンバーと日々接する現場の管理者だからこそ、深層的な部分にも気づくことができるので、ダイバーシティを組織として活用することにおいて、管理者が担う役割は大きいと言えます。

2）ダイバーシティのマネジメントに必要なインクルージョン

表層的もしくは深層的なダイバーシティが組織内で進行した場合、それが意図的なものであったとしても、常に効果があがるとは限りません。むしろメンバーの多様化が進む中、現場では、ダイバーシティを推進したからこそ起こる課題もあります。例えば、「会議でシニア社員が持論を展開しすぎるので、若手の発言が減った」「女性管理職が増えたのはよいが、男性の管理職候補にとって逆差別ではないか」「中途採用の社員の言動は、どうもウチの企業文化に合っていないように思う」「外国

図表6-19　ダイバーシティの焦点はリスク対応から経営成果の創出へ

リスク対応の視点　・労働力人口の減少　・各種法令への対応

制限/制約人材、マイノリティの活用による人材の多様化

「ダイバーシティの推進」

〈これから〉

〈従来〉
日本人・男性・正社員・フルタイム

外国人、女性、非正規社員、時短社員、障がい者、LGBT…

分断や対立など課題も起こる

経営成果の視点　・市場からの評価・信頼　・イノベーションの創造

「多様性」を最大限に活かすことにより経営へインパクトを与える

「ダイバーシティ&インクルージョン」

インクルージョンとは、「経営成果の創出に向けて、誰もが自分の個性や強みを最大限に発揮し、自分らしく組織に参画していると感じられること」

新しい価値の創造が促進される

出典：ホワイトペーパー「経営成果を高めるダイバーシティを!成功のカギは［インクルージョン］」（日本能率協会マネジメントセンター）より抜粋

人の社員とは、仕事を進める上で優先すべきことへの認識が違いすぎる」といった悩みや疑問の声が多々聞こえてくることもあります。言わば「表層的」な部分のダイバーシティは進んでいるものの、「深層的」な価値観の融合が進んでおらず、新たな価値を生める状態になっていないことの表れとも言えます。

これらの解決のカギとなるのが「インクルージョン」の考え方です。インクルージョンとは、そのまま日本語訳をすれば、包括・包含といった意味になります。これをダイバーシティに関連づけて定義すると**「経営成果の創出に向けて、誰もが自分の個性や強みを最大限に発揮し、自分らしく組織に参画していると感じられること」**と捉えることができます。

現場の管理者としては、特にこのインクルージョンの考え方を、自らのマネジメントに取り込んでおく必要があります。１人ひとりの個性や強み、すなわち「違い」を最大限に活かすための働きかけがあってこそ、ダイバーシティが新しい価値を生むのです。これは組織のメンバーという最も大切な経営資源を、価値創出のためにどう活かすかということであり、まさにマネジメントの領域とも言えます。

これまでダイバーシティのマネジメントは、労働力確保や各種法令への対応といったリスク対応の視点が中心でした。これからはイノベーションの創造など経営成果に焦点を当てたインクルージョンの発想をますます重視していく必要があるはずです。

3）ダイバーシティのマネジメントの担い手としての管理者

ダイバーシティ本来のねらいである経営成果や価値の創出を実現するには、やはり現場の管理者の貢献が必要です。組織全体の制度やルールの整備はもちろん必要ですが、それを運用したり、よりよいものに改善していくには、メンバーの深層にある価値観やパーソナリティに日々触れている管理者によるところも大きいと言えます。これまでの内容も踏まえ、現場のマネジメントを担う管理者には、以下のようなことが期待されます。

〈1〉組織の理念やビジョンを伝え、共鳴しあうための日々の言動

多様な価値観を大切にしつつも、組織としてめざす方向を、文面上だけでなく、その意味合いも含めて共感を生み出すことが大事です。そして各自の「違い」を認めつつ、組織の成果を高めるために、何に力点を置けばよいのかがわかるようにする必要があります。そのためには、機会を捉えて、繰り返しメッセージを伝えるとともに、自ら理念を体現するような行動を示すことが、各管理者に求められます。

〈2〉多様性に気づき、少数派の気持ちも受け止められる感性

人によって得意、不得意が特にあることかと思います。ただ、それで済ませられることではなく、日頃の対話や行動観察の中から、多様性を活かせそうなこと、逆に多様であるがゆえに仕事上、支障となりうることなどを感じ取って、調整していくような姿勢が欠かせません。また、管理者が率先垂範することにより、そうした姿勢がメンバーにも根付くことで、互いにつながりを感じられるような職場にしたいものです。そうした意味においても、管理者の態度・言動の１つひとつが職場のダイ

バーシティへの取り組みに大きな影響を与えると言えます。

心理学の領域で「アンコンシャス・バイアス」（無意識の偏見）という用語があります。これは、これまでの経験、習慣、環境などから、無意識かつ瞬間的に生じる知的連想プロセスのことを言います。「思い込み」と言い換えることもできます。「彼は独身だから、長時間労働や休日出勤も平気だろう」「シニア社員だから、できるだけ責任を軽くしよう」。このような発想は無意識のうちに生まれるものですが、多様性に気づく感性が十分に発揮できているとは言えない状態です。このアンコンシャス・バイアスは誰にでも起こりえるので、メンバーに仕事を割り当てたり、人事評価を担う管理者にとって特に留意が必要です。

〈3〉様々な価値観に基づく意見や考えを統合・昇華するスキル

関係者どうしで充分に語り尽くせるような場づくり、また、相乗効果が生みだせるような話し合いが必要です。価値観がぶつかり合うことで、時に対立（＝コンフリクト）が生じますが、その対立を逆に活かして、新たなアイデアの創出に結びつけることも、管理者としてめざしたいところです。その方法や進め方については、次の「コンフリクト・マネジメント」で扱います。

管理者がダイバーシティのマネジメントを運用していくためには、これまでのような一律的な対応は通用しません。メンバー１人ひとりの特性やライフスタイル、キャリア形成、仕事観などの状況を把握した上で、多様性を踏まえたマネジメント対応が求められています。

問い

皆さんの組織では、「深層的ダイバーシティ」が活かせていますか？
また、その理由や事例を挙げてみましょう。

Column 21

多様性とイノベーション

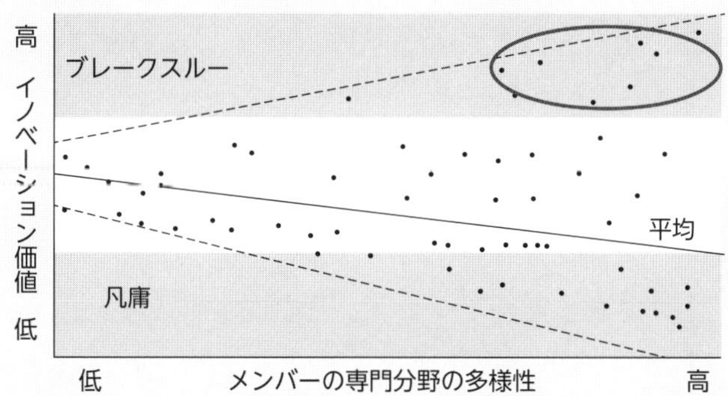

2004年9月の「ハーバード・ビジネス・レビュー」に、ダイバーシティに関連した興味深い研究結果が掲載されました。これは17,000件におよぶ特許に関して、その金銭的な価値（グラフではイノベーション価値）とメンバーの多様性との関係を調査したものです。

このグラフからまず読み解けることは、囲み部分が示すように、多様性が高い集団でこそブレイクスルー（突破口）となるようなアイデアが生まれ、イノベーションが起こせるということです。一方で、多様性が低い集団よりも、凡庸で価値が低いものも多く出ているというところも着目点です。多様なメンバーを単に揃えるだけでは、その創造活動が上手くいかないことが多々あるということになります。だからこそ、集団を率いる管理者やリーダーは、多様なメンバーをどう活かすか、どのようにすれば価値あるものを生み出す確率が高まるか、ということを常々考慮していく必要があります。

「うちのメンバーは皆、考えがばらばらだ」と嘆いている管理者にとって、それはチャンスかもしれません。その「ばらばら」が実はイノベーションを生むための源泉かもしれないのです。

出典：Fleming Lee. Perfecting Cross-Pollination. Harvard Business Review. 00178012, Sep 2004. Vol. 82, issue 9を参考に作図

2．コンフリクト・マネジメント

コンフリクトは、意見や利害の衝突、葛藤、対立といった概念を意味する言葉です。 こうした状況は、組織運営においてはネガティブに見られがちですが、コンフリクト・マネジメントは逆に、**「対立を組織の活性化や成長の機会と捉えて積極的に受け入れ、問題解決を図ろうとする考え方」**です。

1）対立（＝コンフリクト）の種類と特徴

ここまで見てきたようなダイバーシティを進める場面ではもちろんのこと、日常的に業務を進めていく中で、時に対立が生じます。これは単に考え方や立場の「違い」だけで生まれるものではなく、さらに双方に利害が発生することで、対立を生みます。価値観の多様化が進み、さらに複雑な判断を迫られる状況が増える中、ますます対立が増えていく環境にあると言えます。

対立という言葉には、マイナスイメージが付きまといます。対立＝けんか、いざこざ、といった言葉が連想されるのかもしれません。しかし、コンフリクト・マネジメントでは、**「良い対立」と「悪い対立」の両方がある**と捉えます。

「良い対立」とは、タスク・コンフリクトのことを指します。これは業務をめぐる対立のことで、きちんと向き合い、解決することによって、組織にイノベーションの創出や創造性の発揮といった効果をもたらします。一方、**「悪い対立」はリレーションシップ・コンフリクトのこと**です。好き・嫌い、嫉妬、ねたみのような感情的なもので、人間関係をめぐる対立を指します。こうした負の感情は、仕事へのやる気や熱意にマイナスに働いてしまいます。

日頃の経験をふりかえってみると、職場におけるリレーションシップ・コンフリクトの多くは、タスク・コンフリクトにきちんと向き合い、解決しなかったことが原因で生じます。また、そのタスク・コンフリクトに起因したリレーションシップ・コンフリクトが、さらに深刻なコンフリクトを生み、「良い対立」であるはずのタスク・コンフリクトによる成果が得られにくくなるという悪循環も生まれてしまいます。

2）タスク・コンフリクトとリレーションシップ・コンフリクトの関係性

日本能率協会マネジメントセンターでは、2016年3月に武蔵野大学講師（当時。現准教授）の宍戸拓人氏と共同で、日本企業のビジネスパーソン522名を対象に「コンフリクト・マネジメント」に関する調査を行いました。その中でコンフリクトとエンゲージメントの関係も確認しています（ここではエンゲージメントを「社員が仕事に対して高い活力や熱意を持ち、没頭している度合い」としています）。以下は、ここで明らかになったことの一部です。

①タスク・コンフリクトを多く経験している人ほどエンゲージメントが高く、リレーションシップ・コンフリクトを多く経験している人ほどエンゲージメントが低い。

この①から明らかなように、管理者のマネジメントで求められることは、タスク・コンフリクトを促し、リレーションシップ・コンフリクト

図表6-20　コンフリクトの経験とエンゲージメント

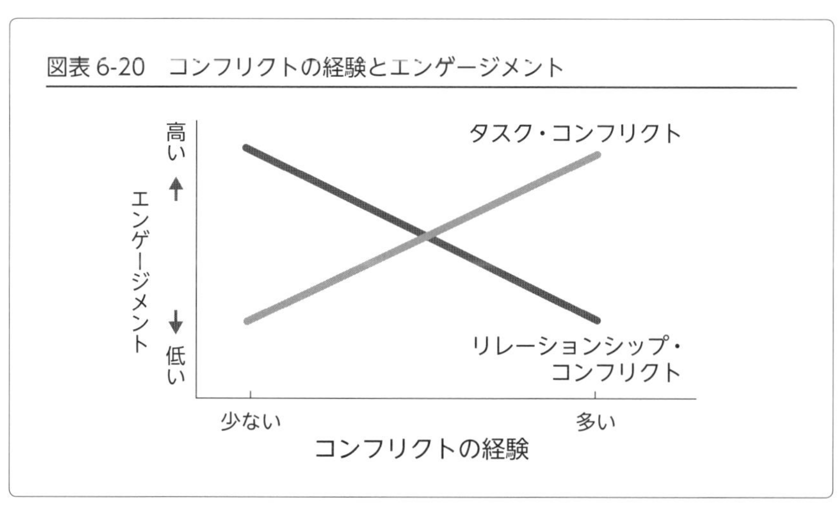

を抑えるということになります。しかし、実際には、タスク・コンフリクトだけを生じさせることは現実的ではなく、程度の差はあれ、リレーションシップ・コンフリクトも同時発生で起こりえます。

その関連で確認しておきたいのは、以下の②です。

②リレーションシップ・コンフリクトをあまり経験していない人ほどエンゲージメントが高く、タスク・コンフリクトを多く経験することで、エンゲージメントが大きく改善する（リレーションシップ・コンフリクトを多く経験している人ほど、タスク・コンフリクトを多く経験しても、エンゲージメントはあまり改善しない）。

この②から言えることは、たとえ意見をぶつけ合うことができたとしても、すぐにいがみ合いへとつながってしまうような場合、仕事への熱意は高まらないということです。つまりタスク・コンフリクトの好ましい効果自体を弱めてしまうということになります。

こうした状態を避けるための方法の１つとして、第５章でも扱った、職場における心理的安全性が挙げられます。今回の調査では、「心理的安全」を「たとえ失敗や失言等をしたとしても、この職場では受け入れ

図表6-21　タスク・コンフリクトの経験とエンゲージメント

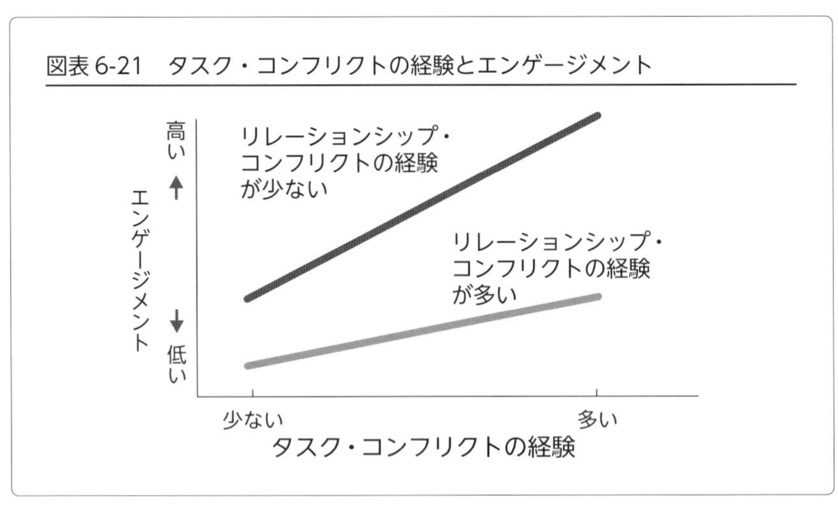

られているという安心感を社員が共有しているような状態」として捉えています。調査結果では、心理的安全を高い水準で持つ職場では、仕事上の意見の衝突が人間関係の対立をもたらす程度が緩和されることも確認されています。この心理的安全は、組織全体の制度やルールに多少なりとも影響を受けますが、管理者の関わりによって、職場の風土として醸成できることも多いはずです。対立を良い方向に活かすためにも留意しておきたい点です。

3）対立（コンフリクト）を捉える視点

なお、良い対立（タスク・コンフリクト）を細分化すると、「条件の対立」と「認知の対立」の２つに分けることができます。「条件の対立」とは、役割・立場の違いにより起こる目標・制約条件の対立のことです。営業側は価格重視、開発側は品質重視といった論点はその典型的な例です。また、「認知の対立」は思考・価値観の違いにより起こる物事の解釈の対立です。例えば伝統を守るのか、革新を求めるのか、各自のこだわりにも影響を受ける対立です。一方、悪い対立であるリレーションシップ・コンフリクトを、ここでは「感情の対立」として捉えます。

図表 6-22　対立の種類

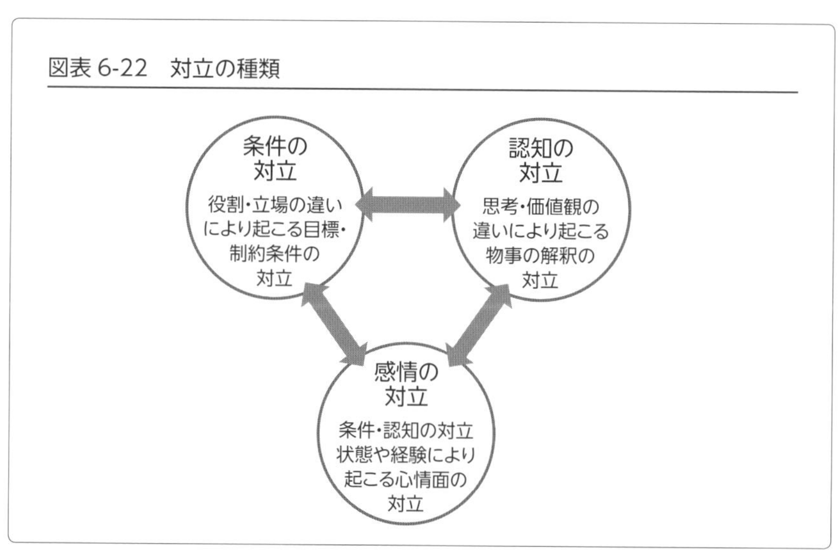

図表 6-23　二重関心モデル

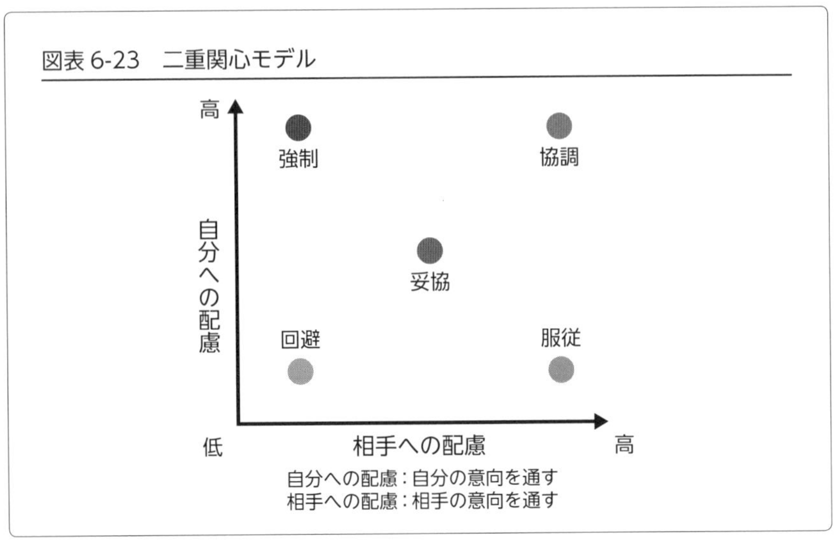

このように３つに大別したものの、実際には対立の争点が様々であることから、対立を解決する段階では、取るべき行動に迷ってしまうかもしれません。しかし、「二重関心モデル」と呼ばれるもので整理して考えると、その方向性が明らかになってきます。「二重関心モデル」では、関心の対象を相手か自分かの軸で分け、その高低によって、協調・妥協・強制・服従・回避の５つに分類しています。そして、それぞれに典型的な解決パターン、もしくは解決のための方向性があるという考え方です。ビジネスにおいて、相手との信頼関係を築き、長期的な付き合いを可能にするには、この中の「協調」が最も適していると言えます。

4）コンフリクト・マネジメントの必要性

ここまで見てきたように、コンフリクトをポジティブに受けとめ、様々な価値観に基づく意見や考えを統合し、よりよい結論に昇華していくことは、多様な人材（価値観・考え方・立場）を抱える組織を活かす上で、欠かせない視点です。日本では、これまで対立というとネガティブなイメージが先行し、できるだけ避けようという傾向がありました。しかし、先行き不透明な時代が続く中、新たな活路を見出すためにも、

図表 6-24　対立の解決パターン

協調	お互いの意向に沿う問題解決をしようとする
妥協	お互いの意向を譲歩しあい問題解決しようとする
強制	相手に自分の意向を押し付け譲歩を求めて問題解決しようとする
服従	相手の意向を察し自分が譲歩することによって問題解決しようとする
回避	自分の意向を表明せず問題解決に繋がる具体的な行動を取らない

対立のマネジメントを実践することの重要性は高まってきています。これからの管理者として、自分の職場に良い対立を生み、悪い対立を極力抑えるといった行動が、自分とメンバー、そしてメンバーどうしで実践できるように考慮していく必要があります。

5）コンフリクト・マネジメントへの管理者の対応ー「和」の再考と利他の精神

対立が起きた場合、先ほど見てきたように「二重関心モデル」の中では、お互いの意向に沿う問題解決をめざした「協調」による対処が最も適しています。その協調を実現するための基本は、やはり「対話」にあります。自らの主張を押し通すのではなく、また他者の意見を受け入れるだけでもなく、他者の話を受け止めつつ、自らの意見や本音も明確に示す。そして各自が「語り尽くす」ことで、相互に理解し、同意できたという実感がもてる。このような場を創れるかどうかが大事です。そうした場づくりのためには、多くの日本企業が大事にしてきた「和」の意味を再認識する必要があります。「和」という言葉は、故事にもよく見られます。

「和を以て貴しとなす」　聖徳太子（十七条憲法）
「和して同ぜず」　孔子（論語）

「和を以て貴しとなす」という聖徳太子の言葉はあまりにも有名ですが、時にこれが単に「仲の良いことが貴い」といった理解で引き合いに出されることがあります。しかし十七条憲法を読み解くと、「和」とは上下関係や所属する集団に執着せずに、ともに論じあえるような関係を指すという捉え方もできます。また論語の「和して同ぜず」も有名ですが、『デジタル大辞泉』によると「君子は人と協調するが、安易に同調したり雷同したりすることはない。主体的に人と付き合うべきであるということ」と記載されています。やはり相手を受け入れつつも、主体的な言動も求める内容だということです。

このように歴史に根付く精神を紐解くと、「和」の本質が見えてきます。**関係者間で主体的な対話を生み　全員で語り尽くせたと思えるような働きかけをする。すなわち価値観や立場を超え、語り尽くせる関係を生み出すことこそが、本来の「和」**と捉えることもできます。

そうした「和」を生み出すには、当然ながら話す相手との信頼関係がその前提となります。そのためには、まずは各々が相手の立場を尊重する姿勢が必要であり、いわゆる「利他」の心をもつことが基本となります。日本航空を再生に導いた稲盛和夫氏は、その著書『生き方』（サンマーク出版）のなかで、次のようなことを述べています。

「たとえば人と議論するにしても、何とかやり込めてやろう、悪いのは相手のほうだから、その非を認めさせてやろうと思ってやるのと、相手も困っているだろうから、いい解決策をいっしょに考えようと思ってやるのとでは、同じ問題を扱っても結論は異なってきます。相手に対する『思いやり』のあるなしがその差を生むのです。（中略）　損得や議論に勝つことだけを目的とした話し合いはかならず不毛に終わり、より不信感を募らせる結果になってしまう」

語りあうときに、おのれの意見だけに固執せずに、相手を十分に思いやる気持ちをもってのぞむ。そうした**利他の精神をベースにすることで、建設的な議論は成り立つ**と言えるでしょう。この利他という「徳」を集団内でどう根付かせていくかも、対立をマネジメントしていく上で、管理者として欠かせない姿勢です。さらに、そうした利他という「徳」を、組織内だけに求めるのではなく、顧客や取引先、さらには地域社会や世界に向けることで、人々が協調しながら、明るい未来を築くための基盤にもなるはずです。

問い

今、職場で、どのような「対立」を抱えていますか？　それはどのようにすれば、協調の方向で解決できるでしょうか？

3．健康経営とマネジメント

健康経営という考え方は、1980年代に米国の心理学者ロバート・ローゼンによって提唱されたヘルシーカンパニー思想「健康な従業員こそが収益性の高い会社をつくる」に端を発しているとされ、**「従業員の健康増進を重視し、健康管理を経営課題として捉え、その実践を図ることで従業員の健康の維持・増進と会社の生産性向上をめざす経営手法」**（株式会社日本政策投資銀行）と定義されています。

1）健康経営は「投資」

2010年代に入り、健康経営（NPO法人健康経営研究会の登録商標）への関心が高まっています。経済産業省が2016年に「健康経営優良法人認定制度」を創設するなど、官公庁でもその機運を後押しする動きが盛んです。働き方改革との関連もあり、組織経営と働く人の心身の健康管理を両立させようという企業も増えてきました。

冒頭の定義にあるように「従業員の健康の維持・増進」はもちろんのこと、従業員の活力向上も期待できます。また、組織としては「生産性の向上」によって、結果的に業績向上や株価向上につながり、イメージアップによって採用面でも良い影響があります。こうしたことから、健康経営では、従業員の健康管理を「コスト」として捉えるのではなく、今後の企業成長に向けての「投資」と見るということになります。CSR（企業の社会的責任）をコストとして捉えずに、経済活動と社会的な価値を両立させるCSV（共通価値の創造）として、将来への投資をするという考え方にも類似しています。ジョンソン・アンド・ジョンソン（J & J）では、75年前に作成された"Our Credo"において、全世界のグループ会社の従業員およびその家族の健康や幸福を大事にすることを表明しています。同社は、そうした姿勢を具現化したウェルネスプログラムにおいて、健康経営に対する投資１ドルに対するリターンが３ドルになったという調査結果も公表しています。

２）仕事に「イキイキ」と前向きに取り組める状態づくり（ウェルビーイング）

武蔵大学教授の森永雄太氏は、健康経営の成果として「ウェルビーイング」というキーワードに注目することが重要だと提唱しています（やさしい経済学「進化する健康経営５」日本経済新聞2020年５月22日朝刊）。

世界保健機関（WHO）は、健康について**「病気でないことや弱っていないことではなく、肉体的・精神的・社会的に完全に満たされた（ウェルビーイングな）状態」**としています。すなわち健康というのは、単に「病気でない」状態を実現するだけではないということです。このため、健康経営は「病気でない状態」をめざすことだけではなく、仕事に「イキイキ」と前向きに取り組める状態づくりと併せて考えることが重要であると、森永氏は述べています。

このような捉え方をすれば、管理者にとって、より積極的に健康経営に関与することができるのではないでしょうか。例えば健康診断を受けていないメンバーに受診を促すといったことだけでなく、心身ともに健康な状態を互いに維持できるような関わりをしていくということです。むやみな長時間労働やハラスメントなどは排除し、メンバーどうしが良好な関係を築きながら協力し合える職場であれば、心の健康が保ちやすくなります。また、お互いに健康面での工夫を共有したり、体調の気遣いや配慮ができるような関係性があれば、各自の意識も高まってきます。管理者の働きかけによって、そうした風土づくりをすることも健康経営を支えるための要諦です。

また森永氏は「健康施策にチームで取り組むことで、組織としての一体感が生まれたり、他部門とのネットワークもできる。コミュニケーションが増えて周囲の支援を得やすくなるので、メンタルヘルスの維持にも役立つ。具体的な施策には様々なものが考えられるが、個人が行うものとしては、忙しいなかでも無理なく取り組める施策に広げていくとよい。…中略…普段歩かない人がいつもより2,000歩多く歩いたり、階段を使うといったハードルが低いものからスタートし、そうした活動を身近に取り入れる風土をつくっていくとよいだろう」(「Learning Design2020年3-4月号」日本能率協会マネジメントセンター)とも述べています。

職場の管理者として、こうした施策を組織の人事部門に提案したり、自分の担当する部門でメンバーとともに考案して実践してみるのもよいでしょう。職場単位、チーム単位で取り組むことで、多様な人材（価値観・考え方・立場）を抱える組織の一体感を醸成する一助となるはずです。

3）管理者の健康経営への関わり

健康経営といっても、現場の管理者にとっては、あまり身近なものには感じられないかもしれません。人事部門や産業医・保健師の領域の話であり、自分が関与することではないと思っている管理者も少なくないはずです。しかし、これまで見てきたように、**健康経営は、企業にとって戦略的な投資であり、組織の中長期的な発展のために欠かせないもの**です。会社の施策として、健康経営の取り組みが推進されているのであれば、現場の管理者は、その担い手となったり、自ら活用することで、組織ぐるみの活動となるように関わっていく必要があります。

また、そうした施策の有無に関わらず、定年延長によって高齢になっても勤務するメンバーが増えたり、激しい状況変化によってマインド面にも何かと負荷がかかるようなことが山積する中、社員の心身の健康面への配慮もマネジメントの視点に欠かせないものになっています。

これは、これまでの労務管理上の安全配慮義務を、より一層、意識していく必要があるというだけでなく、マネジメントのあり方そのものにも影響を与えることです。すなわち、これまでのように健康であることを前提において、業務の生産性やモチベーションの向上を図るだけではなく、**健康を維持してこそ、効果的な組織活動ができる**ということを改めて肝に銘じる必要があります。

問い

皆さんの職場では、健康経営にどのように取り組んでいますか？　今、特に該当することが無ければ、これからどのようなことに取り組みたいですか？

Column 22

ウェルビーイング＝幸せ

世界保健機関（WHO）が示すウェルビーイングな状態は、健康面が肉体的・精神的・社会的に満たされていることでした。このウェルビーイングに関して、幸福学で有名な慶應義塾大学大学院教授の前野隆司氏は、その幸福学を well-being study（ウェルビーイング・スタディ）として捉えているそうです。「happiness」とすると、「うれしい」などの短期的な感情の意味合いが強くなることがその理由とのことですので、長期的な視点が入ったウェルビーイングが幸福学の「幸福」を示す言葉としてふさわしいのでしょう。

その幸福学では、幸せを構成する４つの因子が提唱されています。

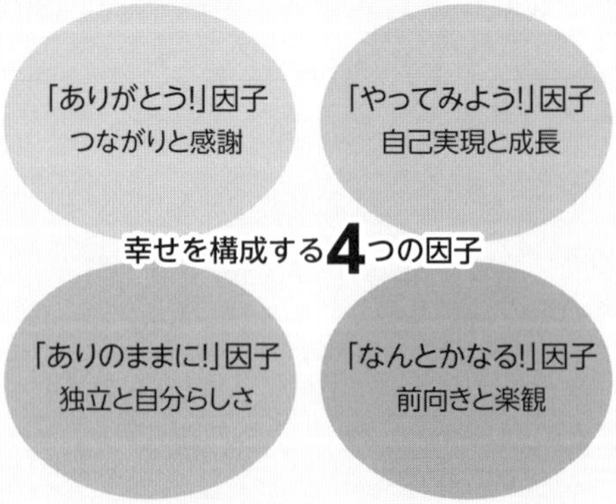

幸せを構成する4つの因子

「ありがとう!」因子
つながりと感謝

「やってみよう!」因子
自己実現と成長

「ありのままに!」因子
独立と自分らしさ

「なんとかなる!」因子
前向きと楽観

●第1因子「やってみよう！」因子

自己実現と成長の因子：自分なりの能力や強みを生かせているか、社会の役に立っているかなど、成長し続けていることを実感することで幸せを感じることができるという意味合いの因子（仕事においても、やらされているのではなく、自分の強みを生かして生き生き働いている人は幸せだといえる）。

「やってみよう！」因子を高めるには：社員1人ひとりの強みや能力が生かせて、成長し続けていることを実感できるような機会をつくる（例：自分の強みを磨く研修、やる気を高めるための積極的な権限委譲）。

●第2因子「ありがとう！」因子

つながりと感謝に基づく因子：「ありがとう！」因子。誰かを喜ばせたり親切にしたりされたりといった、他者とのつながりによって幸せを感じることができるという因子（社内外の人間関係が良好で、感謝に溢れている職場で働いていると、人は幸せを感じやすい）。

「ありがとう！」因子を高めるには：まず人間関係を良くする（例：定期的な1on 1、近年少なくなっている社員旅行や飲み会）。

●第3因子「なんとかなる！」因子

前向きさと楽観性の因子：幸せであり続けるために非常に重要な要素である。困難なことが起こっても「なんとかなる！」と楽観的に捉え、自分や他人を否定するのではなく受容できることを表す因子（幸せのために必要不可欠）。

「なんとかなる！」因子を高めるには：リスクをとって新しいことにチャレンジすることが推奨されている環境（例：新規事業提案制度への応募推奨）をつくる。

●第4因子「ありのままに！」因子

独立と自分らしさの因子：人の目を気にして、「お金」や「モノ」、「社会的地位」ばかりめざすのではなく、ありのままの自分を受け入れるという因子（自分らしい人生を送ることが幸せにつながる）。

「ありのままに！」因子を高めるには：ありのままの自分を受け入れ、

自分らしい人生を描いていくことを支援するのが有効（例：ボランティア休暇制度）。

前野氏は、この４つの因子に基づく幸福度測定のための質問を提示しています。自分の状態と４つの因子の意味合いをさらに確認するためにもチェックしてみることをお勧めします。

幸福度測定のための質問と平均値

※オンラインカウンセリングの幸せ診断参加者1万5028人の平均値

まったくそう思わない……１点　どちらともいえない……４点　とてもそう思う……７点
ほとんどそう思わない……２点　少しそう思う……………５点
あまりそう思わない………３点　かなりそう思う…………６点

因子	質問	自分の幸福度	平均値※	平均値の合計
幸せの第1因子 **やってみよう!**	私は有能である		4.32	17.85
	私は社会の要請にこたえている		4.35	
	私のこれまでの人生は、変化、学習、成長に満ちていた		5.09	
	今の自分は「本当になりたかった自分」である		4.09	
幸せの第2因子 **ありがとう!**	人の喜ぶ顔が見たい		6.07	23.80
	私を大切に思ってくれる人たちがいる		5.85	
	私は、人生において感謝することがたくさんある		6.14	
	私は日々の生活において、他者に親切にし、手助けしたいと思っている		5.74	
幸せの第3因子 **なんとかなる!**	私は物ごとが思い通りにいくと思う		4.49	17.41
	私は学校や仕事での失敗や不安な感情をあまり引きずらない		3.78	
	私は他者との近しい関係を維持することができる		4.72	
	私は人生で多くのことを達成してきた		4.42	
幸せの第4因子 **ありのままに!**	私は自分のすることと他者がすることをあまり比較しない		4.01	18.99
	私に何ができて何ができないかは外部の制約のせいではない		5.22	
	自分自身についての信念はあまり変化しない		5.21	
	テレビを見るとき、あまり頻繁にチャンネルを切り替えない		4.55	

出典：『幸せな職場の経営学』前野隆司著（小学館）

これらの４因子をバランスよく満たすことができれば、より幸せになれます。それが個人のパフォーマンスを高め、さらには各自のウェルビーイングにもつながってくるはずです。

出典：「Learning Design 2019年9－10月号」（日本能率協会マネジメントセンター）を参考に作成

組織の管理者としては、自らのウェルビーイングを追求するとともに、メンバーが幸せにいきいきと働けるような環境づくりを模索していく必要があります。

そうした上で個人のパフォーマンスを統合し、集団としてのパフォーマンスに結び付けられるようになれば、各自のウェルビーイングもますます高まるはずです。

6-3 »「メンバー個々人の主体性を活かす」マネジメントの実践

1．テレワーク・リモートワークでのマネジメント

テレワークとは、**オフィスの仕事を、家をはじめとするオフィス以外の場所で行う「tele ＝離れたところ」×「work ＝働く」**を指します。対面で日々顔を合わせていた時代のマネジメントとは大きく異なる状況になってきました。

1）テレワーク・リモートワークがもたらす変化

2020 年以降、世界的な社会環境変化に伴ってテレワーク・リモートワークが急速に浸透しました。限られた職種や立場の人たちだけではなく、全社員在宅を前提とした仕事の進め方へとシフトする企業もあります。また、働き方改革の一環でサテライトオフィスを設ける、グローバル化に伴ってメンバーが海外へ長期出張に出る、他社との共同事業で他社のオフィスや工場で働くといったケースもあります。こうした動きによって、マネジメントは主に「ヒト・モノ・カネ・時間・情報」をやりくりするわけですが、そのやりくりの対象に以下のような変化が生じたと言えます。

- 「ヒト」は机を並べているヒト、同じ社屋や敷地内にいるヒトという前提が崩れてきた
- 「時間」に関して、自己管理の重要度が増してきた

●「距離」の要素も大きく浮かび上がってきた

これらの変化はまだ過渡期であり、多くの管理者は暗中模索の状態で勤務形態の変化や労働生産性の維持向上に立ち向かっているような状況です。このため仕事の進め方や職場のコミュニケーション、人材育成について、新たな悩みや課題も浮かび上がってきました。この大きな転換期において、課題を乗り越え、チャンスにしていくためのポイントを確認していく必要が生じていると言えます。なお、これ以降は「テレワーク」に統一して記述します。

2）管理者による業務面での留意点

〈1〉テレワーク導入の目的の確認と手段、実態の検討

通信手段でつながれているとはいえ、ヒトが同じ場にいないことによる影響は､職種によって､非常に大きい影響を受けます。まずはテレワークが可能な業務、不可能な業務に切り分けて考えることが必要です。ただし「テレワークは不可能」と決めてかかってしまうと残念です。テレワークをきっかけに業務の見直しにつながることがあるからです。これまで紙ベースで散乱していた情報をデータ化して一元管理をしたり、情報伝達中心の会議を簡素化したり、といった間接業務の効率化につながる取り組みを行うことが、まずは前提となります。

また､自分たちが顧客に提供している事業をオンライン化できないか､あるいはオンライン化できる部分はないかと検討することで、それが新たなサービスにつながったりすることもあるはずです。デジタル・ネイティブな世代も増える中、管理者が中心になって、職場でテレワークを導入する目的や、それに見合った手段を話し合い、それぞれの実態に応じた可能性や方向性を見出していきたいものです。

〈2〉情報システム部門への提言

各職場でテレワークが進んでいる現在、特に初期段階においてはシステム上の使い勝手の問題や、回線状況のトラブルが生じる傾向も多く見られます。このためセキュリティ面も含めて不完全な状態の中で仕事が

行われていることを前提にマネジメントをする必要があります。そうした問題や不安を通して気づいたことは、組織内の情報システム部門に現場から提言していくとよいでしょう。現場を知っているからこそ気づくことも多々あるはずです。また、先ほどの業務の見直しでも、テレワークを推進してから新たな課題も判明してくるはずです。その状況を把握・確認し、改善していくという試行錯誤も、テレワークを推進するための管理者の大事な役割です。

〈3〉テレワークにおけるマネジメントの業務面での留意点

①目的を問い直す

テレワークによって手段に目が行きがちな中、改めて仕事の目的を自問するようにメンバーに勧める。限られた時間でも繰り返し伝えることで習慣化を後押しする。

②タイムマネジメントを見直す

メンバーが各自で1つの仕事にどれくらい時間をかけているのかを記録する。職場での取り組みと比較してみると、場所の違いの影響が見えることもある。

③優先順位を摺り合わせる

どのような優先順位をつけながら仕事をしているかも見えにくいので、優先順位（重要性や緊急性）とその理由を、関係者どうしで摺り合わせる時間をとる。

④ PDCAを明確化する

離れているとプロセスが見えにくいので、特にCAの重要度が増している。進捗状況を短時間でもよいのでこまめに確認し、メンバーへの支援を図る。

⑤ツール類の情報収集

テレワークでの業務をやりやすくするツールも増えている。日々情報が更新されるのでメンバー共々情報を集め、自分たちの業務に適した内容を共有する。

⑥意思決定や対応のスピードアップ

１人でいると悩みがちになるので、職場で意思決定が必要なことや、メンバーからの質問に対しては、対面のとき以上に対応を早くする必要がある。

⑦報告のレベルアップ

報告のタイミングや手段を決めておく。報告を受ける際は、端的に、かつ 6W2H を常に意識するとともに、要点や筋道を明確にできるスキルを身につけさせる。

3）管理者による人の面での留意点

〈1〉テレワーク推進への意識の改革

テレワークを推進する中で、人の面に関して特に大きいことは意識の改革です。業務によっては、今までこうだったからという考え方から、ゼロからの見直しが求められます。また、出社すること、会議すること、お客様に会うこと、これらの当たり前が当たり前ではなくなります。出社しないこと、会議しないこと、会わないことを前提に、仕事を組み立てる必要が生じることもあり、そこにはストレスがつきものです。仕事の進め方に加え、新たなツールの活用など、これらへの抵抗感を減らすための工夫が必要になります。

〈2〉距離を意識した組織・チーム風土づくり

また、距離をやりくりしながら、組織・チーム風土を生み出す必要も出てきました。会えるから生み出せていたこと、例えば明るく元気な風土づくりでよく取り上げられるのが、挨拶の声ですが、これもオンラインでは伝わりにくくなります。実際、人は五感で互いに知覚しあいながら仕事をしています。そして、その中から風土が生まれていました。オンラインでは五感のうち、視覚や聴覚は得られますが限定的です。例えば、声のトーンや足音１つでもメンバーの様子が感じられていたことが得られなくなるわけです。個々の感情を汲み取り、動機付けしていくといったところに、一段の工夫が求められています。管理者としても、直接対面しているときよりも、笑顔や挨拶、感謝やねぎらいの言葉を増やし、ポジティブな態度を心がける必要が生じています。こうしたことの積み重ねがテレワークでの職場風土の醸成につながります。

〈3〉テレワークにおけるマネジメントの人の面での留意点

①雑談を交える

雑談は隠れた報連相として本音が出たり、新たな創造のきっかけにもなる。場の変化、仕事時間や納期の短縮が進む一方で雑談は減る傾向にあることを留意する。

②孤立感への配慮

情報面で置いてきぼりにされていないか、他の人は何をやっているのか、メンバーの不安や孤立感が高まる。日報や時報などこまめな情報共有の仕組みがあるとよい。

③孤独感への配慮

オンラインで飲食を共にする、遊び時間などを意図して入れる必要もある。ただし非公式活動への参加は本人の意思を尊重し、それ自体をストレスにしないようにする。

④一体感の醸成

「会いたい」という気持ちが、直接対面したときの効果を高め、それが仕事にも良い影響を与える。顔を合わせる機会を意図的にタイミングよく設定できるとよい。

⑤映像の活用

メンバーの教育や情報共有で必要な事柄で、言葉ではなかなか伝わらないことに関しては、映像を活用したい。目的に合わせて自撮りや専門業者への外注を行う。

⑥ツール活用のリテラシー向上

オンラインではカメラ位置やマイク音量を確認し、自然な対話環境にする。またメールやチャットでの誤解のない書き方や電話との使い分け等が必要。

⑦評価の妥当性の確保

離れた環境の中、自分がどのくらい適切に評価されているのか、メンバーの不安が生じる。気づいたことはこまめに記録に残すことが、より一層、重要になる。

4）テレワークと生産性・創造性の向上

〈1〉テレワークと生産性

ここまでテレワークに関して、業務と人の両面から留意点を確認してきました。そして何よりも大事なことは、テレワークによって生産性や創造性、さらにメンバーのモチベーションが向上したかどうかということです。感染症などの社会情勢でやむなくテレワークを導入するような場面と、定常的にテレワークを活用しようという場面とでは、やはりその主たる目的が異なります。テレワークを導入し、それを定常的に活用しようというのであれば､求めるメリットを追求していく必要があります。

テレワークでは生産性に関する議論がたびたびなされます。「移動時間が短くなる一方、環境の影響で集中力に個人差が出ないか」「時間の使い方の自由度が増す一方、所定時間外に仕事をすることへの抵抗感が無くなるのではないか」といった期待と不安が入り交じったような話が多く聞こえます。その際に、これはテレワークに限ったことではありませんが、生産性の分母、すなわちインプットに目が向きがちです。生産性を高めるには分子を大きくする方向もあります。いかにより多くのアウトプットを生み出せているかも大事な観点の１つです。

しかしアウトプットの量的な面だけで仕事の良し悪しが決まるわけではありません。当然、質も重要です。書類を何枚仕上げたかが大事ではなく、その内容やレベルが問われます。テレワーク時代だからこそ、評価は時間ではなく成果、すなわちインプットではなくアウトプットに目を向けるべきではないか、といった議論もしばしばなされるようになりました。その際に重要になるのは、何を基準に、どのような観点でアウトプットを評価するか、ということです。ここを履き違えると、働き手のモチベーションに大きな悪影響を与えます。

〈2〉テレワークと創造性

アウトプットに関しては、創造性も関わってきます。限られた時間で質の高いアウトプットを生み出すには、発想力も必要になってくることでしょう。例えば普段会えないような人との交流による刺激など、テレワークであるからこそできる創造のための活動を実践していきたいものです。生産性と創造性はトレードオフのような関係で語られることもありますが、限りあるインプットから新たな発想を生むための工夫も、テレワーク時代ならではの試みです。知的生産性を高めていくためのきっかけとも言えるかもしれません。

テレワークをこうした側面から検討すると、まさにこれからの働き方そのものが問われていることがわかります。管理者としては、目の前にいない「ヒト」への関わりや物理的距離という制約条件などを踏まえて、新たなマネジメントに挑戦していくことになります。組織全体の制度面にも影響を受けることですが、その中でメンバーが主体性を発揮し幸福感を得るために、さらには顧客をはじめとする関係者のよりよい未来のために、管理者である自分は何ができるのか、前向きな模索が必要です。

2．社会に関わることへの後押し

1）組織の枠を超えたマネジメント

第５章では「チーム」に関して、最近では働き方の変化もあり、時間や空間、組織の枠を超えての協働がはじまっていることを確認しました。国を越えたり、組織外の人たちであっても同じ目的や理念を抱き、課題解決に向かい、一緒に行動を起こすのであれば「チーム」と呼ぶということです。

ここまで見てきたテレワークやリモートワークなどICT技術の活用によって、時間・空間、そして組織の枠を超えることが、以前よりもダイナミックに出来つつあります。この技術面での進展がそれをますます支えていくことになると思われますが、やはり大事になってくるのは、枠を超える「ヒト」のあり方です。特に組織の枠を超えた「チーム」にどう関わり、どう動かしていくか、チームのマネジメントに関わる管理者の力量が問われます。技術面では、いろいろと解決すべき課題はあるものの、日進月歩の発展で、より使いやすいツールやICT環境が生まれ、私たちは恩恵を受けることができます。しかしそうした手段をもとに、これからの社会に求められることを実現していくには、「ヒト」と「ヒト」との協働が必要であり、そのためのマネジメントが必要になってきます。

2）組織を超えた社会課題への取り組み

すでに多くの指摘があるように、現在、様々な社会課題が山積しています。組織を超え、これからの社会のために実現していくべきことは、実にたくさんあるということです。民間企業の多くは、持続可能な社会を築くために、これらをビジネスチャンスとして捉えています。社会課題への対応は、主に官公庁や地方自治体、NPOなどの非営利法人や各種団体が担っています。しかし、そのための手段やリソースに限界が生じることもあり、そこにビジネスの知見やノウハウが加われば、これまでになかった展開が期待できます。

その一方で、こうした社会課題には広範囲に影響を及ぼすものも多く、時に自組織の内外の関係者間で利害が相反することも多分にあります。このため社会的価値と自社の利潤を同時に推進していくことは、当然ながら簡単なことではなく、従来以上に幅広く人や組織を巻き込まなけれ

図表6-25　巻き込みの範囲の広がり

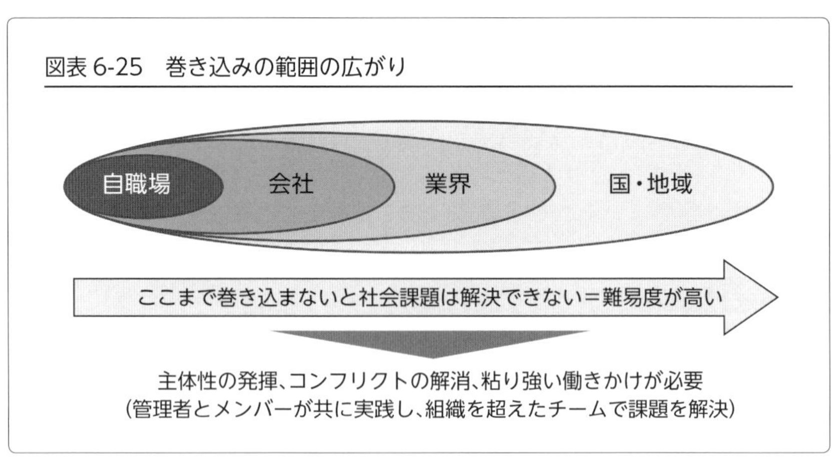

ば、実現できません。これからは、今まで以上に主体性を発揮して、時に起こりうるコンフリクト（対立）を乗り越え、目標の実現に向けて粘り強く働きかけていく。そうすることで、様々な人や組織を巻き込めるような人材が必要です。

管理者自らがそうした役割を担う、また、メンバーが、そうした役割を担おうという意欲を持つように掻き立てる。いずれにしても、社会課題の解決に向けた主体性を喚起し、チームとして未来に向けた継続的な活動ができるように後押ししていくことも、これからの管理者の役割として重要です。

問い

主体性と自主性の違いをどう捉えていますか？　また、それぞれをマネジメントで、どのように活かしていますか？

Column 23

ツール、制度、そして風土

グループウェアの開発、販売、運用で有名なサイボウズは、Great Place to Work® Institute Japan が実施している「日本における『働きがいのある会社』ランキング 中規模部門(従業員 100 − 999 人)」において、例年上位に選出されるなど、そのワークスタイルに関しても優れた企業として知られています。その背景にあるのは、働き方の多様化であり、自分の裁量で動く自律性を重視した施策です。2018 年 11 月 28 日の日経電子版記事によれば、2018 年 5 月に社員 1 人ひとりが希望する働き方を上長に対して自由記述で宣言する『新・働き方宣言制度』を導入し、『100 人 100 通り』の働き方が実現したそうです。

そのサイボウズでは、以下の「ツール」「制度」「風土」の 3 つの柱で成り立っている「チームワークインフラ」という考え方を掲げています。

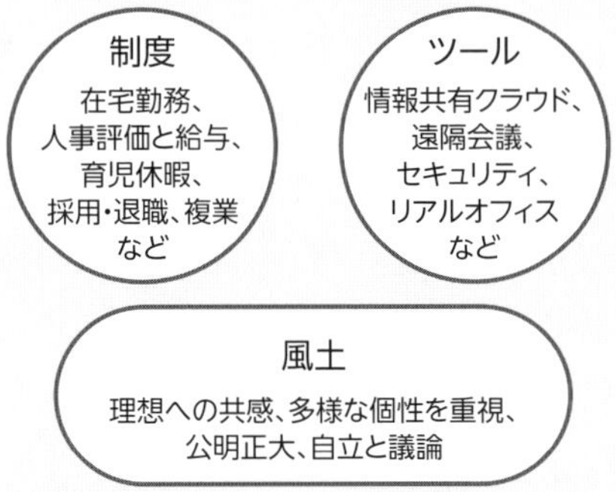

サイボウズホームページ採用情報を参考に作成
(https://cybozu.co.jp/company/job/recruitment/business/teamworklabo/)

同社はグループウェアを主たる事業の柱としてきましたが、ツールだけ導入してもチームワークは豊かにならないという事業経験からの知見で、組織の「制度」と「風土」も含めたものになっています。これは、これまで見てきたようなダイバーシティやテレワークを活用し、新たな時代を切り開いていくためにも参考になる考え方です。

サイボウズとしては、事業の柱であったグループウェア＝ツールだけでは、という考えのもとに提唱したものですが、他の組織でも「ツールだけは導入した」「制度はつくった」、しかし成果が出ないということは少なくないと思います。ツールも制度も必要ですが、管理者として特に注目すべきことは、やはり風土ではないでしょうか。ツールや制度は経営層の判断によるところが大きいと言えますが、それぞれの職場の風土は管理者の行動に強く影響を受けます。制度やツールの活用はもちろん、管理者として、貴重な人材をいかすための風土づくりにも力を入れていくことが求められます。

おわりに

この本を読んでいただき、どうもありがとうございました。まえがきにあるように、「自分らしい管理者」になるためのヒントは得られたでしょうか？「よし、これからこんなことに取り組んでみよう」と何か思い浮かんだら、具体的な行動レベルで検討し、ぜひ実践につなげてください。

たびたび紹介したPDCAに例えて言えば、まさにこれからどのようなA、すなわちアクションを起こすのか、ということです。このAに関しては、実践の結果から得られた知見を次の計画や段取りに活かすという意味合いで、「展開」という言葉を当てはめることがあります。さらに組織によっては、そこに水平「展開」・横「展開」という意味も込めて、関係者へ知見を伝えるということを習慣化しています。

読者の皆さんも、この本を読んで得たことを、ご自身の今後のマネジメント活動に活かすとともに、上司や同僚など関係者の方々に、自分の言葉で伝えてみてください。きっとそこから新たな対話が生まれ、知恵が広がり、新しい発見も得られることでしょう。第1章の「自己革新のPDCA」を、そんなふうに回していけるとよいと思います。

もちろん多忙な中、周囲への展開はおろか、自分の成長のためのPDCAすら難しそうだ、と感じる人もいるかもしれません。第2章で触れたように、自分個人の担当業務を抱えながら、組織のマネジメントも任されている管理者を、プレイング・マネジャーと呼びます。各種調査によれば、日本の管理者の約9割はそのような自覚があるようです。皆さんはいかがですか？

いずれにしろ、日々お忙しいことでしょう。ただ、激変する環境変化の中、自分もメンバーも現状維持のままでは、明るい未来は切り開けません。第6章で紹介したタイムマネジメントの方法なども参考に、自分とメンバー、そして周囲の関係者がレベルアップできるような機会をたくさんつくっていただきたいと思います。

第５章「Column19」で紹介したように、私たちは「集団天才」という言葉を大事にしてきました。この本も、その成果として生まれたものです。私たちのような講師・コンサルタント、あるいは社内外の教育コンテンツ開発メンバーやスタッフが情報を持ち寄り、年月をかけて対話や議論を重ねてきたことが集約されています。さらに私たちがマネジメント教育の現場で日々接している多くの組織人、ビジネスパーソンの生の声も、ふんだんに取り入れました。

このように、本書が生まれるまでには、とても多くの方々が直接的・間接的に関わっています。ありがたいことです。この場を借りて、御礼申し上げます。特に執筆にあたって多大なご協力をいただいた、講師・コンサルタントとしての先輩である海瀬章さん、田崎洋さん、また、編集の立場から深く関わっていただいた黒川剛さんに、心より感謝申し上げます。

本書の執筆は、主に2020年の上半期に行いました。新型コロナウィルスの影響が甚大で、これまでの働き方をゼロベースで見直す必要に迫られています。どうしてもマイナス面に目が向きがちな状況ですが、現実を受け止めつつ、新たな時代に向けて、前向きに取り組めることも多々あるはずです。

それぞれの立場でマネジメントを担う皆さんには、マネジメントの本質を大事にして、自分らしさも存分に発揮しながら、メンバーが活き活きと働ける組織を創っていただきたいと思います。きっとそれが明るい未来を築くための原動力になるはずです。

マネジメントを通して「誰かを幸せにしたい」、そんな志向を持つ人が、一歩踏み出す時に寄り添える。この本をそのような存在として受け止めていただければ幸いです。

中嶋 裕　渡辺京子

【著者紹介】

JMAMマネジメント教育研究会

株式会社日本能率協会マネジメントセンター組織・人材開発事業本部で、企業内研修やコンサルティング活動をする講師・コンサルタント陣を中心に集まり、マネジメントの本質や原理・原則の再確認と、これからの新しい時代に相応しいマネジメント教育のあり方を模索し日々研鑽を積んでいる、プロフェッショナル集団による研究会。

【著者】

中嶋　裕（なかじま　ゆたか）　第1章、第4章、第6章（6-2、6-3）担当

株式会社日本能率協会マネジメントセンター　シニアHRMコンサルタント。慶応義塾大学卒業後、専門商社にて経営企画、広報、営業を担当。市場調査及びコンサルティング業界を経て、ビジネス系専門学校で講師職に携わる。株式会社日本能率協会マネジメントセンターに入社し、ビジネスリーダー、管理職向けの教育研修を中心に活動。筑波大学大学院修士課程修了（経営学）。中小企業診断士。

渡辺京子（わたなべ　きょうこ）　第2章、第3章、第5章、第6章（6-1）担当

株式会社日本能率協会マネジメントセンター　シニアHRMコンサルタント。青山学院大学卒業後、社団法人日本能率協会に入職し、秘書業務、販売促進、法人営業に従事。退職後、渡米し人事・教育分野のリサーチャー、講師、ビジネスコーディネーターとして活動。コロンビア大学大学院修士課程修了（アダルトラーニング＆リーダーシップ専攻）。株式会社日本能率協会マネジメントセンターに入社し、経営人材·管理者・リーダーの育成に精力的に取り組む。

【協力】

海瀬　章（かいせ　あきら）

株式会社国際流通研究所主任コンサルタント、株式会社日本能率協会マネジメントセンター パートナーコンサルタント。著書『人事・教育担当者のための 能力開発・教育体系ハンドブック』（共著、日本能率協会マネジメントセンター）

田崎　洋（たざき　よう）

株式会社日本能率協会マネジメントセンター チーフHRMコンサルタント。著書『図解でわかる部門の仕事 人材開発部』『経営を強くする戦略人事』（ともに共著、日本能率協会マネジメントセンター）

基本がわかる　実践できる
マネジメントの基本教科書

2020年10月10日　初版第１刷発行
2022年５月25日　　　第３刷発行

編　者──JMAMマネジメント教育研究会
©2020 Yutaka Nakajima, Kyoko Watanabe
発行者──張 士洛
発行所──日本能率協会マネジメントセンター
〒103-6009 東京都中央区日本橋2-7-1　東京日本橋タワー
TEL 03(6362)4339（編集）／03(6362)4558（販売）
FAX03(3272)8128（編集）／03(3272)8127（販売）
https://www.jmam.co.jp/

装　　丁───冨澤 崇（EBranch）
本文DTP───株式会社森の印刷屋
印　　刷───広研印刷株式会社
製　　本───ナショナル製本協同組合

ISBN978-4-8207-2837-5 C2034
落丁・乱丁はおとりかえします。
PRINTED IN JAPAN